KB143177

권력의 자서전

# 권력의 자서전

## 세상을 지배한 자들의 열쇳말 12가지

김동욱 지음

글항아리

# 차례

# 서문

　소수의 극단적인 사례를 제외한다면 인간은 누구나 크고 작은 조직에 몸담으며 생활을 해나가기 마련이다. 또 조직 속에서 여러 단계의 직위를 거치면서 다른 사람과 관계를 맺게 된다. 이런 모습은 기업이 아닌 가정 내에서도 마찬가지일 것이다. 이 과정에서 여러 종류의 '리더'를 접하고, 혹은 스스로 '리더'가 되기도 한다.

　'리더'라는 총칭을 쓰긴 했지만 그 내용을 살펴보면 각 지도자의 수준은 천양지차天壤之差다. 조직의 역량을 극대화하기 위해 조직원의 능력을 최대로 끌어내는 유능한 인물이 있는가 하면 자리의 무게를 견뎌내지 못하고 힘겨워하는 사람도 있다. 또한 자신에게 주어진 직위의 가치를 알지 못하고 책임져야 할 일에는 눈을 감은 채 알량한 권력만 탐하며 '샛길'로 빠지는 사람도 없지 않다.

기자로 활동하다 보면 자연스럽게 여러 종류의 사람을 접하게 된다. 사회 통념상 성공한 인물들과도 자주 만나 이야기를 나눈다. 나만 해도 여러 명의 역대 대통령을 비롯한 국내외 유명 정치인부터 대형 기업의 경영자, 명망이 높은 사회 지도자들을 직간접적으로 두루 만날 수 있었다. 큰 기업을 일궜지만 한순간에 사라진 사람도 있었고, '반짝 성공'을 유지하지 못한 채 사법 처리와 같은 불명예로 막을 내린 인물도 적지 않았다. 대중적으로 알려진 평판과는 느낌이 다른 사람을 만나는 경험도 드물지 않았다. 사람에 따라 평가가 엇갈리는 인물과 대면하는 일은 무척 흥미로웠다. 과연 그들의 진짜 얼굴은 무엇이었을까.

각 조직을 이끄는 다양한 인물을 만나면서 성공한 '리더'란 무엇인지, 무엇이 조직과 지도자를 성공과 실패로 이끄는지에 대해 자연스럽게 관심이 커졌다. 또 대부분의 사람이 자신이 속한 조직에서 저만의 리더를 접하고, 언젠가는 조그만 자리라도 다른 이들을 이끄는 역할을 맡는 만큼, 스스로 바람직한 리더상像을 마련하고 각자 자신을 되돌아볼 필요가 있겠다고 느꼈다.

이 같은 개인적인 관심에 더해 사회가 '리더'로 표방되는 '개인'의 중요성을 간과하고 있다고 느꼈고 그것이 이 책을 쓰는 계기가 되었다. 사회적으로 큰 의미가 있는 사건을 접할 때마다 '누가 해도 똑같았을 것'이라는 식의 냉소적 반응을 목격하는 일은 흔하다. 역사적 사실을 두고도 '사회 구조나 국제 관계상 그렇게 될 수밖에 없었다'는 식의 평가가 나오는 것도 같은 맥락이다.

나는 '영웅사관'에 빠져 뛰어난 개인이 모든 것을 결정한다고 생각하는 사람은 아니다. 하지만 '조직이나 사회를 누가 이끌었느냐'에 따라 결과가 크게 달라지는 것만은 분명하다고 생각한다. '누가 해도 똑같은 결과'는 이 세상에 존재하지 않는다. 지금까지의 경험칙經驗則상 결국 결실을 이뤄내는 것은 인간의 의지와 노력, 그리고 약간의 운이라고 믿기 때문이다.

그런 해답을 찾는 과정에서 오랜 시간의 풍파를 이겨내고 역사의 주목을 받았던 인물들로 눈을 돌리게 됐다. 어떤 인물이 성공한 리더이고, 지도자가 지닌 어떤 장점이 조직을 성공으로 이끄는지 살펴보기 위해서는 역사만큼 좋은 '케이스 스터디'가 없다고 생각했기 때문이다.

이에 따라 알렉산더 대왕이나 카이사르, 칭기즈칸처럼 일찍부터 리더십의 표상으로 높은 평가를 받았던 인물부터 펠리페 2세나 그루시 장군처럼 열심히 노력했지만 끝내 실패할 수밖에 없었던 인물까지 총 12명의 사례와 그들의 특성을 살펴봤다.

단순화의 위험이 있지만 리더십의 본질에 좀 더 쉽게 다가가기 위해 '솔선수범'이나 '혁신' 같은 범주화를 통해 이야기를 풀어냈다. 오랜 기간 축적된 역사학 연구의 성과를 거친 면이 있지만 나름대로 재구성해 본 것이다. 전하는 문장의 행간에 담긴 거장 선학들의 통찰이 전달될 수 있기를 바란다.

성공의 사례 못지않게 반면교사反面敎師로 삼기 위한 실패 사례 분석에도 공을 들였다. 성공 사례보다 더 인간적이라는 점에서 감정이입이 많이 됐다는 소심한 고백도 곁들여본다. 리더가 성공하기 위해 갖춰야 할 자질과, 반대로 리더를 실패의 나락으로 이끄는 부정적 측면을 입체적으로 살펴보자는 뜻에서 책 제목을 『권력의 자서전: 세상을 지배한 자들의 열쇳말 12가지』로 정했다.

고대부터 현대까지, 동서양을 아울러 인물을 골고루 배치하려고 노력했지만 부족한 점도 없지 않다. 무엇보다 여성 지도자가 단 한 명도 소개되지 않았다는 것을 지적할 수 있을 것이다. 책의 구성이 이렇게 된 데에는 공부가 부족했다는 이유가 가장 크지만 현대사회가 성립되기 전까지 여러 조직을 이끌었던 여성 지도자의 샘플 자체가 적었다는 점을 변명으로 내세워본다.

이 책이 나오기까지 여러 분의 도움이 컸다. 무엇보다 남다른 추진력과 통솔력으로 조직에 '긍정의 힘'을 불어넣는 조일훈 한국경제신문 편집국 부국장을 모시고 일했던 경험은 이 책을 쓰는 데 가장 큰 동기가 됐다. 김익환 경제부 기자는 초고를 읽고 '첫 독자'로서 의견과 비판을 가감 없이 전해줬다. 지면을 빌려 감사의 마음을 전한다.

글항아리를 통해 주제별로 이면의 역사를 살펴본 『독사: 역사인문학을 위한 시선 훈련』과 통사격인 『세계사 속 경제사: 돈, 성, 권력, 전쟁, 문화로 읽는 3000년 경제 이야기』에 이어 역사 속 인물을 집중 탐구한 본서까지 '3부작'을 낼 수 있게 된 점을 감사하게 생각한다. 전문 연구자가 아님에도 거듭 큰 기회를 준 강성민 글항아리 대표께 고마운 마음을 전한다. 부족한 글을 예쁜 책으로 만들어준 편집부 권예은씨에게도 감사를 드린다.

언제나 내가 하는 일을 묵묵히 지원해준 아내 주소영에게도 고마운 마음만 가득하다. 그리고 재현, 예원 두 아이에게 이 책을 바친다. 두 아이가 자라서 이 책을 재밌게 읽는 모습을 상상해본다.

2020년 1월 도쿄

김동욱

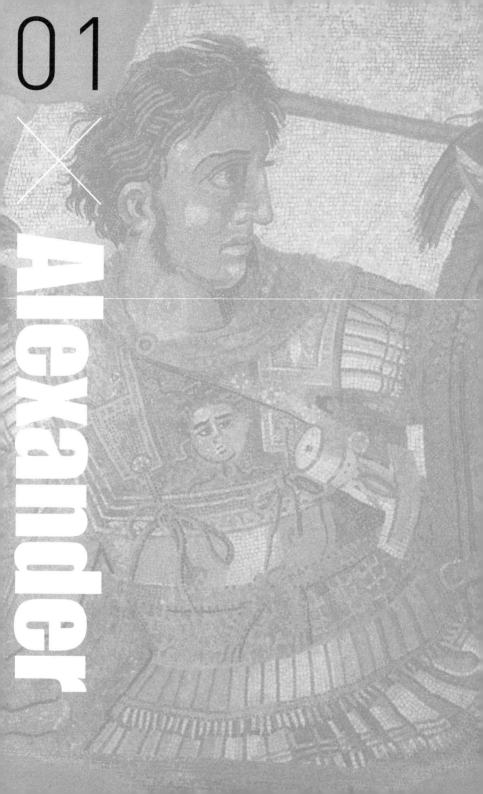

01

Alexander

## 알렉산더의 솔선수범

알렉산더 대왕Alexander 大王(기원전 356~기원전 323)은 '솔선수범率先垂範'의 리더십으로 대제국을 건설한 인물이다.

그는 20세 때 마케도니아의 왕위에 오른 뒤 유럽 한구석(발칸반도 북부)을 다스리던 소위 '야만인' 출신 어린 왕에서 12년 만에 소아시아 전체를 지배하는 인물로 거듭났다. 그리스계 혈통을 주장했지만 일리리아(오늘날의 알바니아)인의 피가 섞여 있던 그는 유럽사 최초로 '대왕'이라 불렸다. 26세 때 강력한 페르시아 제국의 지배자가 됐고, 30세 때는 당시 알려졌던 세계의 끝까지 진출했다. 그는 10여 년에 걸친 원정 동안 지구 둘레와 맞먹는 3만5000킬로미터의 거리를 답파했다. 그리고 자신의 이름을 따 '알렉산드리아Alexandria'라고 명명한 30여 개의 도시를 건설했다.

알렉산더가 정치 무대에 첫발을 내디뎠을 때는 유럽 변방에서 활동하던 눈에 띄지 않는 존재에 불과했다. 아무리 좋게 보더라도 아리스토텔레스의 제자라는 점과 고대 그리스의 작가 호메로스가 지은 영웅 서사시 『일리아스』의 애독자였다는 점만으로는 그를 '위인'의 반열에 올릴 수 없다. 하지만 이역만리 전장에서 병사들과 동고동락하며 앞장서서 싸운 덕에 알렉산더는 곧 고대 세계의 대표적 영웅이자 반신半神이 되었다. 또한 그는 단기간에 역사적인 대제국을 건설했고, 젊은 나이에 사망하여 '불패의 이미지'를 남겼다. '용감함'과 '총명함'으로 일군 업적 때문에 후대의 찬탄과 주목을 한 몸에 받았다.

19세기 독일 학자 요한 구스타프 드로이젠은 알렉산더 대왕에 대한 최초의 근대적 연구를 남겼다. 드로이젠은 알렉산더를 200년에 걸친 페르시아인과 헬레네인(그리스인)의 대립에 종지부를 찍고, 동양과 서양의 문명을 융합시킨 '헬레니즘Hellenism'을 일군 인물로 높이 평가했다. 작은 한 나라가 그렇게나 빠르고 완전하게 거대한 제국을 무너뜨린 뒤 국가와 민족에게 새로운 형태의 삶을 전적으로 이식한 경우가 역사에 없었다는 것이다. 19세기 당시 독일의 분열상은 알렉산더 대왕이 활동을 시작하던 시기의 조각난 그리스 세계에 투영됐고, 헬레니즘 문화를 확산시킨 알렉산더에게 통일과 문화 융성을 향한 독일의 열망 또한 투사된 것으로 보인다.

드로이젠이 그린 알렉산더의 이미지는 생명력이 질겼다. 특히 '세계를 움직인 인물'이라는 평가가 그러했다. 드로이젠에게 알렉산더 대왕은 '아침의 나라와 저녁의 나라Morgens-und Abendland' 즉 동양과 서양을 통합한 최초의 인물이었다. 드로이젠은 "알렉산더의 이름은 세계 사적 한 시대의 끝이자 새로운 시대의 시작"이라는 찬사를 보내며 그의 삶과 업적을 요약했다.

가장 널리 읽힌 알렉산더 전기의 저자 윌리엄 우드럽 탄은 알렉산더를 인류애와 형제애로 이뤄진 이상 세계를 꿈꾸던 '악마적 초인이자 거인'으로 묘사했다. 알렉산더는 '꿈꾸는 자Alexander the Dreamer'라는 게 탄의 시각이었다. 탄은 "알렉산더가 페르시아를 침공한 이유는 그가 '페르시아를 침공하지 않는 것'을 생각해본 적이 없었기 때문"이라며 "모험을 향한 갈망이 알렉산더를 유혹했음이 확실하다"고 설명했다. 열여섯 살의 알렉산더는 아버지가 자리를 비운 기간에 마케도니아를 다스렸고 트라키아 반란을 진압했으며, 열여덟 살에는 테베의 막강한 신성동맹 군대를 격파했다. 뿐만 아니라 페르시아 제국을 정복하기 위해 스물두 살에 다르다넬스 해협을 건넜는데 알렉산더는 이때 꾼 꿈을 오래도록 간직했던 것으로 보인다.

청년 알렉산더의 이상은 세계를 바꿔놓았다. 알렉산더의 시대를 맞아서야 교역과 교통이 비로소 국제적 수준으로 높아졌고, 좁디좁은 촌락 세계에 살던 사람들은 민족과 문화, 국가를 초월하여 서로 긴밀하고 높은 차원의 세계를 경험할 수 있게 되었다. "야만인은 천성적으로 지배자의 자질을 타고나지 못했으므로 노예가 될 수밖에 없다"라던 스승 아리스토텔레스의 가르침과는 달리 알렉산더는 이집트와 바빌론의 위대한 문명을 목도하고, 전장에서 열심히 싸우는 페르시아 귀족들을 보면서 그들도 그리스인과 동일한 존재라는 점을 익히게 된다. 덕분에 자연스럽게 비非그리스계 '야만인'은 후에 알렉산더의 제국에서 재능에 따라 분류되어 높은 지위에 오를 수 있었다. 알렉산더는 '페르시아를 지배하는 마케도니아 왕'이 아니라 '페르시아와 마케도니아를 동등하게 지배하는 왕'이 되길 원했다.

물론 알렉산더에 대해 찬사 일변도만 있는 것은 아니다. 고대 로마의 사상가 세네카나 동시대의 정치가 키케로는 알렉산더를 '끔찍하고 과격한 독재자'의 표상으로 그렸는데 이는 로마 제국 네로 황제의 폭정을 비판하기 위함이었다. 19세기에는 알렉산더의 업적을 두고 '영광스런 약탈자'라는 비아냥이 나왔다. '고대판 히틀러'에 불과하다는 악평도 있다. 현대로 올수록 알렉산더를 '상처받은 영혼'이자 '알코올 중독자'로 보는 포스트모던적 시각이 늘었고 '불필요한 살생을 한 학살자'라며 도덕적으로 비판하는 경우도 생겼다.

시대와 장소를 초월한 다양한 평가에서 알 수 있듯이 세계를 정복했던 알렉산더의 영향은 세계 도처에 깊게 배어 있다. 당대부터 알렉산더 대왕은 이집트 콥트교회에서 성인으로 추앙받았으며 그의 삶을 모티브로 삼은 신화는 수세기에 걸쳐 아이슬란드와 말레이반도, 에티오피아, 카자흐스탄, 몽골, 중국에서 재생산됐다. 러시아, 폴란드, 프랑스, 체코, 세르비아, 아이슬란드를 비롯하여 유럽 지역에서만 알렉산더를 주인공으로 한 200여 개의 중세 서사시와 시詩가 전해진다. 오늘날 그리스에서 알렉산더는 '어부의 수호자'로 불리며 숭배받고 있다.

이처럼 긍정적이든 부정적이든 큰 업적을 남긴 알렉산더의 '짧지만 굵은 삶'은 당대부터 사람들의 관심과 칭송을 받았다. 고대 세계에서 알렉산더 대왕은 '성공한 지도자'의 표상으로 널리 연구됐다. 하지만 불행하게도 오늘날 전해지는 알렉산더에 관한 기록은 모두 후대에 작성된 것이다. 알렉산더 대왕의 삶을 자세히 기록한 최초의 책은 기원전 1세기에 그리스 역사가 디오도로스가 쓴 『역사 총서Bibliotheca historica』로 알렉산더 대왕 사후 100여 년 뒤에 작성되었다. 2세기 초에는 철학자 플루타르코스의 『영웅전Bíoi Parállēloi』과 그리스 역사가 아리아노스의 『알렉산드로스 원정기Anabasis Alexandrou』, 로마의 역사가 퀸투스 쿠르티우스 루푸스의 『알렉산드로스 대왕 전기Historiae Alexandri Magni』 등이 나왔다. 아쉽게도 이 사서들이 참조했던 당대의 알렉산더 대왕 역사서는 모두 전해지지 않는다.

　알렉산더 대왕이 일군 대부분의 '위대한 업적'은 '군사적 천재성'의 결과물이다. 알렉산더에 관한 수많은 사실 중에서 그의 군사적 재능만큼은 논란의 여지가 없다. 알렉산더는 33세의 젊은 나이에 요절했지만, 12년이라는 긴 시간 동안 각기 다른 적을 상대로 계속 승리를 거뒀다. 그는 특히 수적으로 우세한 적을 많이 격파했다. 그라니쿠스와 이수스, 가우가멜라 등 페르시아 제국과 벌였던 주요 격전에서 적군의 수는 언제나 압도적으로 많았다. 알렉산더는 평생 '홈그라운드'가 아닌 '원정 경기장'에서 격전을 치렀다. 싸움터도 적군이 정한 경우가 대부분이었다. 환경도 매번 달랐다. 도나우강 유역에서부터 중동, 인도까지 지리적 조건도 천차만별이었다. 평원과 산악 지대, 인구가 밀집된 도시 지역 등 전투 환경도 제각각이었다. 그러나 알렉산더는 압도적인 대군을 정면 돌파했고 게릴라전을 구사하는 비정규군을 포함해 다양한 형태의 적도 효율적으로 굴복시켰다. 아무 정보도 없이 갑작스럽게 적을 맞닥뜨린 일도 적지 않았다. 하지만 그는 모든 난관을 거침없이 넘어섰다. 테베와의 전투를 위해 알렉산더 대왕이 일리리아 국경선에서 테베까지 14일 만에 행군하자 델피 신전이 내린 신탁("알렉산더를 무찌를 수 없을 것이다")은 당대인이 느꼈을 '무적 알렉산더'에 대한 공포감을 가감 없이 전해준다.

알렉산더 대왕이 '불패'의 신화를 쓸 수 있었던 밑거름에는 그가 전장의 선봉에서 보여준 모범의 리더십이 있었다. 알렉산더는 스스로 모범을 보였기에 전사戰史에 두드러지는 탁월함을 남길 수 있었다. 알렉산더는 천부적인 '행동인'이었다. 그는 결코 탁상공론만 일삼는 '의자에 앉아만 있는 장군Armchair General'이 아니었다. 전투를 '말하기'보단 '행동'했고, 병사들과 함께 뛰고 험한 곳에서 자며 거친 음식을 먹었다. 알렉산더의 '솔선수범'은 그가 후대의 다른 주요 지도자들과 대비되는 가장 큰 특징이다. 군대의 사기를 최우선으로 생각했던 알렉산더는 늘 전투에서 선두에 섰다.

그 결과 알렉산더는 그라니쿠스 전투에서 도끼에 찍혀 죽을 뻔했고, 인더스 계곡에서 벌어진 말리족과의 전투에서는 폐에 부상을 입어 사망할 지경에 이르기도 했다. 옥수스강을 건넌 직후에는 더러운 물을 잘못 마신 탓에 매우 아픈 상태였음에도 마케도니아군을 공격해온 유목민 부대를 직접 격퇴하고 추격하면서 위기를 넘겼다. 알렉산더가 유일하게 최전방에 서지 않은 전투는 기원전 327년의 소그드 요새 공방전뿐이다. 성벽을 올라타는 전문 기술을 지닌 정예병 300명을 총동원했지만 병력의 10분의 1을 잃을 정도로 치열한 공성전이 벌어졌던 전투였다.

오늘날의 역사가들은 알렉산더가 최전선의 육탄전을 마다하지 않았기에 일반 병사보다 더 많은 부상을 당했을 것으로 추정한다. 실제로 알렉산더는 생전에 최소 스물한 번의 부상을 입은 것으로 전해지며 학자들은 그가 수하의 장교보다 정신적, 육체적 고통을 더 많이 겪었을 거라고 설명한다.

역사가 아리아노스는 "알렉산더는 전투에서의 즐거움을 거부할 수 없었다"고 해석했고, 폴 카틀리지 케임브리지대학 교수는 "다른 사람들이 모험적인 섹스에서 즐거움을 얻듯 알렉산더는 전투에서 스릴을 느꼈다"고 평가했다. 하지만 그가 선봉에서 기꺼이 위험을 감수했던 이유는 아마도 머나먼 이역 땅에서 병사들의 사기를 북돋우고 유지하는 데에 그만한 방법이 없었기 때문이었을 것이다.

알렉산더가 선봉에서 목숨을 걸고 혈투를 벌인 대표적 전투는 페르시아 제국과의 본격적인 첫 대결이었던 그라니쿠스 전투다. 디오도로스에 따르면 그라니쿠스강에서 벌어진 이 전투에서 페르시아군은 알렉산더군의 세 배에 달했다. 마케도니아군은 보병 1만3000명과 기병 5100명으로 구성돼 있었는데 현대 사가들은 당시 페르시아군의 규모를 적게는 4만 명에서 많게는 6만 명 이상으로 추정한다. 파르메니온을 비롯한 주요 장군들은 강을 건너 공격해야 하는 점과 수적으로 불리하다는 점을 고려해서 야영을 한 뒤 행군의 피로를 풀고 날이 밝으면 공세를 취할 것을 알렉산더에게 권했다. 하지만 알렉산더는 곧

바로 전투태세에 들어갈 것을 명령했다. "개전을 미룬다면 페르시아군의 사기만 올라갈 것"이라는 이유에서였다. "내가 별로 중요하지도 않은 그라니쿠스강에서 주저하고 머뭇거린다면 온 동방 세계가 비웃을 것"이라는 말도 덧붙였다. 고대의 사가들은 이 같은 알렉산더의 결정에 대해 "정면에서 빛을 받는 다음날 아침을 피해 태양을 등지고 싸우는 이점을 활용하기 위해서였다"고 설명한다.

결론적으로 알렉산더 대왕은 페르시아 제국과의 이 대결에서 첫 단추를 잘 꿰었다. 저명한 군사사상가 카를 폰 클라우제비츠는 알렉산더를 "'숙달된 직관'이 두드러진 인물"이라고 표현한다. 어디가 핵심적인 지역이고, 언제 결정적인 행동을 해야 하는지 판단하는 데 압도적으로 빼어났던 것이다. 알렉산더는 '분군 행군, 총군 전투March divided, fight united' 원칙을 적용한 최초의 사령관으로 초반부터 페르시아군을 파죽지세로 몰아붙였다.

알렉산더 리더십의 특징이 농축된 그라니쿠스 전투에 대한 고대 역사가들의 묘사를 읽다보면 흥분이 잦아들지 않는다. 플루타르코스의 기록을 살펴보자.

"알렉산더는 13개 친위 기병분대와 함께 강물로 뛰어들었다. 그리고 적군의 활과 투창 세례에 맞서 방어가 견고하고 가파른 제방을 향해 돌진했다. 거친 물살이 쏟아졌지만 개의치 않았다. 그의 행동은 결의에 차 있었으며 지도력은 신중하기보다 무모했다. 하지만 알렉산더는 군사들에게 강 건너편으로 갈 것을 독려했다. 땅은 미끄럽고 진흙투성이였지만 알렉산더가 앞장서서 혼란스러운 전투에 뛰어들었고, 일대일 격전이 이어진 끝에 적군이 무너지기 시작했다."

애마 부케팔로스를 타고 투구의 깃 장식을 날리며 3~4미터 높이로 추정되는 제방을 넘은 알렉산더는 부하들을 독려했다. 반면 페르시아 기병의 분위기는 사뭇 달랐다. 기병 지휘관 중에 왕의 친척이나 속주의 총독, 명문 귀족 가문의 인물이 많았던 까닭에 침입자와 일대일로 싸우는 것을 원치 않았던 것이다. 그들의 바람과는 달리 알렉산더는 강을 건너자마자 페르시아 기병에게 향했다. 그는 제일선에서 돌파구를 열고 적 대열로 깊숙이 돌진했다.

이 과정에서 절체절명의 위험이 닥쳤다. 전투 도중 알렉산더의 창이 부러진 것이다. 그 틈을 타서 페르시아 다리우스 왕Darius the Great의 사위 미트리다테스가 긴 창을 휘두르며 달려들었다. 그러자 옆에 있던 코린트의 장교가 알렉산더에게 얼른 창을 넘겼고 이를 받은 알렉산더는 상대의 얼굴을 찌를 수 있었다.

하지만 그는 미트리다테스의 아우 로이사케스의 공격을 미처 피하지 못했다. 로이사케스는 도끼로 알렉산더의 투구에 일격을 가했다. 투구가 둘로 쪼개졌고 큰 충격으로 정신도 혼미해졌다. 알렉산더는 간신히 무게중심을 잡고 칼로 적의 넓적다리를 찔러 넘어뜨렸다. 이때 리디아와 이오니아의 총독이던 스피토리다테스가 검으로 알렉산더를 치려고 나섰으나 알렉산더의 측근 장교인 클레이토스가 재빨리 역습해 검을 쥔 스피토리다테스의 팔을 잘라버렸다(알렉산더를 키운 유모의 형제였던 클레이토스는 이후 알렉산더의 목숨을 구한 사람으로서 칭송받았지만 술에 취한 알렉산더에게 충언을 하다가 죽임을 당했다). 간발의 차이로 죽을 고비를 넘긴 알렉산더는 어깨와 허리에 크고 작은 상처를 입으면서도 맹렬한 기세로 싸움을 계속했다.

알렉산더가 직접 기병대를 이끌고 적의 핵심부에 결정타를 가하면서 승부는 판가름 났다. 이 전투를 대승으로 이끈 알렉산더는 소아시아의 서부 지배권을 장악할 수 있었다.

그라니쿠스 전투에서 알렉산더를 막지 못한 것은 페르시아의 실책이었다. 알렉산더의 군대는 전투를 위해 그라니쿠스강을 건너야 했는데, 페르시아군은 유속이 빠른 강을 방어선으로 두고 있다는 천혜의 이점을 전혀 살리지 못했던 것이다. 또 적군의 최고사령관이 앞장서서 달려와 손쉬운 '타깃'이 되었음에도 제거하지 못했다. 클레이토스가 절박한 순간에 알렉산더 곁에 없었다면 역사는 바뀌었을지도 모른다. 그러나 알렉산더는 전투를 승리로 이끌었고 그라니쿠스 전투 이후 그의 위상은 더 높아졌다. 이 전투를 계기로 알렉산더가 아시아를 지배하고 군대를 통솔하는 것은 한결 쉬워졌다.

알렉산더는 전투가 끝난 뒤 부상병들을 찾아가 일일이 이름을 부르며 영웅적 행위를 격려했다. 지도자가 병사들에게 관심을 갖는 모습을 보여주는 것은 싸우고자 하는 사기를 북돋는 데 유용한 방법이었다. 로마 시대 군사학자 베게티우스는 "군대는 장군의 격려와 조언을 통해서 싸우고자 하는 의지와 용기를 얻는다"라며 알렉산더의 행동을 높이 평가했다. 알렉산더가 전장에서 목숨을 내놓고 싸운 것은 장군과 병사 간의 유대감을 공고히 하는 역할을 했다.

알렉산더는 부하들과 고난을 함께했고, 그들의 상황에 많은 관심을 가졌다. 인도에서 귀환하던 중 사막에서 병사가 우연히 물을 구해 바쳤는데 갈증으로 고통받는 병사들을 보고 "알렉산더의 군대는 지치지도 목마르지도 않다"며 물을 땅에 버렸다는 일화는 그의 면모를 잘 보여준다. 알렉산더와 병사들의 관계는 '신뢰'가 핵심이었다.

알렉산더는 그라니쿠스 전투 이전, 그리고 그 후의 전장에서도 군의 선봉에 섰고 몸을 사리지 않았다. 그의 남다른 용맹이 첫선을 보인 것은 열여섯 살 때였다. 알렉산더의 아버지 필리포스 2세Philipos II는 불가리아 지역의 마이도이족과 싸우던 중 고국에 있던 아들을 불렀다. 전투에서 승리하고 귀환하던 그들은 마이도이족 일부의 기습 공격을 받았다. 이때 필리포스 왕이 타고 있던 말이 적의 창에 찔려 죽었고 필리포스도 허벅지에 큰 부상을 입었다(이후 필리포스 2세는 다리를 절었다). 이때 알렉산더가 황급히 말에서 내려 그를 구했다고 전해진다.

기원전 338년 마케도니아와 그리스 세력이 맞붙었던 카이로네이아 전투에서도 알렉산더는 정예 마케도니아 기병대의 선두에서 능력을 입증했다. 이 전투에서도 알렉산더는 아버지 필리포스가 말에서 떨어졌을 때 신속하게 그를 구했다. 본격적인 대외 정복전에 나서서 난공불락의 항구도시 티레를 함락할 때는 아드메투스 장군과 함께 직접 군대를 이끌고 성에 진입했다.

최전방에 서는 알렉산더의 모습은 변함이 없었으나 부상은 필연적이었다. 이집트 가자를 점령할 때에는 어깨에, 히말라야산맥에 있는 마사가 시를 점령할 때에는 발목에 큰 부상을 입었다. 이수스 전투도 무사히 넘기지 못했다. 플루타르코스의 기록에 따르면 각종 전투에서 투석기 파편이나 곤봉에 맞아 목이 부러질 뻔한 적도 여러 번 있었다고 한다.

인도에서 치른 말리족과의 전투에서 알렉산더는 선봉에 섰던 탓에 그동안 일궜던 업적을 한순간에 '물거품'으로 만들 위기에 처하기도 했다.

말리족이 결사적으로 방어하던 히드라오테스 요새 공략에 앞장섰던 그는 누구보다 먼저 성벽에 올랐고 요새로 과감하게 뛰어들었다(플루타르코스는 사다리가 부러져 알렉산더가 성벽 안으로 떨어졌다고 묘사했다). 아리아노스는 이때의 모습을 두고 "알렉산더 근처에 다가가려는 용기 있는 인도인은 없었다"고 했고, 디오도로스는 "인도인들은 알렉산더에게 가까이 가지 못한 채 먼발치에서 창을 던지고 활을 쐈을 뿐"이라고 묘사했다. 하지만 결국 알렉산더는 가슴에 화살을 맞았다. 플루타르코스는 알렉산더가 맞은 화살촉이 손가락 세 개 넓이에 네 마디 깊이에 달했으며 심지어 그가 여러 발을 맞았다고 설명했다. 아리아노스는 "피가 뜨거울 동안 알렉산더는 스스로를 보호할 수 있었지만 얼마 지나지 않아 서 있던 바로 그 자리에서 방패 위로 쓰러졌다"며 당시의 급박한 상황을 묘사했다. 디오도로스와 플루타르코스는 "활을 쏜 인도 병사가 최후의 일격을 가하기 위해 달려들었지만 알렉산더가 휘두른 칼에 즉사했고 곧 포이케스타스와 레온나토스(알렉산더 대왕 사후에 제국 통치의 권력투쟁에 나섰던 인물)가 와서 알렉산더 대왕을 구했다"고 기록했다.

전투가 끝난 뒤 마케도니아 병사들은 알렉산더의 부상이 치명적이라고 생각했다. 알렉산더 대왕을 실은 마차 행렬이 자신들 앞을 지날때 그의 시체를 볼 것이라고 여기기도 했다고 전해질 정도다. 병사들은 알렉산더의 죽음에 대한 대대적인 복수를 다짐했고 실제로도 대규모 학살극을 연출했다. 알렉산더는 전사자처럼 방패에 실려 전장에서 나왔다. 치료를 할 의사도 주변에 없어서 부장인 페르디카스가 칼로 부상 부위를 째고 화살촉을 빼냈다. 폐를 다친 큰 부상에도 불구하고 알렉산더는 곧 이란 남부 지역을 향해 횡단하는 60일간의 행군을 강행했다.

알렉산더는 호메로스의 서사시에 나오는 영웅처럼 전장에서 눈부시게 활약하고자 하는 열정을 숨기지 않았다. '경쟁자를 능가하여 최고가 되어야 한다'는 그의 신념은 후대 마케도니아인에게 지속적으로 영향을 미친 『일리아스』의 '교훈'으로 인해 형성된 것이었다. 알렉산더는 헤라클레스도 정복하지 못했다는 아오르노스(지금의 피르사르)를 공략한 끝에 함락하기도 했다. 전략·전술적 이점이 크지 않았음에도 아오르노스가 공략의 목표가 된 이유는 알렉산더가 신화 속 영웅과 자신을 비교해볼 기회로 여겼기 때문이다. 플루타르코스에 따르면 알렉산더는 여덟 시간 동안 말을 타고 인더스강을 건너 포로스 왕의 군대와 싸웠는데 전투가 끝난 뒤 고령이었던 말 부케팔로스가 전투중 입은 상처와 과로로 명을 다했다고 한다.

지배 지역에서는 '알렉산더가 치명적인 부상을 입었다'거나 '전투

중 죽었다'는 소문이 돌면서 반란이 일어나기도 했지만 죽음을 두려워하지 않는 알렉산더의 초인적 용기와 대담함이 각인되어 있던 병사들은 그가 가는 곳이면 어디든 따라갈 결의를 했다.

알렉산더의 '솔선수범 리더십'은 기원전 331년 페르시아와의 최후 대결전이었던 가우가멜라 전투에서도 어김없이 반복됐다. 전투를 할 때마다 수적으로 우세한 적을 상대했던 알렉산더는 자신의 모든 것을 걸고 위험을 감수하곤 했는데 이는 가우가멜라에서도 마찬가지였다(소아시아 정복을 위해 고국을 떠날 때 알렉산더는 원정군에게 전 재산을 나눠주었다. "왕을 위하여 남겨놓은 것은 무엇인가"라는 질문에 그가 "희망"이라고 대답했다는 일화는 유명하다).

가우가멜라에서 알렉산더는 수적으로 열세인 상황에서도 적의 수뇌를 직접 공격했다. 전략은 단순했다. 무적 근위부대를 이끌고 다리우스 왕을 향해 곧장 돌격하는 것이었다. 수적으로 우세하고 우수한 무기로 무장한 적 앞에서 한순간의 틈조차 놓치지 않고 '불굴의 돌파력'을 보인 것은 알렉산더였기에 가능한 일이었다. 24개국에서 모집된 다리우스의 대군은 '안정성'이 부족한 군대였는데 알렉산더는 이런 약점을 집요하게 파고들었다. 알렉산더의 전쟁 기술은 바위처럼 단단한 밀집대형 군대를 경·중장 기병과 조합한 것이 핵심이었다. 숫자만 믿고 싸우던 페르시아의 군대는 기병의 기동적인 급습과 보병의 뒷받침을 결합한 '전쟁 기계'의 숙달된 기술을 당해낼 수 없었다.

4만 명의 보병, 7000명가량의 기병으로 구성된 알렉산더군과 10만~15만 명으로 추산되는 페르시아군 사이에 벌어진 가우가멜라 전투에 대해 아리아노스는 "육탄전이 벌어졌고 알렉산더가 이끄는 마케도니아 기병대가 페르시아군을 향해 맹렬히 돌진하여 창으로 적의 얼굴을 찔렀다"고 묘사했다(고대의 사가들은 다리우스의 병력 규모를 매우 크게 부풀렸다. 퀸투스 쿠르티우스 루푸스는 20만 명, 아리아노스는 100만 명으로 묘사했다. 현대의 역사가 폴 카틀리지와 데이비드 론즈데일도 다리우스의 군대가 알렉산더군의 5배가량인 25만 명에 이르렀을 것으로 본다).

다리우스 왕이 기대를 걸었던 '신무기', 즉 네 필의 말이 끄는 바퀴에 칼이 달린 200대의 전차 부대는 큰 효과가 없었다. 알렉산더는 겹겹의 방어막 뒤에 있던 다리우스의 목을 직접 노리며 길을 앞장서 뚫었고, 그가 던진 창에 다리우스가 타고 있던 전차의 마부가 쓰러졌다고 전해진다. 아리아노스는 "(페르시아 황제인) 다리우스는 모든 것이 공포로 보였으며 그 누구보다 먼저 등을 돌리고 도주했다"고 해설을 남겼다.

다리우스의 도주로 막을 내린 이 전투로 '제국의 심장'이 도려내졌고 알렉산더는 아시아의 주인이 됐다. "전全 오리엔트 세력과 맞서는 최후의 전투가 될 것이며 페르시아 제국 전체가 포상이 될 것"이라던 알렉산더의 단언은 그렇게 현실이 됐다.

모든 것이 공개된 개활지에서 알렉산더가 다리우스와의 정면 대결 끝에 승리했다는 사실은 정치적으로나 군사적, 정신적 측면 모두에서 중요했다. 이는 알렉산더가 다리우스를 대신해 아시아의 합법적 지배자의 위치를 차지하는 상징적 사건이 되었다. 모든 것이 조직화, 서열화되었고 중앙 집권적인 정치 체제를 가진 페르시아에서 권력의 중심인 다리우스가 제거된 일은 상징적, 실질적 의미가 상당했다.

전쟁이 시작되기 전 중과부적인 페르시아 대군의 규모에 부담을 느낀 마케도니아군의 참모들은 알렉산더에게 야밤의 기습 공격을 제안했다. 이에 알렉산더는 "나는 승리를 도둑질하지 않겠다"고 호언하며 다음날 아침 정면 대결을 선택했다. 그러나 페르시아 제국의 후손인 이란인들에게 그는 '승리를 도둑질한' 침략자로 수천 년간 각인되었고 알렉산더 대왕에게서 유래한 이란어 '이스칸더Iskander'는 도둑을 의미하게 되었다.

페르시아 제국과의 결전에서 마케도니아가 연전연승할 수 있었던 이유는 알렉산더의 빠른 결단력과 페르시아의 지연된 의사 결정 체제 때문이었다. 제2차 세계대전에서 활약한 미국의 장군 조지 패튼은 "좋은 계획을 빨리 실행하는 것이 완벽한 계획을 나중에 시행하는 것보다 낫다"는 말을 남겼는데, 이는 알렉산더의 리더십을 그대로 표현해준다. 또 19세기 군사전략가 앙투안 앙리 조미니가 "집단지도체제에서 지도부의 결정은 구성원의 최저 수준에 맞춰 이뤄진다"며 "전쟁의 천재가 중앙 집중 방식으로 부대를 지휘하는 것이 최선"이라고 주장한 데 부합하는 가장 대표적인 사례가 바로 이 전투다.

하지만 가우가멜라 전투에서 알렉산더가 아쉬워했던 단 한 가지는 다리우스를 놓쳤다는 사실이었다. 다리우스를 죽이거나 생포하지 못한 일은 알렉산더에게 큰 과제를 남겼다. 페르시아 정복의 정통성을 갖추기 위해선 다리우스의 신병을 확보해야 했기 때문이다. 알렉산더는 다리우스를 잡기 위해 무려 3주 동안 720킬로미터를 주파하며 빠르게 추격했다. 페르시아 제국의 마지막 수도였던 엑바타나에서 오늘날의 테헤란 인근 라가이까지 400킬로미터를 11일 동안 달렸고, 그곳에서 5일 휴식한 뒤 다시 5일 동안 320킬로미터를 이동했다. 알렉산더는 말과 사람들이 지쳐 죽어가는 것에 신경 쓰지 않고 맹렬하게 추격전을 펼쳤다.

시체 상태였던 다리우스를 '잡는' 상황에서도 알렉산더의 '솔선수범형 무모함'이 두드러졌다. 당시 그가 휘하에 거느린 병력은 불과 60명뿐이었다. 숨 가쁘게 추격하다 보니 주력부대가 뒤처졌던 것이다. 오히려 쫓기는 적의 수가 다섯 배나 많았지만 알렉산더는 좌고우면하지 않고 그대로 돌진했다. 알렉산더군의 병력이 많을 것이라고 지레짐작하고 배반을 결심한 베소스는 다리우스를 찌른 뒤 도주했다. 다리우스 왕의 시체와 마주한 알렉산더는 그의 이마에 입을 맞추고 눈물을 흘리며 "내가 원한 것은 이런 것이 아니었다"라고 소리쳤다. 그리고 군주의 격식에 맞춰 정중하게 장례를 치렀다. 이는 자신의 지배가 정당하다는 것을 만천하에 드러내기 위한 조치였다.

물론 알렉산더의 리더십은 한계가 분명하다. 그는 사익과 공익을 구분하지 않는 삶을 살았다. 이를 두고 독일의 역사학자 한스 요아힘 게르케는 "알렉산더의 제국은 항상 알렉산더 개인이 중요했다"며 제국의 정체성을 '에고크라티Egokratie'로 평했다. 알렉산더는 자신이 중요하게 여기는 명분이 다른 사람에게도 마찬가지일 것이라고 단정했지만 현실은 달랐다. 일례로 그가 처음 페르시아를 침공하며 "페르시아에게 억압받는 그리스인의 자유를 회복해주겠다"고 했지만 정작 페르시아의 지배 하에서 실익을 챙기며 살았던 많은 그리스인은 알렉산더의 주장에 시큰둥했다.

알렉산더가 수많은 전장에서 목숨을 걸고 구축했던 부하들과의 '신뢰'도 결국 자신의 사익을 앞세우다가 금이 갔다. 그가 '세계의 끝'까지 가겠다며 인도 갠지스강을 건너려 하자 병사들이 항명 조짐을 벌였던 사례가 대표적이다.

알렉산더는 세계가 우랄산맥과 인도의 벵골 지방 사이쯤에서 끝난다고 믿었다. 게다가 인도까지의 '정확한' 거리 정보도 모르고 있었다. 이탈리아반도에서 시리아 해변까지 선박으로 50일, 육로로 125일 소요되었던 것에 근거하여 몇 년 안에 세계 정복을 달성할 수 있을 것이라 판단했다. 하지만 부하들은 고난이 이어지고, 위험이 계속 커지는 것을 보면서 알렉산더에게 한없이 동의하기가 어려워졌다. 디오도로스는 "끝없는 행진으로 말발굽이 닳아 없어지고 무기는 무뎌졌으며 옷감은 다 해져서 타향의 의복으로 기운 누더기를 입어야만 했을 때 알렉산더와 군대 공동의 이해관계는 끝날 수밖에 없었다"고 기록했다. 더 이상 알렉산더의 사익과 마케도니아군의 공익이 일치하지 않았던 것이다. "만일 여기서 되돌아간다면 그동안의 노고는 헛된 것이 되고 모두 다시 시작해야 할 것"이라는 알렉산더의 연설에 원정군의 핵심이었던 마케도니아 엘리트 군단의 베테랑 장병들은 침묵으로 항의했다. 알렉산더와 군대의 관계가 삐걱대기 시작하면서 유대감은 급속도로 약해졌고 더 이상의 제국 확장이 불가능해졌다.

그의 갑작스런 사망 이후 대제국이 허망하게 붕괴된 이유는 조직의 운영을 시스템이 아닌 알렉산더 개인에게 맞추었던 측면 때문이기도

권력의 자서전

하다. 알렉산더의 솔선수범 리더십이 '창업創業'에는 효율적이었는지 몰라도 '수성守成'에는 부적합했을 수도 있다. 실제로 알렉산더가 살아 있을 당시 그의 제국엔 이미 반란과 분열 조짐이 나타나고 있었다.

하지만 이런 약점에도 알렉산더 리더십의 장점은 두드러진다. 오늘날에도 어떤 조직에서든 솔선수범하는 리더의 마력은 결코 무시될 수 없다. 대다수의 지도자가 알렉산더 대왕이 가졌던 확고한 결단력과 솔선수범을 보여주지 못하기 때문이다. 아무런 결정도 못 내리는 상사, 책임을 회피하고 불명확한 지시를 내리는 리더, 지시만 하고 행동하지 않는 지도자, 부하의 공을 가로채는 상관 등이 현실에서 접하는 리더들이다.

잭 웰치 전 GE 최고경영자는 "리더란 길을 아는 자이고, 길을 가는 자이며, 길을 보여주는 자다"라고 말했다. 위험을 무릅쓰고 솔선수범의 리더십을 보여줬던 알렉산더야말로 역사에서 '길을 알고, 길을 가고, 길을 보여줬던' 인물이다.

02

孔子

# 공자의 비전

공자孔子(기원전 551~기원전 479)는 생전에 성공한 인물이라고 말하기 어렵다. 그는 출신의 한계를 벗어나지 못했고, 당시의 정치·사회·문화적 지형 또한 거의 바꾸지 못했다. 하지만 공자는 사후에 동양 사회를 가장 많이 변화시킨 사람이 되었다. 저명한 중국 고대사학자 H. G. 크릴은 공자를 두고 "2500년 전 중국에서 태어난 이 사람의 일생처럼 인류 역사에 큰 영향을 미친 사례도 드물다"라고 평했다. 또 공자가 "현대 중국인의 정신세계를 결정지은 인물"이라는 시각은 그가 일군 유교 사상이 동양 사회에서 종교이자 이데올로기가 되었음을 방증한다.

공자가 후대에 막대한 영향력을 행사했다는 점에는 이견이 없지만 그에 대한 평가는 시대 상황에 따라 끊임없이 변해왔다. 공자를 단순히 고대의 관행을 부활시키려 했던 비창조적 인물, 중국 사회를 정체시킨 보수주의 사상의 교주로 보는 관점부터 과격한 혁명가로 여기는 시각까지 다양한 해석이 존재한다.

5·4운동 전후의 중국 지식인들은 공자를 '보수 반동'의 상징으로 파악했다. '타도공가점打倒孔家店(공자[구질서]를 타도하자)'이라는 기치 아래 유교를 '식인食人의 교敎' 또는 '전제군주의 지배 논리'로 이해했기 때문이다. 이들은 공자가 줄곧 '예법'을 중시했다고 주장했으며 이는 사람의 주체적인 의지와 감정을 제약하고 다시 지배자의 권위를 강화시켜 왕조 체제를 공고히 한다고 여겼다. 공자가 강조한 사기 수양과 절제가 당시의 변화 흐름에 걸림돌이 되었던 셈이다. 이렇듯 공자는 '역사상 가장 성공한 보수주의'라 불리는 유교를 창시했고 '전제군주의 사부師父' '구질서를 회복하고자 했던 반동가'로 불렸다.

그러나 반대의 관점도 무시할 수 없다. 중국의 문학가 궈모뤄는 1945년 『십비판서十批判書』와 『청동시대靑銅時代』에서 공자를 '혁명당'으로 분류했다. "진·한 교체기에 많은 유자儒者가 혁명에 투신했다"며 공자를 공산당에, 진시황을 장제스에 비유한 것이다. 정치가 류사오치는 "정치적으로 성숙한 혁명을 이루고자 하는 공산주의자라면 공자를 따라 끊임없이 자기 계발을 해야 한다"고 주장했다. 또한 궈모뤄의 영향 때문인지 1945년 마오쩌둥毛泽东은 "공부자는 혁명당이다"라고 언급하기도 했으나 1958년 공자는 마오쩌둥에 의해 혁명당에서 진시황으로 급전직하했다. 현실 정치인 마오쩌둥에게 유교의 개혁성은 환부를 도려내는 근본적인 치료라기보다 평화적이고 점진적인 미봉책에 불과했던 것이다. 즉 마오쩌둥은 유교를 구태에서 벗어나지 못한 중국 사회의 병폐로 봤다(이후 중국의 마르크스주의 역사학자들은 유가를 노예주 귀족에서 지주로 전환된 계급의 사상으로, 법가를 신흥지주계급의 사상으로, 도가를 몰락한 귀족의 사상으로, 묵가를 하층 수공업 계급 등 평민층의 사상으로 도식화했다).

서구 학계에서는 공자의 개혁성을 주목한 이들이 많았다. 대표적으로 크릴은 공자를 "합리적인 이성을 신뢰하고 인간의 평등과 협동 사회의 이념을 제시하여 당시의 참담한 현실을 구제하려던 개혁가"로 묘사했다. 공자 시대 이후 자리를 잡게 된 과거 시험에서 신분 세습이 부정되었던 사실은 '개혁가' 공자의 대표적 성과물로 평가됐다. 시어도어 드 베리 전 컬럼비아대학 교수는 "공자가 과거의 이상과 규범을 기존의 제도를 비판하기 위한 근거로 삼았고 하늘로부터 부여받은 위대한 인간성을 사람들 스스로 깨닫게 했다는 점에서 자유주의적 인물"이라고 강조했다.

공자에 대한 시선이 이처럼 다양한 이유는 그의 삶이 베일에 싸여 있고 시대와 사람 그리고 필요에 따라 그의 사상이 다르게 해석되기 때문이다.

고대의 인물들이 그렇듯 공자의 삶도 안개에 가려져 있다. 공자는 자서전이나 회고록을 쓰지 않았고 당대엔 전기도 쓰이지 않았다. 공자의 행적을 파악할 수 있는 가장 오래된 자료는 기원전 100년경 저술된 「공자세가孔子世家」로 『사기史記』에 수록되었다.

그런데 「공자세가」는 양면적인 특징을 지닌다. 후대 역사학자들이 공자의 삶을 재구성할 수 있도록 하는 자료이기도 하지만 동시에 불확실한 서술로 논란의 대상이 되기도 하기 때문이다. "공자 전기의 영원한 기초 자료"라는 평과 "사실상 70~80퍼센트가 중상모략"(18세기 청나라 고증학자 최술)이라는 주장이 공존하는 셈이다. 19세기에『논어論語』를 영어로 번역했던 선교사 제임스 레게는「공자세가」가 "너무나 혼란스럽게 적혀 있으며 앞뒤가 맞지 않는다"고 지적했다. 이렇듯「공자세가」의 가치와 신뢰성을 두고 학계의 의견은 양극단을 오간다.

「공자세가」기록에 따르면 공자는 노魯나라 양공襄公 22년(기원전 551)에 노나라의 도읍인 곡부曲阜 동남쪽에 있는 창평향 추읍에서 태어났다. 여러 사료를 종합해보면 공자의 출신은 고귀하지 않았던 것으로 추정된다. 그는 가계도도 분명하지 않은 가난한 하급 무사의 차남으로 태어났다. 후대의 사서『좌전左傳』에서 공자의 족보를 자세히 다뤘는데, 이전의 문헌에서 그의 가계가 언급되지 않았던 것으로 볼 때 후대의 사서에서 공자를 어떻게 그토록 상세히 다룰 수 있었는지 의심스럽다. 특히『좌전』은 공자를 상왕조商王朝의 직계 후손으로 묘사한다. 고귀한 가문에서 왕가의 후예로 태어날 당시 용과 천제의 사자가 하늘을 배회했다고 묘사한 부분은 '거짓 기록'으로 추정된다.

실제로 공자는 "부모가 '야합해서 낳은' 자식이었다紇與顏氏女野合而生孔子". '야합'이란 표현을 두고 결혼을 하지 않고 낳은 자식이란 설부터 강간설에 이르기까지 다양한 의견이 제시됐으나 정확한 사실은 알 수 없다. 기원전 551년으로 알려진 공자의 출생에 복잡한 사정이 있었던 정도로만 이해할 수 있을 것이다.

권력의 자서전

그뿐 아니라 후대에 조작된 기록을 바탕으로 공자에 대해 잘못 알려진 정보 중에는 '부유했다'는 주장도 있다. 관직에 있을 때 소미(좁쌀) 6만 말을 받았다(봉속육만奉粟六萬)는 기록 때문인데 실제로 이는 일시적인 수입에 불과했다. 또한 후세 사람들은 맹자가 수십 대의 마차와 종자들을 이끌고 여행했다는 기록을 보고 공자의 위신을 세우기 위해 그의 여행 규모를 부풀려 기록했다. 이런 기록들은 공자가 초호화 여행을 할 정도로 부유했다는 의미로 해석됐지만 실제로 공자는 기원전 489년 진陳나라를 주유하던 중 식량이 떨어져 7일 동안 굶주린 적도 있었다. 기록에 따르면 공자는 "군자는 곤궁이 닥치면 그것을 견딘다君子固窮"며 자위했지만 당시 그의 심경은 처참했을 것이다.

후대의 윤색 속에서 살아남은 당대의 자료에는 공자 스스로 비천한 출신을 감추려 하지 않았다고 기록되어 있다. 그는 『논어』에서 "나는 젊었을 때 미천한 사람이었다我少也賤"라고 토로한다.

공자는 낮은 신분이었던 탓에 성인이 된 이후에도 높은 관직에 오르지 못했다. 『맹자孟子』에는 공자가 창고지기와 목장 관리를 하는 미관말직을 맡기도 했으며 재산조차 모으지 못했다는 내용이 나온다. 젊은 날의 공자는 "나는 계산만 틀리지 않으면 된다"거나 "내 의무는 그저 소와 양이 건강하게 잘 자랄 수 있도록 돌보는 것이다"라며 소극적으로 생각했다고 한다.

하지만 공자는 별 볼 일 없는 직업을 전전하면서 평민의 삶을 이해하게 되었고 그들에게 깊은 동정심을 느꼈다. 공자가 노년에 "나는 천하게 자랐기 때문에 사소한 일에 능하다吾少也賤 故多能鄙事"고 한 것을 보면 가난했던 경험이 그에게 얼마나 많은 영향을 주었는지 알 수 있다.

가난했던 공자의 삶은 그의 제자 군상에서도 드러난다. 공자가 35세 이전에 받아들인 제자는 대부분 가난한 집 출신이었다. 안회는 빈민촌에서 살았고 염경과 염옹, 염구는 천인 출신이었다. 중유는 '비인鄙人' '야인野人'이라 불렸으며 칠조개는 '형잔刑殘' 즉 노동 교화 형벌을 받은 범죄자였다. 공자가 55~68세경 주유열국周遊列國 할 때 받아들인 제자 원헌과 복상 또한 매우 가난했고, 번수와 공서적, 유약은 출신을 알 수 없었다. 공자의 만년 제자 공손사도 비천한 출신으로 범죄 이력이 있었다.

천민 거주지였던 호향互鄕에서 한 어린이가 공자를 찾아왔을 때 공자는 "누구든 새 출발을 하려 할 때 과거와 결별할 수 있도록 도와야지 그의 과거를 기억해서 무엇 하겠느냐人潔己以進 與其潔也 不保其往也"라며 배경을 전혀 고려하지 않는 모습을 보였다. 이렇듯 공자는 사회적 신분이나 계급에 편견을 가지는 사람이 아니었다.

공자는 백성의 편이었다. 그는 '무지한 군중' 같은 단어를 사용하지 않았다. 공자가 활동하던 시기에 평민의 삶은 고통으로 점철돼 있었고 그들을 보호해줄 법과 질서는 거의 존재하지 않았다. 전란의 시기에 전쟁에서 어느 쪽이 이기건 상관없이 평민들은 피해를 입었다. 평소에도 마찬가지였다. 공자는 이런 상황을 용납하지 못했고 백성 스스로 살기 좋은 세상을 만들 수 있도록 방법을 연구하고 또 설득했다. 그는 백성이 극도의 빈곤 상태에 있을 땐 어떤 개혁도 효과가 없다는 사실을 잘 알고 있었다. "백성을 위해 가장 먼저 해야 할 일은 무엇이냐"는 질문에 공자는 "그들을 부유하게 만드는 것曰富之"이라고 답했다.

공자에게 백성은 군주보다 더 중요한 존재였다. "훌륭한 정부란 충분한 식량과 무기를 가지고 백성의 신뢰를 얻어야 하는데 그중 하나를 버려야 한다면 무기, 다음이 식량이다. 백성이 신뢰하지 않는 정부는 지탱될 수 없다子貢問政 子曰 足食 足兵 民信之矣. 子貢曰 必不得已而去 於斯三者 何先 曰 去兵. 子貢曰 必不得已而去 於斯二者 何先 曰去食. 自古皆有死 民無信不立."

공자에게 국가는 지배자와 피지배자가 그 목적을 함께 이해하고 이익을 공동으로 향유하는 협동체였으며 정부는 피지배층의 동의로 정당한 권력을 행사하는 조직이었다. "사해 안의 모든 사람은 형제四海之內 皆兄弟也"라는 공자의 파격적 사고를 반영하듯 『논어』에는 '사람을 사람으로 대한다'는 뜻을 전제로 한 인仁이 백아홉 번이나 나온다.

공자는 반면 귀족이 내세울 것이란 혈통에 따라 세습되는 것밖에 없다고 생각했고 그들에 대한 반감을 숨기지 않았다. 그는 『논어』에서 "주공과 같은 훌륭한 재능을 지녔다 하더라도 교만하고 인색하다면 다른 것은 볼 가치도 없다如有周公之才之美 使驕且吝 其餘不足觀也已"고 잘라 말했다. 『논어』 전문가 리링은 이 문구를 두고 "어렸을 적 가난했던 공자에게 귀족의 오만은 견딜 수 없었던 것이기에 나온 비판"이라고 설명했다. 짧은 말이지만 그 속에 젊은 공자의 심리적 상처가 담겨 있다는 것이다. 당시 노나라의 실권자 계강자季康子는 도둑 문제로 골머리를 앓던 중 공자에게 대책을 물었는데 공자는 "대부께서 욕심을 부리지만 않으면 상을 내린다 하더라도 사람들은 훔치지 않을 것苟子之不

欲 雖賞之不竊"이라며 면전에서 쏘아붙이기도 했다.

하지만 파격적 사고와 넘치는 의욕에도 현실의 벽은 높았던 것으로 보인다. 공자는 당시 권좌를 차지하고 있던 군주들과 그 비슷한 부류의 사람들이 계속해서 정치를 좌우하는 한 자신이 생각하는 이상 세계를 구현하는 일은 불가능하다고 여겼다. 가능한 일이었다면 공자는 세습군주제를 폐지하려 했을지도 모른다.

중국학을 연구해온 학자 아사노 유이치는 공자가 쇠퇴해가는 주 왕조를 대신하여 새로운 왕조를 수립하고 스스로 천자天子(임금)가 되려는 야망이 있었다고 주장했다. 상천上天(우주를 창조하고 주제한다고 믿어지는 신)이 자신에게 명령할 날을 꿈꿨다는 것이다. 아사노 유이치는 가난하고 천한 필부였던 공자가 왕이 되려는 망상을 품었고, 그 꿈을 이루지 못한 교주의 좌절과 원한을 풀기 위해 후학들이 만든 '복수심의 종교'가 유교라고 설명했다. 공자는 "봉황이 날아오지 않고 황하에서 상서로운 그림이 나오지 않으니 나는 끝났구나鳳鳥不至 河不出圖 吾已矣夫"라는 유명한 문구를 남겼는데, 일각에서는 이를 두고 공자가 야망을 이룰 수 없는 상황을 한탄한 것으로 해석한다.

이렇듯 현실적으로 세습군주제를 없애는 것이 불가능했기에 공자는 군주들에게 "덕德이 있고 유능하며 적절한 교육을 받은 대신들에게 정부의 기능을 위임하라"고 설득했다. 군주의 권력을 공적 기준으로 선발된 대신들에게 부여하라는 주장은 무혈혁명無血革命이나 다름없었다. 공자는 정치를 하는 인물이 반드시 군주일 필요는 없으며 관리들이 정치의 주체가 될 수도 있다는 점을 강조했다.

권력의 자서전

이처럼 정부의 기능을 소수의 권력을 강화하는 것에서 백성의 행복과 복리를 추구하는 것으로 바꾸려고 한 것은 혁명적인 사고였다. 서구의 철학자 플라톤과 아리스토텔레스가 군주정, 과두정, 참주정, 민주정 등 다양한 정치 형태를 목격한 뒤 이상 사회를 꿈꿨던 것에 비하면 군주정 외에는 다른 정치 형태를 상상할 수 없었던 환경의 공자가 전혀 다른 사회를 꿈꿨다는 사실은 놀랄 만한 일이다.

실제로 공자는 한 제자에게 군주가 되기에 부족함이 없다고 말하기도 했다雍也可使南面. 한나라 시대가 되어 공자의 주장대로 뛰어난 덕망과 능력이 군주의 충분조건이 되었지만 당대 이전의 문헌이나 청동기 명문을 보면 군주와 동일한 지위를 요구할 수 있는 유일한 자격 요건은 '상속권'뿐이었다.

공자는 "얼룩소의 새끼가 붉은색이고 뿔이 단정하다면 비록 쓰지 않으려고 해도 산천의 신령이 가만 두겠느냐犁牛之子騂且角 雖欲勿用 山川其舍諸"라고 일갈했다. 보통의 소도 고귀한 송아지를 낳을 수 있다고 주장하며 용이 용을 낳고, 봉황이 봉황을 낳는다는 '혈통론'을 정면으로 반박한 것이다. 당대의 상식과 가치관에 정면 도전한 이 발언은 혁명적 정치 원리를 언명한 것이기도 했다. "재능 있는 사람에게는 성공의 길이 열려 있다"는 공자의 관념은 세습 권력에 대한 도전이었고 큰 파장을 일으켰다. 예를 들어 '군자君子'의 뜻은 본래 '군주의 아들' '귀족'이었으나 나중에 '교양 있고 뛰어난 사람' '고귀한 사람'으로 바뀌었다.

그렇다면 공자는 어떻게 사회를 바꾸려고 했을까? 그는 개인의 삶은 물론 사회를 변화시킬 수단으로 교육을 강조했다. 공자는 "나처럼 배우기 좋아하는 사람은 없을 것이다不如丘之好學也"라고 자부하는 사람이었다. 그는 교육할 때 출신을 가리지 않고 제자를 받아들였는데 이는 '유교무류有教無類', 즉 '가르침에는 신분의 차별이 없다'는 신념을 표방한 것이다. "한 묶음의 포를 예물로 가져온 사람 중에 내가 가르치지 않은 사람은 없다自行束脩以上 吾未嘗無誨焉"라며 가난하더라도 포부를 가진 사람이라면 외면하지 않았다. 또한 지능과 근면을 중요하게 생각했던 공자는 모든 청년이 능력을 입증할 기회를 가질 때까지 존중되어야 한다고 선언하기도 했다.

교육을 강조하면서 공자의 정치적 비전은 빠른 속도로 퍼져나갔다. 혈통과 돈이 없더라도 사람의 됨됨이만으로 입신양명이 가능하다는 주장은 파괴력이 컸던 것이다. 평민을 군자로 만들기 위한 공자의 노력은 세습적 귀족 질서에 일격을 가했다. 유럽에서는 1850년 이후 교육이 보급되기 시작했고, 그전에는 지배층에게만 교육이 필요하다고 여겨진 점을 고려하면 공자의 생각이 얼마나 시대를 앞섰던 것인지 알 수 있다.

교육은 그 자체로 공자의 야심을 드러내는 거울이었다. 그는 기성 질서에 주눅 들어 포기하는 대신 다른 경로를 통한 상승을 노렸다. 세력가 출신이 아닌 탓에 높은 지위를 세습하지 못했기 때문에 온전히 자신의 노력으로 출세해야 했던 것이다.

신념에만 부합한다면 사회적 통념도 크게 신경 쓰지 않았다. 공자는 제자 공야장公冶長에게 딸을 시집보내며 "비록 감옥에 갇힌 몸이지만 그것은 그의 죄가 아니다. 그러니 딸을 시집보낼 만하다"라고 말했다. 징역형을 받은 죄인에게 '훌륭한 사람'이라며 친딸을 시집보낸 사람이 바로 공자였다.

『논어』에 나타난 공자의 모습을 보면 동년배보다 젊은 세대와의 관계가 더 좋았던 듯하다. 현실과 동떨어진 이상주의, 사명감을 가진 개혁가의 독선적 태도는 젊은이의 감탄을 일으키기 마련이다. 이는 개혁적 인사를 바라보는 당대의 시선이 그대로 드러났다고 볼 수 있다.

공자는 자신의 혁신적 주장에 대한 저항을 최소화하기 위해 개인보다는 원칙에 충실할 것과 폭력이 아닌 설득을 통한 개혁을 주장했다. 이런 까닭으로 당대의 군주들은 공자의 제자에게 권력을 위임하더라도 유혈혁명의 사태는 발생하지 않을 것으로 판단했을 것이다. 유교의 내용이 혁명적이었음에도 지도층에게 받아들여질 수 있었던 이유가 바로 여기에 있다.

그러나 원대한 꿈과 치밀한 대비에도 공자는 끝내 현실의 벽을 넘지 못했다. 그렇게 꿈과 현실의 모순 속에서 그의 고뇌와 역경은 시작되었다.

공자는 예학禮學의 스승을 자처하며 문인을 모아나갔다. 문도가 늘고 평판이 높아지면서 공자의 정치적 욕망도 자연스럽게 커졌다. 그러나 필부에 불과했던 공자가 귀족들과 어깨를 나란히 하며 노나라 조정의 주요 관직을 차지할 수는 없었다. 그는 "팔아야지! 팔아야지! 나는 제값을 쳐줄 사람을 기다리고 있다沽之哉! 沽之哉! 我待賈者也"고 외치며 자신의 몸값을 제대로 받고자 했지만 '눈 밝은 이'는 끝내 나타나지 않았다.

기원전 497년 고국에서 등용될 가망이 없자 공자는 56세의 나이에 제자들을 이끌고 국경을 넘었다. 자신을 등용해줄 군주를 찾기 위해서였다. 위정爲政에 대한 공자의 강력한 집착이 드러난 것으로 보인다. 그는 72명의 군주(『한서漢書』「유림전儒林傳」)에게 스스로를 팔려고 했지만 결국 실패했다.

공자의 마지막 20년은 '유랑' '초조' '상심' '좌절'로 가득 차 있었다. 이때 공자의 신세는 마치 돌아갈 집이 없는 '떠돌이 개喪家之狗'와 같았다고 회자된다. 결국 그는 14년의 주유 끝에 고국에 돌아와 교육에 진념하다가 73세(기원전 479)의 나이에 사망한다. 그가 남긴 마지막 말은 "하늘 아래 도가 사라진 지 오래되었다. 내가 하는 말을 누가 귀담아 들어줄 것인가天下無道久矣 莫能宗子"(「공자세가」)였다.

공자의 삶은 극적인 요소가 부족했다. 클라이맥스도 없었고 순교도 없었다. 그가 꿈꿨던 포부는 실현되지도 못했다. 공자는 생전에 위정의 꿈을 이루지 못했지만 죽은 뒤엔 그가 그렸던 것과 비슷한 사회가 도래했다. 그가 직면했던 그리고 끊임없이 좌절해야 했던 세상과는 다른 세상이 온 것이다.

공자는 사회, 정치의 전면적인 개혁을 요구했다. 권력은 없었지만 도덕과 학식을 겸비한 사람으로서 용감하게 당대의 권력자들을 비판했다. 온 세상을 다니며 유세하고 통치자를 대신해 고민하며 위정자들이 '바른길'로 갈 수 있도록 목숨을 걸고 설득했다. 그렇게 공자는 '불가능하다는 것을 알면서도 하고자 했던 사람是知其不可而爲之者與'으로 기록되었다.

 공자가 고국을 떠나 방랑한 것은 사실이지만 신천지를 찾아 떠난 것은 아니었다. 그는 공허한 바깥 세계가 아닌 그의 발밑에서 이상 사회가 발현되길 바랐다. "공자의 도는 가나안이 아니라 이집트에서 실행돼야 했고, 시공을 초월한 무릉도원이 아니라 위나라와 진나라에서 실천돼야 했다"는 역사학자 왕젠원의 설명을 보면 잘 알 수 있다. 이 모두를 고려할 때 공자는 위대한 비전을 제시한 혁명가로 간주되는 것이 마땅할 것이다.

 공자의 사후 수 세기 안에 세습적 귀족 정치는 중국에서 소멸되었다. 공자는 그 누구보다 귀족정의 소멸에 큰 공헌을 한 인물이 됐다. 노나라뿐 아니라 제齊, 초楚, 위衛, 진晉, 진秦, 진陳, 오吳, 송宋 등지에서 공자에게 학문을 배우고자 사람들이 몰려왔고 그들은 이후 공자를 일으켜 세우는 자산이 됐다. 사료에는 "공자가 죽고 70여 명의 제자가 흩어져 제후들에게 유세했다. 그들은 경상卿相과 사부師父가 되어 사대부와 교유했다"고 전해진다.

 공자의 사상이 제자들에 의해 계승되면서 학파의 영향력이 커지고 세련되어졌지만 변하지 않은 두 가지가 있다. 정치를 할 때 중요한 것은 가문이 아닌 덕德과 능력이라는 점 그리고 정부의 진정한 존재 이유는 백성의 행복과 복리를 도모하기 위함이라는 점이다. 이는 전쟁이 심화되고 생활이 어려워진 와중에도 유교가 평민들에게 인기를 끌고, 중국 사회에서 생명력을 이어갈 수 있도록 하는 원동력이 되었다. 또 유교의 개혁주의는 인류의 복지에 적극적으로 관여하고, 더 나은 개혁의 가능성을 염두에 두고 기존 제도에 대해 늘 비판적인 태도를 취했다.

수천 년간 동양 사회에서 정치인은 덕이 있어야 한다고 여겨졌다. 가장 좋은 것은 덕과 능력을 겸비하는 것이요, 그렇지 못하다면 차라리 재능을 포기해야 한다는 것이다. 공자는 좋은 정치란 윤리적이어야 한다는 새로운 개념을 제시했다. 18세기 조선의 학자 정약용은 『탕론湯論』에서 국왕을 무용단의 우두머리에 비유했다. 이처럼 동양 사회에선 능력주의가 자리를 잡았고 혈통 관념은 기반을 잃었다. 프랑스 혁명 이전의 서구 사회에서 군주를 여전히 현존하는 신으로 추대했던 것과는 상반된다.

공자는 정치가로서는 실패했지만 부수적인 일로 생각했던 교육자로서는 유례없는 성공을 거두었다. 공자가 제시한 비전을 따르려 한 제자들의 노력 덕에 이후 중국의 유토피아는 '도덕국가'가 되었다.

오늘날 대부분의 조직에서 흔하게 볼 수 있는 '지도자'들은 멀리 내다보는 '비전'은 고사하고 간단한 향후 '플랜'조차 갖추지 못하고 있다. 큰일을 앞두고 대안도 없이 나서거나 눈앞의 실적에만 급급할 뿐 '나아갈 길'을 제시하고 '큰 그림'을 그리는 데에는 관심조차 없다. '오늘은 이렇게, 내일은 저렇게'라는 식으로 지시가 시시때때로 변하는 '조변석개朝變夕改형 리더'도 넘쳐난다.

이런 현실과 비교해본다면 공자가 꿨던 큰 꿈, 위대한 비전의 힘은 대단하다. 그는 세계를 오랫동안 뒤흔들었다. 사마천이 「공자세가」에 남긴 찬사는 위대한 공자의 모습을 잘 표현하고 있다.

권력의 자서전

"높은 산은 고개를 들어 쳐다보게 하고, 넓은 길은 사람이 걸어가게 하는구나 高山仰止 景行行止."

# 03

Gaius Julius
Caesar

# 카이사르의 행운

가이우스 율리우스 카이사르Gaius Julius Caesar(기원전 100~기원전 44)는 운이 좋은 사람이었다. 전장의 수많은 칼날이 그를 비껴갔고 정복 전쟁에서 당대의 그 누구와도 비교할 수 없는 업적도 쌓았다. 그 덕에 카이사르는 당대인들에게 '운명의 축복을 받은 사람'으로 묘사되었다. 그의 행운은 후대까지도 계속 회자되어 '카이사르의 행운Fortuna Caesaris'이라는 표현은 지금도 일종의 상용 어구로 쓰이고 있다.

실제로 고대의 전기 작가들은 카이사르의 성공이 운명의 호의 덕분이라고 믿었다. 고대 로마 제국의 역사가 수에토니우스는 카이사르를 "자신의 행운을 권력 쟁취의 동력으로 삼았던 초인간"이라고 설명했고, 철학자 플루타르코스는 "누구보다 자신의 운명에 강한 믿음을 가졌던 인물"로 묘사했다. 영국 역사가 에이드리언 골즈워디 역시 "카이사르의 생애 동안 운명의 여신은 계속해서 그에게 미소 지었다"고 요약했다.

카이사르 스스로도 "나는 운이 좋다"는 말을 입에 달고 살았다. 그는 자신의 외모를 포함한 거의 모든 부분에서 허영에 가까운 자부심을 보였다. 특히 전쟁에 임할 때는 행운이 자기편에 있을 것임을 강조했다. 카이사르는 전투에 나서기 전 다음과 같은 말을 남기기도 했다. "오늘 전투에서는 적군이 승리할 수도 있을 것이다. 저 중에 나보다 운이 좋은 이가 있다면 말이다."

다만 연구에 따르면 카이사르는 자신의 저서에서 행운의 역할을 최소한으로 서술했다. 사실 그의 행운이 부각된 이유는 카이사르 반대파가 전쟁에서 패배한 뒤 책임을 면피하기 위해 "패전은 우리의 불운 탓이었다"고 말했기 때문이고, 이 발언으로 인해 카이사르의 행운이 강조되었다고 할 수 있다.

"전쟁을 하기 위해선 만반의 준비가 필요하지만 결국 승패는 운에 달려 있다"라던 당시의 사회적 분위기 또한 카이사르의 행운을 더욱 강조하고 극적인 것으로 만들었을 것이다. 로마의 유명한 장군들에겐 '포르투나fortuna' '펠리키타스felicitas' '펠릭스felix' 등 행운을 뜻하는 별칭이 붙곤 했다. 로마의 철학자이자 정치가 키케로조차 행운을 위대한 장군이 갖춰야 할 필수 요소로 꼽았다.

각종 기록에 따르면 카이사르는 자신의 행운을 광신적으로 믿었다. 그가 스스로의 운명을 강하게 확신했던 사례로는 기원전 48년 항구

도시 디라키움에서의 일화가 유명하다. 그리스에서 숙적 그나이우스 폼페이우스 마그누스Gnaeus Pompeius Magnus와 싸우던 카이사르는 수적 열세를 피하기 위해 이탈리아반도에서 증원부대를 끌어오고자 했다. 이를 위해 브룬디시움으로 가는 작은 배를 타고 바다로 나섰는데 항해 도중 날씨가 계속 나빠지자 선장에게 "계속 나아가라! 너는 카이사르와 카이사르의 행운을 싣고 있다"라고 외쳤다.

카이사르는 의도적으로 불운을 물리치고, 행운을 쟁취하는 것처럼 보이도록 연출하기도 했다. 기원전 48년 폼페이우스를 추격해 아프리카에 상륙할 당시 그는 발을 헛디뎌 병사들 앞에서 넘어졌다. 불길한 장면이었지만 카이사르가 즉시 "아프리카여! 내가 너를 잡았다"라고 외쳤고 리더의 즐거운 목소리에 불길했던 전조는 유쾌한 에피소드로 반전되었다.

카이사르의 행운이 정점에 이르렀던 전투는 기원전 45년 3월 17일 스페인에서의 문다 전투다. 로마 제국의 패권을 거의 손아귀에 쥔 카이사르는 폼페이우스파의 남은 세력을 소탕하기 위해 스페인에서 결전을 치렀다. 당시 폼페이우스파를 이끌었던 사람은 사망한 '그나이우스 폼페이우스 마그누스'의 큰아들이자 20대 후반의 청년 폼페이우스(아버지와 동명)였다.

그러나 예상 밖의 상황이 벌어졌다. 백전노장 카이사르가 약관의 폼페이우스에게 고전했던 것이다. 적군의 공격은 선봉에 선 카이사르에게 집중됐다. 역사가 아피아노스는 "카이사르에게 날아온 창이 200개나 됐다"고 기록했다.

카이사르는 창을 피하거나 방패로 막으며 전력을 다해 싸웠다. 방패에 꽂혀 덜렁거리는 창도 있었다. 그러나 '운이 좋았던' 카이사르는 상처 하나 입지 않았고 곧이어 투구를 벗어 병사들이 자신을 쉽게 알아보도록 했다. 플루타르코스에 따르면 카이사르는 갈리아와 게르마니아, 브리타니아에서 생사고락을 함께했던 정예 10군단Legio X에게 이렇게 외쳤다고 한다. "그대들은 그대들의 장군이 고작 애송이에게 패배하도록 놔둘 것인가. 수치스럽지도 않은가."

주춤하던 병사들은 다시 전진했고 격전이 벌어졌다. 이 전투는 카이사르가 "나는 그동안 승리를 위해 싸웠지만 이번에는 처음으로 살기 위해 싸웠다"고 했을 정도로 위태로운 순간이 많이 있었다. 그러나 이번에도 카이사르는 행운의 도움으로 적을 완전히 제압했다. 로마의 역사가 벨레이우스 파테르쿨루스는 카이사르의 용기가 전투에서 패할 뻔했던 순간에 빛을 발하면서 운명의 호의를 받을 만한 자격이 있다는 것을 스스로 증명했다고 평했다. 문다 전투는 카이사르가 위험에 처했던 마지막 전투이자 행운이 가장 밝게 빛났던 전투였다.

'하늘이 도왔다'는 말 외엔 설명하기 힘들 정도로 운이 좋았던 적도 있었다. 기원전 48년 8월, 로마 제국의 운명을 가른 파르살루스 전투가 벌어지기 직전에 적장 폼페이우스 측 주요 인사이자 카이사르를 여러 차례 괴롭혔던 마르쿠스 칼푸르니우스 비불루스가 폐렴으로 사망했던 것이다. 유독 카이사르에게 행운이 따랐던 이 결전의 전날 폼페이우스는 로마의 베누스 빅트릭스 신전을 장식하는 꿈을 꿨다. 카이사르보다 두 배 많은 병력을 거느리고 있던 폼페이우스는 이 꿈을 '카이사르의 패배를 축하하게 될 징조'로 해석했다. 카이사르 가문이 여신 베누스를 조상신으로 섬기고 있었기 때문이다(카이사르 가문은 트로이를 탈출한 영웅이자 신 베누스의 자식이었던 아이네이아스의 아들 이울루스가 가문의 조상이라고 주장했다. 이로써 카이사르는 자연스럽게 베누스의 피가 일부 섞인 인물로 표현됐다).

하지만 실상은 반대로 폼페이우스가 카이사르의 승리를 축하하는 모양새가 되어버렸다. 우연찮게도 결전 당일 카이사르군은 '신의 뜻'을 암시하는 "승리의 사자 베누스"를 군호軍號로 달았다. 폼페이우스 또한 "정복당하지 않은 자 헤라클레스"라는 군호를 선택해 승리의 의지를 다졌지만 결국 카이사르군에게 밀려 패배했다. 폼페이우스의 꿈은 역설적으로 카이사르의 승리를 예고한 것이 되어버렸다. 카이사르는 전장에 널브러진 적군의 시체를 바라보며 "이렇게 되는 것이 그들의 종말이었던 것을"이라며 운명론적인 탄식을 남겼다.

서구 세계의 운명을 결정한 대결전을 마친 후 카이사르는 신이 아닌 인간에게 공을 돌렸다. 전장에서 피 흘리며 싸운 병사들에게 감사의 말을 전한 것이다. "나의 모든 위대한 업적에도 폼페이우스가 승리를 거둘 수 있었다. 귀관들의 도움이 없었다면 나는 지금쯤 적들의 비난을 받고 있을 것이다."

기원전 46년 4월 탑수스 전투 또한 천운으로 이길 수 있었다. 플루타르코스에 따르면 전투가 시작되던 날 아침부터 카이사르에게 간질 발작이 찾아왔다. 카이사르는 발작이 시작될 것을 예감하고 재빨리 진지로 돌아갔고 부하들에게 전투를 맡겼다. 군호가 '행운felicitas'이었던 카이사르군은 이름에 걸맞게 총사령관 없이도 순탄하게 전투에 임했다. 벨레이우스는 이 전투를 두고 "처음에는 운의 방향을 예상할 수 없었지만 결국 '카이사르의 행운'이 적을 물리쳤다"고 묘사했다. 이 전투로 폼페이우스파 잔당이 격퇴되었고, 정치적 라이벌이었던 마르쿠스 카토(소小카토라고도 불린다)는 자살로 생을 마무리했다. 이집트 알렉산드리아에선 카이사르가 타고 있던 배가 적군의 공격으로 침몰했지만 카이사르는 상징과도 같던 붉은 망토를 버리고 헤엄쳐 나와 간신히 목숨을 건지기도 했다.

그렇다면 카이사르의 행운은 그저 거저 주어진 것일까? 사실 카이사르의 일생을 돌아보면 그가 꼭 운이 좋기만 했던 사람이라고 볼 수는 없다. 카이사르의 집안은 명망이 있다고 하기 어려웠을뿐더러 그에게 도움을 주지도 못했다. 게다가 카이사르의 아버지는 아들이 본격적으로 사회생활을 하기도 전 어느 날 신발을 신다가 갑자기 쓰러져 죽었다.

재산이 넉넉지 않았던 젊은 시절의 카이사르는 로마의 서민 주거지인 수부라 외곽 지역에 살았다. 현대의 학자들은 그가 빈민가에서 살았다고 추정하지는 않지만 당시 빈민과 서민의 삶이 완전히 동떨어졌다고도 보지 않는다. 연구에 의하면 카이사르가 훗날 보여준 군중을 다루는 능력, 군단병을 통솔하는 솜씨는 젊은 시절 가난한 사람들과 접촉하면서 습득한 것이라고 볼 수 있다. 『로마혁명사The Roman Revolution』를 쓴 로널드 사임은 이런 배경 때문인지 카이사르가

로마의 권력을 장악할 당시 정적 키케로가 카이사르를 지지했던 인물들을 '인간쓰레기' '밑바닥 인생'이라고 부르며 조롱했다고 주장했다. 결론적으로 카이사르의 '초년 복'은 아주 좋지는 않았던 셈이다.

카이사르는 알렉산더 대왕이나 한니발 같은 고대의 영웅들과 비교되곤 한다. 그러나 그는 알렉산더 대왕이 33세의 나이에 대업을 이룬 뒤 사망하고, 한니발이 45세에 마지막 전투를 치른 것에 비하면 출세가 늦은 인물이었다. 기원전 63년, 37세에 '최고 대사제'에 선출되기 전까지 하급 관직을 전전했던 카이사르는 41세가 되어서야 갈리아에서 본격적으로 명성의 발판을 다졌다.

카이사르는 용감한 사람이었다. 수에토니우스에 따르면 그는 청년 시절 용감한 인물에게 수여하는 '시민관'을 받았다. 기원전 81년 19~20세의 나이엔 레스보스섬의 수도 미틸레네 공격에 참여하여 동료 병사의 목숨을 구했고 이를 인정받았다. 출세의 발판을 다진 히스파니아(스페인)와 헬베티아(스위스), 갈리아(프랑스, 벨기에), 게르마니아(독일), 브리타니아(영국)의 전장에서도 카이사르는 매번 앞장섰다.

갈리아 비브락테 전장에서는 병사들의 초조함과 걱정이 커지자 카이사르 스스로 말에서 내려오기도 했다. 병사들에게 당당함을 보일 필요가 있다고 판단했던 것이다. 병사들과 두려움을 함께 나누며 도망치고 싶은 마음을 떨쳐버리겠다는 강력한 신호였다. 말을 타지 않으면 이동도 힘들고 지휘관으로서 전황을 파악하는 데에도 불리했지만 카이사르는 병사들의 사기 진작을 위해 실질적인 이점도 과감히 포기할 줄 아는 지도자였다. 그는 최전선에서 적병과 직접 싸우는 백

병전白兵戰을 좋아하지 않았지만 이를 피하지도 않았다. 기원전 52년 갈리아에서 베르킨게토릭스의 반란이 일어났을 때는 400명의 기병만 거느린 채 적이 우글거리는 영역을 가로질러 자신의 부대로 돌아가는 대범함을 보이기도 했다.

카이사르는 자신감과 추진력이 넘쳤다. 그에게 기존의 규칙 따위는 크게 중요하지 않았다. 오히려 카이사르가 원하는 것이 규칙이 되곤 했다. "카이사르가 명령했기 때문에 태양이 떠올랐다"는 키케로의 말은 그의 이런 면모를 잘 설명해준다.

카이사르는 고비마다 자신의 권한을 넘어서는 일을 과감하게 진행했다. 젊은 시절에는 시민의 신분으로 군대를 모아 해적과 아시아 속주를 침략한 폰투스군을 상대했고 히스파니아에선 일개 전직 법무관 신분이었음에도 군단 규모에 필적하는 열 개의 보병대대를 편성했다. 갈리아에서는 원로원만이 편성할 수 있었던 군단을 조직했다. 카이사르는 자신이 로마의 이익을 수호한다는 확신을 가지고 행동했으며 스스로의 능력을 굳게 믿었다.

또 그는 누구보다 결단력 있는 사람이었다. 카이사르는 한번 기회를 잃어버리면 다시는 되찾을 수 없다는 사실을 잘 알고 있었다. 로마의 시인 호라티우스는 "오늘을 붙잡아라. 내일이라는 말은 최소한으로 믿어라carpe diem, quam minimum credula postero"라는 유명한 경구를 남겼는데 이 또한 카이사르에게서 유래한 것이다.

"주사위는 던져졌다alea iacta est"라는 말도 카이사르의 대담함을 잘 드러낸다. 절체절명의 시기, 로마로의 진군을 결정할 시점에 카이사르는 단 하나의 군단, 전체 병력의 10분의 1을 보유하고 있었다. 최강 부대인 주력 10군단은 먼 곳에 있어 당장 동원하기 어려웠다. 카이사르는 고민이 깊었으나 "나아가지 않으면 내가 그 대가를 치르고, 나아가면 전 로마 세계가 대가를 치른다"라며 과감하게 운명을 건 도박을 벌였다. 역사학자 프리츠 하이켈하임은 카이사르가 추운 겨울에 적은 병력을 가지고 거병한 것이 '계산된 도박'이라고 주장했다. 폼페이우스가 동원할 수 있는 군단이 2개밖에 없었고 그 병력의 상당수가 자기 밑에 몸담았었다는 사실을 염두에 두고 있었다는 것이다.

  카이사르의 명언으로 유명한 '주사위' 경구에 대해 많은 이가 다른 주장을 펼친다. 아피아노스는 카이사르가 결단의 순간에 "주사위가 던져지도록 두자"고 말했다고 주장한 반면 폴리오는 당대의 내전에 대해 서술한 저서(유실되어 정확한 서명이 전해지지 않는다)에서, 수에토니우스는 『열두 명의 카이사르The Twelve Caesars』에서 카이사르가 "주사위는 던져졌다"고 말했다고 주장했다. 플루타르코스는 고대 그리스 시인 메난드로스의 시구를 인용하며 그가 "주사위를 던져라"라고 외쳤다고 강조했다. 카이사르는 자신의 운명을 믿는 '능동적' 인간이었기에 주사위가 던져지기를 기다리기보다는 주사위를 던질 인물이라는 것이다. 이 일을 두고 네로 황제 시대의 시인 마르쿠스 루카누스는 "카이사르는 자신보다 우월한 자를, 폼페이우스는 동등한 자를 용납하지 않았다"고 정리했다. 더 절실하고, 적극적이고, 능동적인 사람은 카이사르라는 의미였다. 그리고 카이사르는 루비콘강을 건넌 지 두

달 만에 이탈리아의 주인이 되었다.

그는 대담했을 뿐 아니라 행운을 움켜쥐기 위해 철저히 준비하는 사람이었다. 플루타르코스는 "전쟁에서 모든 것을 적시 적소에 활용하는 카이사르의 능력은 타의 추종을 불허했다" "카이사르의 상세한 전쟁 계획은 한 치도 틀린 적이 없었다"고 평했다.

카이사르는 갈리아와 브리타니아 전장에서 거둔 승리의 효과를 최대한 활용했다. 전리품이 많건 적건 그는 변경 지대에서의 공적을 바탕으로 로마에서 헤게모니를 장악했다.

로마의 분위기도 상승작용을 일으켰다. 기원전 57년 가을, 로마 원로원은 갈리아에서의 승전을 기념하기 위해 15일 동안 축제를 열기로 결정했다. 승전 기념 축제는 보통 5일간 열리는 게 상례였고 기원전 63년에 폼페이우스가 10일간의 축제를 열었던 것이 유일한 예외였으나 이번엔 달랐다. 카이사르는 자신의 승리를 이용해 로마의 '전통'도 바꿔버렸던 것이다.

어쩌면 당대의 로마인들이 카이사르의 전과를 필요 이상으로 높게 평가했는지도 모른다. 그들은 "알프스산맥은 더 이상 켈트인으로부터 로마를 지켜주는 장벽이 되지 못하고, 라인강도 게르만족을 가두지 못한다. 그러나 알프스산맥이 깎이고 강물이 마르더라도 오직 카이사르의 군대만 있다면 로마는 보호될 것"이라고 칭송했다. 이런 분위기를 조성한 사람은 다름 아닌 카이사르 자신이었다.

카이사르는 문필가로서의 능력을 한껏 증명한 『갈리아 전기 Commentarii de Bello Gallico』에서 프로파간다를 반복해 큰 효과를 봤다.

『갈리아 전기』 1권 13의 기록을 살펴보자.

"카이사르는 헬베티족의 부대를 추격하기 위해 아라르강에 다리를 세우고 부대를 도하시켰다. 20일이 걸려도 힘들었던 일을 카이사르가 단 하루 만에 끝내자 헬베티족은 공포를 느끼고 사절을 보냈다."

이야기를 3인칭 시점에서 객관적으로 전하는 듯하면서 자신의 '능력'을 과시한 것이다. 『갈리아 전기』 5권 29의 기록은 더하다. 카이사르의 부관 퀸투스 티투리우스 사비누스의 입을 빌려 서술된 이 구절은 프로파간다의 정수라 할 수 있다.

"카이사르는 이탈리아로 갔을 것이다. 그렇지 않다면 카르누테스족이 타스게티우스를 죽이는 일도, 에부로네스족이 진지를 습격하는 일도 없었을 것이다."

이렇게 책의 곳곳에는 카이사르가 등장하면 문제가 해결되고, 사라지면 문제가 발생하는 듯한 장면이 많다. 특히 위 구절에선 모든 일의 결과가 카이사르로 인한 것임을 노골적으로 공표한다.

카이사르의 철저한 준비성은 라이벌 폼페이우스와 대비되었다. 카이사르가 갈리아에서 자신의 전과를 최대한 활용해 치밀하고 적극적으로 세력을 키우는 동안 로마에 있던 폼페이우스는 허송세월하며 시간을 허비했던 것이다. 폼페이우스는 5년에 걸쳐 로마 마르스 광장에 전대미문 규모의 화려한 극장을 지었다. 로마의 역사가 디오 카시우스가 "건축 이후 3세기 동안 로마 최대의 건축물"로 부른 로마 최초의 석조극장에는 1만 명 이상이 동시에 앉을 수 있는 좌석이 마련됐다. 그리고 기원전 55년부터 각종 화려한 공연이 시작됐다. 5일 동안 500마리의 사자와 수많은 검투사가 죽어나갔고 중무장한 사냥꾼들이 20마리의 코끼리와 싸우기도 했다. 이를 두고 플루타르코스는 "무시무시한 광경이었다"고 평가했다. 그러나 화려함에 비해 실속은 없었다.

설상가상으로 폼페이우스가 공화정의 고위 정무관직 콘술consul을 맡은 후반기에 로마 외곽 지역 빌라로 떠나 자리를 비우자 로마의 내부 정치는 사분오열됐다. 수에토니우스는 폼페이우스가 우유부단했던 탓에 불안한 분위기가 조성됐다며 "도시가 폭풍 전야의 바다처럼 들썩이기 시작했다"고 묘사했다.

그러나 운이 좋았던 카이사르도 걱정이 없는 것은 아니었다. 그는 스트레스로 인해 건강이 좋지 않았던 것으로 추정된다. 기원전 44년에 발행된 주화 속 카이사르의 모습은 마치 '늙은이'를 연상케 한다. 7년 전쟁을 겪은 직후 '올드 프리츠old Fritz'라는 애칭으로 불렸던 51세의 프리드리히 대왕에 비견된다는 평도 있다. 카이사르는 자신의 대머리를 가려줄 월계관을 쓰는 것을 좋아했는데 이는 그가 가진 고민의 단면을 보여준다.

훗날 프랑스의 사상가 몽테스키외는 카이사르에 대해 이렇게 말했다.

권력의 자서전

"사람들은 카이사르가 행운을 타고났다고 말한다. 이 비범한 인물이 뛰어난 자질을 지녔던 것은 분명하지만 그렇다고 결점이 전혀 없었던 것은 아니다. 그래도 그는 어떤 군대를 지휘했어도 승리자가 됐을 것이고, 어떤 나라에서 태어났더라도 지도자가 됐을 것이다."

하지만 카이사르의 자신감과 행운에 대한 확신은 결국 치명적인 독이 되어 돌아왔다. 고대 사료에 따르면 카이사르의 죽음을 앞두고 불길한 전조가 이어졌다. 플루타르코스는 기록에 "며칠 동안 하늘에서 불덩이가 보였고 피의 비가 쏟아졌다"고 남겼다. 이는 모두 죽음과 파괴를 암시하는 것처럼 보였다. 한 점술가는 카이사르에게 "3월 15일을 조심하라"고 직설적으로 경고했다고 한다.

그러나 카이사르는 이에 아랑곳하지 않고 기원전 44년 3월 15일 로마에서 원로원 회의를 소집했다. 당시 그는 파르티아 제국과 전쟁을 준비하던 중이었고, 자신을 암살하려는 시도가 있다는 것도 모르지 않았다. 그럼에도 "그들은 그들의 길을 가게 하라. 나는 나의 길을 가겠다"라며 일관된 입장을 보였다. 카이사르는 끝까지 자신의 행운을 믿었던 것이다.

최후의 날 카이사르는 호위병 없이 24명의 릭토르lictor(파스케스를 들고 행정관을 위해 길을 터주는 역할을 하는 수행원)만을 대동했다. 측근 히르티우스 아울루스 등이 스페인 군단 출신 경호원들을 대동할 것을 권했지만 "영원히 경호원을 두는 것처럼 불행한 일은 없다. 그것은 공포의 상징일 뿐이다"라며 거절했다. 일설에 의하면 "죽음을 예상하고 기다리기보다는 차라리 죽어버리는 것이 더 좋을 것"이라고 답했다고도 한다. 카이사르는 죽기 전날 진행된 만찬에서 "가장 행복한 죽음은 갑작스럽고 예상치 못한 죽음"이라는 말을 남겼다.

고대 사료는 카이사르가 암살당하던 당일에 그의 행운이 힘을 다했다는 징조가 이어졌다고 전한다. 카이사르의 아내 칼푸르니아 또한 남편이 살해당하는 꿈을 꿨다. 당시 로마에는 원로원 회의 전에 염소를 제물로 잡아 그 내장으로 길흉을 점치는 절차가 이뤄졌다. 아피아노스에 따르면 카이사르 역시 원로원으로 가다가 길을 멈추고 점을 쳤는데 전괘가 나쁘게 나오자 다시 제물을 잡으라고 지시했다고 한다. "회의에 참석하는 것을 재고하라"는 점괘의 경고를 무시한 것이다. 플루타르코스에 의하면 카이사르가 3월 15일을 조심하라는 점괘를 낸 점술가에게 오늘이 3월 15일이라며 농담조로 말을 건네자 점술가가 "그렇군요. 하지만 아직 날이 다 지나지 않았답니다"라고 답했다고 한다.

결국 수많은 경고에도 불구하고 원로원에 들어선 카이사르는 그 자리에서 23번의 공격을 받고 생을 마쳤다. 사료에 따르면 암살자 세르빌리우스 카스카를 향해 "이런 무례한 짓을. 이 악당 같은 놈"이라고 외쳤으며, 암살을 주모한 마르쿠스 유니우스 브루투스에게는 "아들아, 너마저!"라며 분노했다고 한다.

'카이사르의 행운'은 그가 죽은 뒤에도 계속됐다. '카이사르'라는 이름을 물려받은 후계자 가이우스 옥타비아누스에겐 행운이, 카이사르를 암살한 자들에겐 불운이 이어졌다. 브루투스는 필리피 전투에서 패해 사망할 당시 다음과 같은 말을 남겼다고 한다.

"무모한 덕성이여, 너는 그 이름뿐이구나. 나는 여전히 너를 진실하다고 믿고 실천했건만 이제 너는 '행운'의 노예가 되었구나."

04

# Saladin

# 살라딘의 신뢰

살라딘Saladin(1137~1193)은 신뢰할 수 있는 지도자였다. 그가 믿을 만한 가치가 있는 인물이라는 것은 아군과 적군 모두가 인정하는 사실이었다. 살라딘은 헌신적인 이슬람교도이자 훌륭한 전략가이며 유능한 지배자였다. 뛰어난 웅변술을 구사했던 그는 조직적으로 군사 세력을 구축해 기독교도와의 성전聖戰을 준비했다.

살라딘은 공정하고 신용이 높아 평판이 좋았는데, 그 덕으로 분열됐던 이슬람 세계를 다시 통합하여 유일한 지도자로 우뚝 설 수 있었다. 아랍 역사가 이븐 주바이르는 "신이 주신 선물이자 공정한 살라딘은 언제나 신의 적에 맞서 성전을 수행했다"고 기록했다. 십자군의 입장에서 기록을 남겼던 티레의 윌리엄도 살라딘에 대해 "상의할 땐 현명하고, 전장에선 단호하며, 평소에는 한없이 관대한 인물이다. 권력이 커질수록 신중히 살펴봐야 한다"라고 평했다.

'살라딘'이란 이름은 서구권에서 불려온 약칭으로 본명은 '살라흐 앗 딘 유수프 이븐 아이유브Ṣalāḥ ad-Dīn Yūsuf ibn Ayyūb'이고 '아이유브(욥)의 아들이며 올바른 신앙인 유스프(요셉)'라는 뜻이다. 당대의 모술 출신 역사가 바하 앗 딘에 의하면 살라딘은 그의 이름처럼 '감출 것이 아무것도 없는 올바르고 정직한 사람'이었다.

그의 어린 시절에 대한 기록은 알레포의 시아파 연대기 작가 이븐 아비 타유이의 것이 유일하다. 그에 따르면 살라딘은 1138년 오늘날의 이라크 지역에 위치한 티크리트에서 쿠르드족 귀족 가문의 상남으로 태어났다(그의 모계는 쿠르드계, 부계는 아라비아계였다). 유년 시절은 주로 레바논 베이루트 동쪽에 있는 도시 바알벡과 다마스쿠스에서 보냈다. 초년 20여 년간 살라딘은 귀족 자제의 전형적인 삶을 살며 『쿠란Qurān』과 아랍어, 수사학, 시, 역사를 배웠다. 사냥과 승마, 아랍식 체스 등을 소일거리로 삼았으며 특히 아버지를 닮아 폴로에 능했다고 한다.

살라딘의 아버지와 삼촌은 그의 인생에 큰 영향을 주었다. 현재의 아르메니아 출신인 그들은 정치적 모험가로 이라크와 시리아에서 출세를 모색했다. 살라딘의 아버지 나짐 앗 딘 아이유브 장군은 1152년 열네 살이었던 살라딘을 삼촌 아사드 알 딘 시르쿠에게 보내 군사 훈련을 시켰다. 살라딘은 이후 1164년에서 1169년까지 삼촌 시르쿠와 여러 전투를 경험하며 성장했다. 시르쿠는 당시 술탄이었던 누르 앗 딘 밑에서 오랜 기간 봉직했고, 만년에는 이집트를 정복해 제5대 칼리프Caliph(정치와 종교의 권력을 아울러 갖는 이슬람 교단의 지배자) 알 아지즈 밑에서 카이로의 고관을 역임한 인물이다. 삼촌의 뒤를 이어 고관직을 맡은 살라딘은 2년 만에 이집트의 실권을 장악하고 술탄을 자처했다. 아유브 왕조를 개창한 것이다. 이때 살라딘의 공식 칭호는 '알 말리크 안 나시르Al-Malik An-Nasir' 즉 '승리자 왕'이었다.

살라딘은 술탄의 지위에 오를 때부터 반反십자군 운동의 중심이었던 누르 앗 딘의 뒤를 잇겠다고 결심했다. 물론 그와 정치적으로 대립하는 모습을 보이기도 했으나 1169년부터 살라딘은 지하드의 주도자로 확고하게 자리를 잡게 되었다.

그는 개인적인 권력이나 부를 확보하는 데에는 관심이 없었다. 죽을 때에도 간신히 장례를 치를 비용만 지니고 있었던 것으로 추정된다. 바하 앗 딘은 "살라딘은 바람이 숭숭 통하는 텐트에 사는 것에 만족했다"고 기록에 남겼다. 이집트와 시리아 지역을 오랫동안 지배했지만 번듯한 궁전 하나 짓지 않았고 성전에 삶을 헌신했던 살라딘은 오늘날 이슬람 세계에서 숭앙의 대상으로 칭송받고 있으며, 다마스쿠스에 있는 그의 무덤은 무슬림들의 순례지로 명성이 자자하다.

살라딘은 이집트를 기반으로 세력권을 넓혀나갔다. 1174년 다마스쿠스를 점령한 것을 시작으로 누비아와 알 마그레브, 아라비아, 팔레스타인, 시리아를 함락하며 실질적인 지배자가 됐다. 이후에도 다마스쿠스에서 카이로까지 종횡무진하며 십자군과 격렬한 전쟁을 주도했다. 1177년에는 본격적으로 십자군과의 대결에 나섰다. 살라딘은 2만 6000명의 병사를 거느리고 아스칼론과 가자로 향했고 곧 아스칼론을 점령했다. 하지만 승리로 기세등등했던 그는 얼마 후 '쓴맛'을 본다. 1177년 11월 25일 알 람라 근처 몽기사르에서 십자군에게 참패했던 것이다. 당시의 십자군은 시돈의 성당기사단이 이끄는 군대에 알 카라크 요새에서 온 샤티용의 레이날드Raynald of Châtillon 지원군이 가세해 그 기세가 만만치 않았다. 문둥병 왕 보두앵 4세Baudouin IV를 총 사령관으로 하는 이 십자군의 일격은 살라딘에게 인생 최악의 참패를 가져다주었다. 살라딘의 군대는 물과 식량이 떨어진 채 프랑크군의 끊임없는 추격을 받다가 간신히 목숨을 건졌다. 훗날 살라딘은 하틴에서 십자군에게 '몽기사르의 고통'을 그대로 되갚아줬다. 보두앵 4세의 십자군은 분열되어 당시의 유리한 여건과 승리의 효과를 제대로 활용하지 못하고 결국 패배했다.

살라딘은 1179년 '야곱의 포드Jacob's Ford'에 건설된 성당기사단의 성을 공격하여 첫 번째 복수를 했다. 그는 6일간의 공격 끝에 270명의 기사를 포함하여 700명의 포로를 잡았다. 당대의 이슬람『연대기Chronicle』는 "폭염에다 시체 썩는 냄새가 가득했음에도 살라딘은 성의 흔적이 불타 없어질 때까지 자리를 뜨지 않았다"고 전하고 있다.

1180년 살라딘의 공세가 거세지면서 곤란에 처한 십자군은 화의和議를 청했다. 그렇게 예루살렘 왕과 살라딘은 2년간의 강화 조약을 체결했다. 그러나 조약의 유효 기간이 끝나자마자 살라딘은 공격의 고삐를 조였다. 그는 1182년에는 모술을, 그 이듬해엔 알레포를 장악했다.

그동안 십자군은 이슬람 세력의 분열과 그들의 지도력 부재 덕에 시리아 지역을 장악할 수 있었다. 그러나 살라딘이 등장한 이후 상황은 달라진다. 1183년 살라딘은 '무슬림의 술탄'을 자처하고 나섰다. 그때까지 이슬람 군대의 가장 큰 문제점은 지휘 체계가 분산돼 있다는 것이었다. 1104년 아란 전투에서 이슬람 병력을 지휘한 아미르(이슬람 왕조의 총독이나 군사령관)들은 전리품을 두고 다투느라 다 이긴 전투조차 마무리하지 못했다. 살라딘은 이런 악습을 단번에 뜯어고쳤다. 군의 체계와 전술을 가다듬고 효율적인 병법 구사를 위한 군대 개혁을 지속적으로 추진했다. 살라딘은 이집트의 실권을 장악하던 젊은 시절부터 병제 개혁에서 두각을 나타냈다. 당시 이집트군은 백인 기병들과 수단 출신 3만여 명의 보병으로 구성되었는데, 살라딘은 이집트 출신 지휘관을 숙청하고 자신의 사람들로 채워 흑인 병사들의 반란을 효과적으로 진압했던 전력이 있었다. 그는 그렇게 이슬람권 군대 최초의 '단일 지휘관'이 되었다.

이슬람군은 경장기병의 우수한 기동성을 활용하여 행군하는 십자군을 쉴 새 없이 공격하는 능력을 키웠다. 전투 시에는 적을 포위 공격하는 전술을 택해 직접 격돌하기보다 느슨한 대형으로 적과 원거리를 유지하다가 급습을 가하는 전략을 자주 구사했다. 퇴각하는 척하면서 활을 쏘는 '파르티아식 궁술'도 십자군을 괴롭게 했다. 살라딘의 군대는 마치 한번에 물리칠 수 없는 '파리 떼' 같았다. 가끔 이슬람군은 며칠씩 퇴각하기도 했는데 이는 십자군을 험한 지형으로 유인하거나 지치도록 하기 위해서였다. 이 전술은 1187년 하틴 전투에서 종합적으로 적용됐다.

군대의 칼날이 점점 예리해지고 지하드에 헌신하는 리더를 앞세운

이슬람 세력은 십자군 왕국들을 포위하기 시작했다. 불안해진 십자군의 대응은 다시 살라딘을 자극할 수밖에 없었다. 그들은 그렇게 쇠락의 길로 들어섰다. 1187년 성당기사단의 호전적인 단장 레이날드는 평화협약을 깨고 다마스쿠스에서 이집트로 가던 대상隊商을 약탈하고 살해했다. 그는 무슬림 포로들에게 "너희가 무함마드를 믿는다면 풀어달라고 빌어보라"며 모독했다. 이 일은 살라딘에게 개전開戰의 명분을 주었다. 격분한 살라딘은 요르단강을 건너 130명의 성당기사단 대부분을 학살했다.

레이날드는 과거 평화조약을 맺었던 시기에도 메키로 가는 이슬람 순례자들을 공격하고 타이마나 히자즈를 비롯한 홍해 연안 도시들을 약탈하는 등 살라딘을 계속해서 자극해온 인물이었다. 살라딘은 이집트와 시리아부터 홍해와 인도에 이르는 이 루트가 위협받는 것을 그냥 놔둘 수 없었을 것이다. 예언자 무함마드의 묘가 있는 메디나까지도 위협받을 수 있는 상황이었기 때문이다. 살라딘은 레이날드에게 배상을 요구했고 이를 거절당하자 즉시 전쟁을 선포했다.

상황이 급해지자 예루살렘·키프로스의 왕 기 드 뤼지냥Guy de Lusignan은 과거 살라딘과 우호 관계를 맺었던 트리폴리의 레몽을 자신의 동맹으로 끌어들였다. 이로써 레몽은 살라딘과의 관계를 끊고 프랑크족과 '같은 배'를 탄 꼴이 되었다. 하지만 이 조치는 결과적으로 악수惡手가 됐다.

무슬림들은 당시 시리아와 팔레스타인에 거주하던 기독교도들을 적으로 보지 않았다. 오히려 함께 외적을 물리칠 연맹 혹은 중립적 거

권력의 자서전

주민으로 대했다. 그러나 십자군이 살라딘과 전쟁을 시작하고 시리아와 팔레스타인에 소국가들을 건설하자 그들을 의심하기 시작했다. 십자군과 내통하거나 십자군 병사들을 동정적으로 대하진 않을까 우려했던 것이다. 이슬람교도들에겐 그나마 믿을 만한 기독교 세력마저 배신한 것으로 비춰져 무슬림과 기독교도의 관계는 점점 악화될 수밖에 없었다.

1187년 5월 1일, 살라딘은 나사렛을 기습 공격했다. 프랑크족은 이에 대항하여 군대를 결집했다. 1만8000여 명의 병사 중 중무장한 기사는 1200명이었고, 4000명은 경기병이었다. 군역의 의무가 없는 사람까지 모두 차출하는 것은 긴급 상황에만 적용되던 규칙이었지만 십자군 세력은 모을 수 있는 사람을 전부 동원하여 역대 최대 규모의 단일 부대를 조직했다. 당시 살라딘은 기병 1만2000명을 포함한 2만명의 군대를 보유하고 있었다. 이슬람군의 주력은 궁기병으로 그들은 십자군 기병보다 가볍게 무장했는데 그 이유는 말을 더 빠르게 몰 수 있었기 때문이다. 그들은 활 외에도 작고 둥근 방패와 짧은 창 그리고 검과 곤봉을 소지했다. 십자군의 수는 이슬람군보다 적었지만 중무장한 기사들의 전력을 고려하면 살라딘에게 충분히 타격을 가할 수 있었다.

양측이 전력을 가동해 대치하고 있던 7월 2일, 살라딘은 소규모 부대를 동원하여 십자군 측 도시 티베리아스를 포위하고 공격했다. 이 공격으로 살라딘은 주도권을 쥐었고, 그동안 안전지대에서 방어 위주의 전술을 구사하던 십자군은 이제 방어 전략에 안주할 수 없게 되었다. 아크레에 있던 십자군 수뇌부들의 의견은 충돌하기 시작했다. 티베리아스의 영주 트리폴리의 레몽은 아내가 티베리아스에서 포위돼 있음에도 원정에는 반대했다. 성급하게 아크레를 떠나 티베리아스로 진격할 경우 함정에 빠지고 살라딘에게 주도권을 줄 것이라고 우려했던 것이다. 십자군이 수적으로 불리한 데다가 당시가 일 년 중 가장 더운 철이었던 만큼 물이 부족하다는 이유도 한몫했다. 레몽은 상황이 호전될 때까지 수비에 주력하는 것이 최선이라고 주장했다.

레몽은 "살라딘이 티베리아스를 점령한다면 그곳에 그대로 머물지는 않을 것이다. 그가 떠나면 그때 티베리아스를 다시 공략해 되찾으면 된다. 만약 살라딘이 오래 머문다면 그는 주력부대와 함께할 수밖에 없고, 이는 본거지에서 멀리 떨어져 오래 머물게 되는 것이기에 병사들의 불만만 고조시키게 될 것"이라고 말했다. 살라딘의 군대가 가을 추수를 위해 고향으로 돌아가고자 한다는 것을 잘 알고 있었던 레몽은 티베리아스가 자신의 도시이며 그곳에 갇혀 있는 아내 에스취바 백작부인을 구하러 갔다가 예루살렘 왕국을 잃느니 차라리 티베리아스를 잃겠다고 주장했다.

그러나 그날 밤 성당기사단의 수장 제라르의 설득으로 기 드 뤼지냥이 마음을 바꿨다. 레이날드와 기 드 뤼지냥 왕은 티베리아스 요새를 구하기 위해 진격해야 한다고 주장하며 레몽을 겁쟁이이자 반역자로 몰았다. 불과 6리그(약 29킬로미터)밖에 떨어지지 않은 도시를 포기하는 것은 수치라는 여론도 거세졌다. 티베리아스에 포위돼 있던 에스취바 백작부인의 구조 요청 편지가 여러 번 온 것도 이런 여론에 불을 지폈다. '기사도 정신'이 투철했던 십자군 병사들은 위기에 처한 여인을 하루빨리 구해야 한다고 생각했다. 결국 십자군은 식량과 물도 확보하지 못한 채 원정을 떠났다. 만약 그들이 물과 초지가 풍부한 전초기지 세포리아를 떠나지 않았다면 살라딘은 영원히 십자군을 공격하지 못했을 테지만 그들은 스스로 전략적 이점을 포기하고 말았다. 십자군 내부의 분열과 적대감은 합리적 판단을 마비시켜 결국 최악의 결과를 가져오고 말았다.

1187년 7월 3일 금요일 오전, 십자군이 진격을 시작했다는 소식은 이슬람군에게 활력을 불어넣었다. 무슬림에게 금요일은 성일이었기 때문이다. 살라딘은 무슬림의 성스러운 날에 결전을 벌이길 원했다. 이슬람 첩자들은 십자군의 출발 시간과 이동 경로 등을 살라딘에게 낱낱이 보고했다. 살라딘의 비서였던 이슬람 궁정사가 이마드 앗 딘의 기록에 따르면 "십자군의 출병 소식을 전해 들은 살라딘은 마침내 원하던 일이 일어났다며 기뻐했다"고 한다. 살라딘은 본대를 즉시 하틴으로 이동시켜 티베리아스로 향하는 십자군의 전모를 면밀히 살펴보았다.

반면 십자군은 영토 내 여러 성의 최소한의 수비군만 남겨놓고 모든 병력을 차출했다. 레몽이 선봉에 서고 기 드 뤼지냥 왕이 본진을 맡았으며 후위 부대는 레이날드와 이블랭의 영주 발리앙이 지휘했다. 1200명의 기사와 2000명의 현지인 출신 경장기병, 그리고 1만 명의 보병이 동원된 십자군은 그렇게 티베리아스를 향했다.

그러나 십자군은 출발이 좋지 않았다. 이슬람 궁기병들이 화살 세례를 퍼부으며 행진을 막아섰기 때문이다. 한낮의 열기 속에 접전이 이어졌다. 이슬람군의 접전 부대는 십자군의 힘을 빼기 시작했다. 병사들은 빠르게 지쳐갔다. 적이 다가온다는 압박감에 결집력을 점점 상실했고 중요한 밀집 행군 대형마저 무너졌다. 그리고 마침내 후미 경호대와 중앙 병력 대부분이 이슬람군의 궁수들에게 포위됐다. 상황이 급박하게 돌아가자 십자군은 조그마한 샘이 있는 투란 근처로 이동했다. 세포리아에서 티베리아스까지 가는 여정의 3분의 1밖에 가지 못한 십자군은 소량의 물이 있는 투란에 머물면서 야영을 할 것인지 9마일 밖의 갈릴리호(티베리아스호)로 갈 것인지 정해야 했다. 갈릴리호로 간다면 두 가지 길이 있었다. 그중 하나는 하틴으로 가는 길이었는데 살라딘의 주력부대와 매우 가까워져 위험하다는 단점이 있었다. 그러나 그곳에선 물을 구할 수 있었기에 기 드 뤼지냥 왕은 하틴 방향으로 전진하기로 했다. 이 결정은 이후 십자군 전체의 운명을 바꾼 중요한 계기가 되었다.

호수 근처에는 사화산死火山 봉우리가 뿔처럼 솟아 있었는데 이는 '하틴의 뿔Horns of Hattin'이라 불렸다. 연대기 작가 보두앵은 "하틴은 (아크레) 동쪽으로 15마일쯤 떨어진, 세포리아와 티베리아스 사이에 있는 고지대로 갈릴리호에 도달하기 전에 찾을 수 있었다. 이 고원에는 돌이 널려 있고 중간중간 우묵하게 파인 곳도 있었다. 게다가 여름에는 물을 구경하기 힘들 정도로 척박한 곳이다"라고 묘사했다. 살라딘은 각각의 병사가 군수품을 잘 갖추도록 정비한 뒤 병력을 요지에 미리 배치했는데 그는 이 지역이 작전을 수행하기 어려운 곳이라는 사실을 알고 미리 대비했던 것으로 보인다.

십자군이 투란을 떠나자 살라딘의 주력부대는 투란의 샘물을 점거해 프랑크족의 퇴로를 끊었다. 이로써 십자군은 오도 가도 못하게 된 것이다. 살라딘은 이슬람군의 양익兩翼 모두 십자군을 공격하도록 했다. 하틴까지 이동하던 십자군에게는 마실 물이 전혀 없었고 행군 속도는 점점 느려졌다. 설상가상으로 이슬람 기병대는 십자군의 전위와 후위에서 쉴 새 없이 화살을 쏘고 도망쳤다. 십자군은 그대로 야영을 할 수밖에 없었다. 사람뿐 아니라 말들도 무더운 오후 내내 한 모금의 물조차 마시지 못했다. 갈증을 참지 못해 멀리 보이는 갈릴리호를 향해 떠난 병사들은 '신은 위대하다(알라후 아크바르Allāhu Akbar)'라고 외치는 무슬림 사수들에게 둘러싸여 먹잇감이 되었다. 십자군은 불면의 밤을 보내야 했고, 이슬람 군대는 빗발 같은 화살을 쏘며 적군의 사기를 꺾기 위해 밤새 북을 울리면서 조롱을 퍼부었다.

갈증으로 총체적 난국에 빠진 십자군과 대조적으로 살라딘의 군대는 갈릴리호에서 물을 공급받았다. 화살도 충분히 제공받았다. 살라딘은 70마리의 낙타에 예비용 화살을 실어 궁수들에게 보급했다. 그들은 접근전을 피한 채 십자군의 남은 기력마저 소진시켰다. 살라딘은 서두르지 않고 완벽한 승리를 거두기 위해 '최후의 일격'을 하루 미뤘다. 이슬람군의 승리가 확실한 상황이었지만 방심하지 않고 각 부대를 돌며 병사들을 격려했다. 그리고 관목에 불을 붙여 포위된 십자군을 향해 연기를 피웠다. 타는 듯한 갈증으로 고통받던 십자군은 매캐한 연기가 몰려오자 더욱 괴로워했다. 이제 프랑크족에겐 탈출의 희망조차 없었다.

7월 4일 오전 9시경 십자군은 결국 식수를 확보하기 위해 갈릴리호 근처 '하틴의 샘'을 향해 돌파를 시도했다. 절망에 빠진 기 드 뤼지냥 왕이 보병들의 고통을 덜어주기 위해 기사들로 하여금 공격을 시도했던 것이다. 갈증과 피로에 지친 기사단은 떠오르는 태양을 향해 돌진했다. 하지만 곧 후방의 기사들이 살라딘의 공격을 받기 시작했다. 그렇게 원군조차 없었던 십자군의 반격은 실패로 돌아갔다. 무모한 돌파작전으로 십자군의 보병부대는 공포에 휩싸여 붕괴됐다. 살아남은 병사들은 대오가 완전히 무너져 군기가 사라진 모습으로 '하틴의 뿔'을 향해 몰려들었다.

기사들은 '하틴의 뿔' 아래에 모였다. 그러나 이곳에서도 포위된 상태로 이슬람군이 피운 연기만 들이마실 수밖에 없었다. 십자군 부대의 가시권은 급격히 좁아졌다. 『연대기』는 "고양이 한 마리도 그물망을 벗어날 수 없었다"라며 당시 십자군의 절박한 상황을 전한다. 십자군 기사들은 보병의 도움 없이 용감하게 싸웠지만 이슬람군의 포위를 뚫을 수 없었고 결국 기 드 뤼지냥 왕은 기사단을 이끌고 '하틴의 뿔'로 퇴각했다.

그날 오후 살라딘은 최후의 일격을 가했다. 이 공격으로 십자군 대다수가 사망하고 수천 명이 포로로 사로잡혔다. 땅에는 병사들과 말의 사체가 뒤섞였다. 말 그대로 학살당한 것이다. 트리폴리의 레몽과 부상당하지 않은 말을 가진 몇몇의 기사만이 사투 끝에 탈출했는데, 레몽은 왕과 병사들을 배신하고 혼자만 살아 돌아왔다는 이유로 배신자 '유다'로 불리며 평생 명예를 회복하지 못했다. 이마드 앗 딘은 이 전투의 '황홀한 승리'에 대한 벅찬 감정을 기록으로 남겼다.

또 이 전투에서 살라딘의 군대는 기 드 뤼지냥 왕의 붉은 텐트와 아크레 주교가 들고 있던 성십자가를 획득했다. 한때 사산조 페르시아군에게 빼앗겼고 7세기 헤라클리우스 황제의 집권 시기에 되찾았던 성십자가를 기독교 세계는 영원히 잃어버린 것이다. 예루살렘 인근 지역에서 긁어모은 십자군 군대는 전투 이틀 만에 대부분 사라졌다. 기독교 최대의 십자군 군대가 결국 살라딘을 막아내지 못하고 증발해버린 것이다.

기 드 뤼지냥 왕과 기사들은 완전히 탈진한 상태였다. 이슬람군에게 칼을 넘겨줄 수도 없었다. 그러나 이슬람 병사들은 쓰러져 있는 그들을 강제로 일으켜 세워 살라딘에게 끌고 갔다. 이날 기 드 뤼지냥 왕과 그의 동생 아말릭, 샤티용의 레이날드와 그의 의붓아들 토론의 험프리(살라딘은 젊은 시절 잠시 프랑크족 캠프에 인질로 보내진 적이 있었는데 그때 험프리와 우정을 나눴다고 전해진다), 성당기사단의 단장 제라르, 몽페라 백작, 제바일과 보르툰의 영주 등이 포로로 잡혔다.

살라딘은 위엄과 원칙을 지키며 관대하게, 그러나 차별적으로 포로를 대했다. 그는 갈증으로 고통스러워하는 기 드 뤼지냥 왕을 옆자리에 앉히고 얼음과 장밋빛 물이 든 금속 포도주잔을 건넸다. 그러나 기 드 뤼지냥 왕이 그 잔을 레이날드에게 건네자 살라딘은 "나는 저 사람(레이날드)에게 물을 마시도록 하지 않았소"라고 말했다. 아랍 율법상 포로에게 음식이나 물을 주는 것은 목숨을 보장하겠다는 의미였기 때문이다. 게다가 무슬림에게 레이날드는 하틴 전투가 시작되기 수년 전부터 '최악의 적'이었다. 살라딘은 이슬람교도를 모욕하고 도발하여 자신의 목숨까지 위태롭게 했던 레이날드를 용서할 생각이 없었다.

대對 이슬람 강경론을 주동했던 성당기사단원들은 단장 제라르를 제외하고 전원 처형됐다. 프랑크족 중 가장 전쟁을 좋아하는 부류라는 이유에서였다. 당시의 관습대로 몸값을 받고 풀려난 일반 기사들과 달리 성당기사단과 병원기사단은 '특별 대우'를 받았다. 이슬람 연대기 작가 이븐 알 할라니시는 "살라딘이 성당기사단과 병원기사단을 학살한 이유는 그들이 무슬림에게 행한 일에 대해 적대심을 가지고 있었기 때문"이라고 설명했다.

광신적인 무슬림 수피들이 동원된 십자군 처형에 대하여 이마드 앗딘은 이렇게 기록에 남겼다. "승리 이틀 뒤, 술탄 살라딘은 포로가 된 성당기사단과 병원기사단을 불러 모았다. 그리고 '나는 이 불순한 족속들을 죽여 지상을 정화할 것이다'라고 선포했다. 포로 하나를 죽일 때마다 상금 50디나르를 걸었고, 수백 명의 포로가 참형과 교수형을 당해 죽음을 맞았다." 살라딘은 특히 카라크의 레이날드를 향해 "불충과 반역, 악명, 탐욕 등의 죄를 모두 기억하고 있다. 용서하지 않겠다"고 선언하며 직접 목을 벴다. 레이날드가 죽는 것을 지켜본 기 드 뤼지냥 왕은 두려워 몸을 떨었다. 그러나 살라딘은 "왕은 왕을 죽이지 않는다"고 안심시키고는 "다른 남작들은 해치지 말고 정중히 대하라"고 군사들에게 명령했다.

포로 처형이 끝난 뒤 살라딘은 십자군의 시체를 남겨둔 채 떠났다.

권력의 자서전

그들의 사체는 하이에나와 자칼의 먹이가 됐다. 포로들은 다마스쿠스로 보내졌는데 몸값을 지불한 기사들은 편안한 생활을 했지만 가난한 일반 병사들은 노예시장으로 팔려나갔다.

대승을 거둔 이슬람군은 팔레스타인과 시리아에서 거침없이 진군했다. 아랍의 『연대기』는 당시 살라딘이 점령한 52개 도시와 요새의 이름을 기록에 남겼다. 살라딘이 약속을 지킬 것이라는 사실을 잘 알고 있었던 티베리아스의 프랑크인들은 저항하기보다 항복을 택했다. 더 이상 원군이 오지 않는 것을 확인한 방어군도 7월 5일 항복했다. 살라딘은 티베리아스의 에스취바 백작부인이 재산을 가지고 트리폴리로 떠날 수 있도록 정중하게 배려했다.

1187년 9월 중순까지 이슬람군은 아크레와 나블루스, 자파, 토론, 시돈, 티브닌, 나사렛, 카이사리아, 베이루트, 아카, 아스칼론 등을 점령했다. 이 중 상당수의 도시는 살라딘을 믿고 백기를 들었다. 9월 4일 함락된 아스칼론은 항복의 조건으로 포로 기 드 뤼지냥 왕과 제라르 성당기사단장을 풀어줄 것을 요구했고 살라딘은 그 조건을 받아들여 이행했다. 주요 항구도시 아크레의 지배자 조슬랭 또한 7월 10일, 시민 페터 브라이스를 보내 "시민의 생명과 재산을 담보한다면 항복하겠다"는 의사를 전했다.

9월 20일, 이슬람군은 예루살렘 앞까지 진격했다. 살라딘은 "성지를 공격하거나 고립시키고 싶지 않다"며 항복을 권했지만 남은 십자군 세력은 항전을 이어갔다. 살라딘은 포위공격에 저항할 수 있는 예루살렘의 십자군 기사가 거의 없다는 사실을 파악하고 성벽의 북쪽과 서

북쪽을 공격했다. 9월 29일, 결국 예루살렘의 성벽이 무너졌다. 하틴의 사지에서 간신히 살아 돌아온 발리앙과 헤라클리우스 대주교, 시빌라 여왕은 협상 끝에 결국 살라딘에게 도시를 내줬다. 1187년 10월 2일 예루살렘은 그렇게 살라딘의 손에 떨어졌다. 2주를 못 버티고 성스러운 도시의 열쇠가 넘어간 것이다. 마침 그날은 이슬람력으로 성스러운 금요일이었다. 평소에 "성지 예루살렘이 십자군의 손안에 있는데 어찌 음식이 넘어가겠느냐"며 적게 먹었던 살라딘으로선 감개가 무량했을 것이다. 예루살렘에 거주하는 귀부인들은 딸들의 머리카락을 자르고 발가벗겨 갈보리 언덕에서 목욕시키며 독특한 기독교도의 속죄 의식을 치렀지만 십자군은 아무런 효험도 보지 못했다.

예루살렘을 정복한 살라딘은 진가를 드러냈다. 예루살렘의 상징적인 건물 알아크사 모스크Al-Aqsa Mosque의 처리 과정은 살라딘의 '공정함'과 '신용'이 여실히 드러나는 사례가 됐다. 그는 예루살렘의 건물들을 파괴하지 않고 원래 모습을 유지할 수 있도록 조치했다. 살라딘은 알아크사 모스크를 깨끗이 청소하고 기독교가 남긴 흔적은 모두 지우라고 명했으며 이에 따라 건물은 완전히 새것처럼 복구됐다. 그리고 성스러운 금요일에 알아크사 모스크에서 기도를 올렸다. 또한 같은 날 기독교도들이 예루살렘을 떠나도록 함으로써 상징적인 정복 의식도 마무리했다. 살라딘의 예루살렘 함락은 이슬람 세계의 승리를 단적으로 보여준다.

살라딘은 십자군이 예루살렘을 함락시켰을 때와는 다른 모습을 보여주었다. 88년 전인 1099년 제1차 십자군 원정 당시 예루살렘을 정복한 프랑크족이 희생자들의 피로 도시를 채운 반면 살라딘은 예루 살렘의 건물 하나 파괴하지 않고 관용을 베풀었다. 그는 위병들에게 거리와 관문을 순찰하게 했으며 기독교도를 위협하지 못하게 했다. 여러 교회의 십자가를 제거했지만 시리아의 기독교 성직자들이 성 무덤 근처에서 계속 예배를 볼 수 있도록 허용해주기도 했다. 그러므로 동방의 기독교 신자들은 예루살렘에 거주할 수 있었다. 멜크 수도원 출신 수사들이 맡았던 성 무덤holy sepulcher 관리는 시리아 네스토리 우스파 기독교도와 아르메니아인들에게 위탁됐다. 이들은 살라딘에게 인두세를 지불한 사람들이었다.

몸값을 내면 프랑크인도 안전하게 예루살렘을 떠날 수 있었다. 기독교도들은 40일 안에 몸값을 내야 했는데 성인 남자는 10디나르, 성인 여자는 5디나르, 어린아이는 2디나르를 내면 포로가 되지 않을 수 있었다. 성안의 기독교도들은 몸값을 마련하는 데 여념이 없었고 지배자 살라딘의 자비를 믿고 의지했다. 이는 합리적인 선택이었다. 몸값을 낼 수 있었던 사람들은 안전하게 해안가까지 대피할 수 있었는데 살라딘은 아이를 등에 업고 나이 많은 부모와 함께 떠나는 프랑크인들을 보고는 눈물을 흘리며 짐과 노부모를 실을 동물을 살 돈을 나눠줬다는 일화도 전해진다. 가난하거나 몸이 아픈 사람들은 몸값을 내지 않고도 떠날 수 있게 해주었다. 당대의 사료들은 프랑크인의 몸값으로 받은 돈이 살라딘의 금고에 10만 디나르나 쌓였다고 기록하고 있다.

예루살렘 함락 이후에도 이슬람군의 진격은 계속됐다. 1188~1189

년 요르단 계곡의 주요 도시들은 살라딘에게 점령됐다. 함락이 불가능하다고 여겨졌던 카라크성과 몬트레알 요새도 굶주림을 견디지 못하고 항복했다. 카라크의 프랑크인들은 이슬람군에게 몸값을 지불하고 안전을 보장받기 위해 자식과 여인들을 팔아버리기도 했다.

마지막으로 살라딘에게 넘어간 요충지는 리타니강 인근의 부포르로 1190년 4월 함락되었다. 기독교도들의 영향력은 살라딘의 손길이 미처 닿지 못한 티레와 트리폴리, 안티오크 세 도시를 중심으로 해안가 일부 지역으로 위축되었다. 살라딘은 여기서 멈추지 않고 콘스탄티노플과 교황권의 본거지 로마까지의 진군을 계획했다.

살라딘이 단기간에 위업을 이룰 수 있었던 이유는 그가 신뢰할 수 있는 인물이란 공감대가 레반트 지역에 널리 퍼져 있었기 때문이다. 살라딘은 유능한 장군이었지만 하틴에서의 대승은 전략적 승리라기보다 십자군의 부주의와 오판에서 비롯된 것이었고, 훗날 3차 십자군의 반격으로 수세에 처했을 때는 그의 전술적 약점이 드러나기도 했다. 또 통치하는 과정에서도 주로 형제들에게 의존하여 관리자로서의 능력도 입증하지 못했던 인물이었다.

결국 살라딘의 성공은 보통의 무인들이 지니지 못했던 남다른 도덕적 자질 덕분일 것이다. 그는 강력한 신념의 소유자였고 단순하면서도 정직했다. 일례로 살라딘은 젊을 때 술을 좋아했는데 이슬람 교리에 위배되고 위정자의 삶에 어울리지 않는다고 판단해 단칼에 술을 끊었다. 자신과의 약속을 철저히 지켰던 것이다. 그의 원칙은 다른 이에게도 예외 없이 엄격하게 적용됐다. 살라딘은 1178~1179년 이집트에서

'매춘과의 전쟁'을 선포해 창녀들을 대거 투옥했다. 그러나 제3차 십자군 원정 때 작성된 기독교권 사료들은 살라딘이 창녀들로부터 세금을 거둬 각종 공연을 벌였고 다마스쿠스의 시민들을 매수하는 데 활용했다는 등 사실을 왜곡하여 기술하고 있다.

살라딘은 적과 맺은 약속이라 할지라도 반드시 지켰다. 그가 먼저 약속이나 조약을 깼다는 기록은 남아 있지 않다. 그래서일까. 살라딘은 약속을 지키지 않았던 레이날드 같은 인물에겐 자비를 베풀지 않았다. 간교한 속임수를 쓰는 것 역시 그의 방식이 아니었다. 이런 이유로 아군뿐 아니라 적까지도 살라딘을 믿고 신뢰했다.

1193년 살라딘의 사망을 두고 이슬람 연대기 작가 압드 알 라티프 알 바그다디는 "백성이 진실로 왕의 죽음을 애도한 유일한 사례"라고 기록했다. 심지어 13세기 이탈리아의 시인 단테 알리기에리는 기독교 세계관을 담은 저서 『신곡La Divina Commedia』에서 '술탄 살라딘'을 고대 그리스·로마의 영웅들과 함께 지옥의 '변방' 림보에 있는 것으로 묘사했다. 기독교권에선 살라딘의 어머니가 기독교도이고 살라딘이 죽을 때 세례를 받고 기독교로 귀화했다는 '신화'가 만들어지기도 했다.

이렇듯 살라딘은 '고귀한 이교도'의 표상이 됐다. 솔즈베리 주교는 "살라딘과 사자심왕 리처드 1세의 장점을 합치면 세상에서 가장 완벽한 군주가 될 것"이라고 말했다. 중세 유럽에서 기사도의 교과서라 불리던 『기사 서품식L'Ordene de chevalerie』에 가장 많이 등장한 모범 사례도 살라딘의 일화였다. 15세기 교황청 비서이자 인문주의자 플라비오 비온도는 저서에서 가장 재능 있는 모범적 지도자로 살라딘을 꼽았다.

살라딘은 오랫동안 유럽에서 관대한 군주의 표상으로 그려졌다. 기독교 왕국들이 그에 의해 큰 시련을 겪었기 때문인지 유럽 기독교 세계에서 살라딘보다 더 널리 알려진 이슬람 군주는 없다. 1732년 네덜란드 레이던에서 바하드 웃 딘의 살라딘 전기가 라틴어로 번역됐고 1758년 프랑스 파리에서는 프랑수아 루이 클로드 마랭이 근대 최초의 살라딘 전기를 저술했다.

프랑스의 계몽주의 작가 볼테르는 살라딘을 관대함과 관용의 상징적인 인물로 삼았다. 실제로 살라딘은 유대교와 기독교 출신 의사를 자신의 주치의로 고용하기도 했다. 게다가 각지에 거주하는 동방의 기독교인들이 십자군과 결탁할 위험이 상존했음에도 그의 치세 중 기독교도를 박해하는 일은 없었다. 극단적인 종교 대립이 있던 시기에 '종교적 관용'을 베푼 셈이다. 독일의 작가 고트홀트 레싱은 살라딘을 1799년 극작 『현자 나탄Nathan der Weise』의 모델로 그렸다. 영국의 시인 월터 스콧 역시 가장 모범적인 기사상으로 살라딘을 꼽았다. 1898년, 살라딘에 대한 긍정적인 이미지가 쌓이자 프로이센의 빌헬름 2세는 다마스쿠스에 있는 살라딘의 무덤을 방문해 수많은 무슬림 앞에서 화환을 바쳤다. 거기에는 '한 위대한 황제가 다른 황제에게'라는 글귀가 적혀 있었다. "위대한 술탄 살라딘은 시대를 초월한, 용맹하고 완전무결한 기사이며 적에게조차 기사도 정신이 무엇인지를 가르쳐준 인물"이라는 평도 남겼다. 1950년대 가말 압델 나세르 이집트 대통령은 수에즈 운하를 둘러싸고 영국, 프랑스, 이스라엘과 대립이 거세지자 자신을 살라딘에 비견했다. 살라딘이 태어났던 티크리트에서 태어난 사담 후세인 전 이라크 대통령도 자신과 살라딘의 공통점을 찾고자 노력했다.

살라딘이 지켰던 신뢰의 힘은 오랜 시간에 걸쳐 큰 성과를 이끌었고, 여러 사람의 마음을 움직였다. 그리고 그의 이름은 오랫동안 수많은 사람의 기억에 남아 역사를 바꾸는 데 큰 영향을 미쳤다.

05

Chinggis
Khan

# 칭기즈칸의 개방

1220년, 서아시아의 강국 호레즘 제국은 칭기즈칸Chinggis Khan (1162?~1227)의 침공에 속절없이 무너졌다. 당시 호레즘의 지배자는 샤 무함마드 2세였는데, 그의 어머니는 칭기즈칸에게 사로잡힌 뒤 몽골로 보내져 칭기즈칸 부인들의 시중을 드는 처지가 되어버렸다. 다른 왕족들도 무참히 살해됐다. 하지만 샤 무함마드의 아들 잘랄 웃 딘 Jalal al-Din은 무기력했던 아버지와 달랐다. 그는 반反몽골 저항 세력의 구심점으로 자리를 잡고 흩어진 아버지의 군대를 다시 규합해 호레즘의 재기를 모색했다.

1221년, 잘랄 웃 딘은 오늘날 아프가니스탄 카불 북쪽의 파르완에서 몽골군에게 처음으로 패배를 안겼다. 칭기즈칸은 그를 치명적인 위협 세력이라고 여겨 집요하게 추적했다. 잘랄 웃 딘은 호레즘 저항 세

5_칭기즈칸의 개방                                                              **087**

력을 보존하기 위해 피란처였던 아프가니스탄에서 400킬로미터를 달려 힌두쿠시산맥과 카이버 협곡을 넘어 북인도 평원까지 퇴각했다. 하지만 인더스강을 앞에 두고 몽골군의 함정에 빠졌다. 거대한 강과 몽골군 사이에서 잘랄 웃 딘의 군대는 결국 최후를 맞았다. 병력의 절반은 물에 빠져 죽거나 몽골군에게 학살당했다. 나머지 절반은 몽골군의 포로가 됐다. 하지만 잘랄 웃 딘은 용단 덕에 연명할 수 있었고, 역사에 영원히 이름을 남겼다.

『세계 정복자의 역사The History of World Conqueror』를 쓴 이슬람 역사가 주베이니의 기록에 따르면 잘랄 웃 딘은 말을 탄 채로 인디스강에 뛰어들어 강 건너편에 안전하게 도달했다. 그 장면을 목격한 칭기즈칸은 놀라서 자신도 모르게 손을 입으로 가져갔다고 한다. 그러고는 잘랄 웃 딘을 추격하지 말고 놓아주라고 명령했다. "모든 아버지는 저런 아들을 두고 싶을 것"이라는 격찬도 곁들였다. 잘랄 웃 딘의 전설이 서린 인더스 강가는 오늘날 '준마의 도약'이라는 지명으로 불리고 있다.

이후 잘랄 웃 딘은 인도 델리술탄국으로 건너가 잠시 망명생활을 했다. 또 이란과 아제르바이잔을 비롯해 아나톨리아고원 각지를 떠돌며 몽골에 대한 저항을 이어갔지만 큰 효과를 거두지 못하고 얼마 지나지 않아 최후를 맞이한다. 다만 그가 어떻게 죽었는지는 명확하지 않다. 1231년, 그의 정체를 알아채지 못한 쿠르드족 도적떼에 의해 살해당했다는 설이 유력하지만 1230년대에 계속해서 몽골과 전투를 했다는 루머가 존재하는 것으로 볼 때 잘랄 웃 딘의 죽음의 순간은 정확히 알 수 없다. 주베이니는 그를 사칭하는 이들의 이야기 또한 저서에 기록으로 남겼다. 한 가지 분명한 것은 칭기즈칸이 적장 잘랄 웃 딘에 대해 "저런 아들을 두고 싶다"며 '열린 마음'으로 평가했다는 사실이다. 이렇듯 칭기즈칸이 인류 역사상 최대 제국을 건설하는 토대를 닦은 데에는 적장의 장점도 있는 그대로 인정하는 '개방적인 사고'가 한몫했다.

칭기즈칸의 군대는 군사 기술의 혁신이나 마법 같은 신무기로 전투에서 이긴 것이 아니었다. 몽골군이 불패의 신화를 쌓을 수 있었던 것은 결정적으로 칭기즈칸과 그의 후손들이 '유연하고 개방적'으로 생각했기 때문이다. 사람들은 오랫동안 칭기즈칸을 잔혹하고, 피에 굶주린 야만인이며, 전쟁과 선전술에 능하고, 승리를 위해 외교적·경제적·무력의 수단을 가리지 않는 인물로 여겨왔지만 그는 누구보다 배움에 열성적인 인물이었다.

칭기즈칸은 배울 것이 있는 사람이라면 일반 백성이든 단순한 방문자든 상관없이 가리지 않고 공평하게 대했다. 1206년, 몽골의 정책결정 최고기관인 쿠릴타이를 열고 테무친Temuchin이라는 이름 대신 '칭기즈칸'이라는 호칭을 사용하면서 대칸大汗에 취임했을 때도 "게르에 사는 모든 이의 칸"을 표방했다. 몽골족뿐 아니라 몽골 평원에 사는 모든 유목 부족이 그의 휘하라고 선포한 것이다.

당시 몽골어에서 '국가'를 의미하는 '울루스ulus'라는 단어는 오늘날에 비해 '사람의 모임'이라는 의미가 강했다. '몽골의 백성'에는 혈연이나 언어적 측면에서 몽골족과 가까운 사람뿐 아니라 외부로부터 편입된 사람도 있었다. 마치 다양한 인종이 모여 역량을 발휘해 '용광로'라 불리는 오늘날의 미국과 비슷하다. 비록 원래의 몽골 부족은 몽골 초원에서 활동하는 부족 중 일부에 불과했지만 이후에 모든 몽골고원의 부족이 몽골족이라 불리며 칭기즈칸의 품에 들어왔다. 그리고 각 부족의 강점과 인재는 통합된 몽골족을 위해 활용됐다.

칭기즈칸이 가진 유연하고 개방적인 태도는 후대에게 전승되어 이후 몽골족이 타민족을 대할 때도 적용됐는데, 이는 그들이 대제국을 건설한 뒤 피지배 지역의 자치권을 상당히 인정한 사실로 보아 알 수 있다. 동쪽의 고려부터 서쪽 러시아의 공국들, 아나톨리아고원 지대의 키르기스·아르메니아 왕국, 캅카스산맥의 조지아 왕국 등이 몽골 치하에서 독자성을 유지하며 명맥을 이어나갔다.

칭기즈칸은 제국을 건설하고 유지하기 위해서는 몽골족에게 부족하거나 필요한 기술을 외부에서 가져와야 한다는 사실을 알고 있었다. 몽골 초원을 활동 공간으로 삼을 때만 하더라도 유목민에겐 초원에서 생존하기 위한 각종 지식이 중요했다. '제너럴리스트generalist'가 되기를 요구받았던 것이다.

오늘날 몽골의 수도 울란바토르는 '세계에서 가장 추운 수도'로 연평균 기온이 영하 1도 전후다. 연평균 기온이 6도 전후인 러시아 모스크바나 최고위도에 위치한 아이슬란드의 수도 레이캬비크보다도 기온이 낮다. 초원은 여름철 기온이 평균에서 1도만 차이 나도 식생에 큰 영향을 미칠 정도로 민감한데 마침 칭기즈칸이 제국을 세운 시기는 '중세 온난화기'가 끝난 때였다. 기후가 급격히 낮아졌던 때로 유명한 17세기 못지않은 '소빙기'였던 것이다. 추위뿐 아니라 몹시 건조했던 탓에 유목민의 생존이 크게 위협받던 시기이기도 했다. 이처럼 초원지대의 혹독한 환경에서 살아남기 위해선 모든 유목민이 전사가 되어야 했다. 이 때문에 몽골어에는 '전사戰士'를 뜻하는 단어가 없었다. 그러나 칭기즈칸은 방대한 정주 지역을 포함하는 대제국을 건설한 뒤, 이를 유지하고 효율적으로 통치하기 위해서는 '스페셜리스트specialist'가 필요하다고 판단했다.

칭기즈칸은 각 분야의 전문가를 찾고, 초빙하고, 육성했다. 특히 종교와 군사기술, 직조織造, 천문학, 의학 등의 분야에 집중했다. 칭기즈칸은 자신의 눈병을 치료하기 위해 이란인 의사를 데려오기도 했다. 고위급 전문가뿐 아니라 일반 '기술 인력'의 영입도 활발히 추진했다. 중국에서 차출된 농부들을 아제르바이잔이나 메르브 지역으로 이주시켰고, 의사와 천문관측사, 통역사, 기술자, 심지어 요리사도 동서 제국과 교환했다. 이슬람권에서 발달한 의학과 천문학, 지리학 관련 지식은 이들을 통해 동방에 전수된 셈이다. 1221년까지 트란스옥시아나 지역에서 총 10만 명의 장인이 몽골과 중국으로 보내졌다.

세계 각지의 인재들이 활발하게 교류되던 시기에 몽골제국은 건설되었다. 칭기즈칸을 비롯한 몽골 지배층은 초원과 정착 문명 중간 지역 출신의 인사를 선호했다. 거란인이나 위구르인, 호레즘인이 대표적인데 이 중에서도 위구르족은 '관료 풀pool'의 충원지로 명성이 높았다. 이들은 초원과 도시 환경 모두에 익숙한 부족이었기 때문이다.

칭기즈칸은 여러 민족에게서 차출한 각 분야의 전문가들을 제국 각지로 보내고 1204년 위구르 문자를 공용문자로 도입한다. 의사소

통과 기술 이전을 편리하게 하기 위함이었다. 문자 전문가로는 위구르족을 발탁했다. 나이만족 포로 출신인 타타퉁가에게는 위구르 문자의 보급과 공식적인 법령에 옥새를 찍어 서명하는 중책을 맡겼다. 칭기즈칸 스스로 문맹이라는 사실을 인정해야 했음에도 제국을 통치하기 위해선 문자 도입이 필요하다는 점을 받아들였던 것이다. 위구르 문자로 쓰인 문서들은 대제국 전역에서 통용되는 '몽골 스탠더드standard'로서 위상을 누렸다.

타타퉁가 외에도 무슬림으로 트란스옥시아나 지역 최초의 몽골 총독이 된 마흐무드 얄라바치와 마수드 백, 거란인 출신 재상 야율초재 등이 칭기즈칸을 보좌했던 현지 전문 관료들이었다. 위구르족 출신 친카이와 여진족 출신 충산粘合重山도 칭기즈칸 밑에서 궁정관료로 활약했다. 특히 재무관료들은 세금 징수, 재무 운영에 관한 일을 했는데 실적에 따라 승진할 수 있었다.

제국을 확장하는 과정에서 칭기즈칸은 피정복민을 적극 활용했고 국정을 운영할 때에도 각 지역에 분포한 '협력자'들과 손을 잡았다. 칭기즈칸 사후 원나라 지배 시기에는 '제색목인諸色目人(여러 종류의 사람들)의 준말인 '색목인'이라고 불렀던 티베트, 위구르, 킵차크, 캉글리, 알란인과 이란의 무슬림이 동원됐다. 킵차크와 알란, 캉글리인은 주로 군사 분야에, 위구르인은 재정과 행정 분야에, 티베트인은 불교 분야에 배치됐다.

몽골족은 타지에서 여러 민족이 잘 적응할 수 있도록 그들의 '고향 음식'을 준비해 배려하기도 했다. 이에 따라 원나라에는 무슬림과 중앙아시아의 음식, 의약품, 오락거리 등이 유입됐다. 동양의 음식과 의약품에 대한 지식도 이란 지역에 이식되었다.

후대의 일이긴 하지만 서아시아 지역을 지배하던 훌라구에게 몽골의 대칸 몽케 칸이 몽골 최고의 레슬링 선수를 빌려줘 지역 장사壯士와 대결하게 한 사례도 찾아볼 수 있다. 원나라 시대에는 하늘의 뜻을 읽기 위한 의견을 들을 목적으로 페르시아 천문관(점성술사)을 초청하기도 했다고 전해진다.

이처럼 역사상 유례를 찾기 힘든 동서 지역의 인적 자원 교류는 몽골제국이 존속되는 동안 쉼 없이 이어졌다. 강제적이긴 하지만 개방의 최전성기였던 셈이다. 인적 자원과 정보의 교류를 활성화하기 위해 몽골제국은 복속국에 역참을 설치하도록 강요했다. 고려와 러시아, 베트남 등 간접적인 지배를 받은 나라도 모두 역참 설치를 요구받았고, 결과적으로 이를 통해 신속한 정보 전달과 교류가 가능해졌다.

외부 전문가를 활용해 제국을 운영하고 개방적인 정책을 펼친 사실을 두고 프랑스의 역사학자 르네 그루세는 "'야만인 알렉산더'가 문명에 이르는 새 길을 열어줬다"고 평가했다. 칭기즈칸 전문가 미할 비란 히브리대학 교수 역시 "제국 각지에 거주하는 신민의 풍부한 재능을 최대한 활용하겠다는 선언으로 봐도 무방할 것"이라고 강조했다.

무엇보다 칭기즈칸의 개방적이고 유연한 사고가 두드러진 영역은 군사 분야였다. 몽골군은 갑자기 나타났다가 마법처럼 사라졌고, 발자국조차 찾기 힘들다는 말이 있을 정도로 신출귀몰했다. 칭기즈칸은 "용병술이 마치 신神과 같아서 멸망시킨 나라가 40개에 이른다"(『원

史元史』「태조본기太祖本紀」)라는 평을 들었는데 이런 업적의 근간은 바로 열린 태도였다. 칭기즈칸과 그의 장군들은 중국과 무슬림 전문가들에게 공성전 기술을 배웠고, 중국과 이슬람 세계에서 도입한 기술로 무기 공장을 갖췄다. 또한 한족 기술자들에게 철 제조와 가공 기술을 배워 군대를 무장시켰다.

유목민이 주로 사용하는 기마전술이 성곽을 공략하고 함락하는 데에 약점이 있었던 만큼 칭기즈칸은 외부 전문가의 도움을 받는 일을 마다하지 않았다. 이에 따라 칭기즈칸의 군대는 호레즘을 공격할 때 중국에서 수천 명의 대규모 공성부대를 동원했고 화약무기를 포함한 각종 첨단기술로 중앙아시아의 철옹성들을 깨부쉈다. 1258년에는 1000명의 중국 공성부대원이 훌라구를 따라 바그다드 공략전에 동원되었다. 이런 '전통'은 공성 전문 인력의 수급에 따라 방향이 바뀌기도 했지만 몽골제국이 존속하는 동안 계속됐다. 일례로 일한국의 아바카 칸은 아랍 지역 공성 전문가인 이스마일과 알 알 딘을 쿠빌라이에게 보내 남송 공략전에 도움을 주었다.

칭기즈칸은 전통적인 전술 중 비효율적이라고 생각하는 것은 가차 없이 버렸고 유용한 전술은 언제 어디서든 받아들이는 데 주저하지 않았다. 교활하면서도 효율적으로 군대를 지휘했던 그는 실효성 없는 과거의 전술에 얽매이지 않았다. 호레즘을 정복할 당시에도 유목민의 주특기인 평야 전투를 하지 않았고, 견고한 성벽 밑에서 적이 지치기를 기다렸다가 승리를 낚아챘다.

초창기의 칭기즈칸은 여느 유목민족 지도자들과 달리 강력한 적을 피하기 위한 전략적 퇴각 같은 전술을 활용할 여력이 없었다. 아버지가 타타르족에게 독살된 1170년부터 몽골 전역을 통일해 칭기즈칸으로 즉위한 1206년까지 목숨을 유지하는 데 급급했고 주변 유목 부족과 끊임없이 싸워야 했기 때문이다. 그러나 칭기즈칸은 그럴수록 더 적극적으로 위험을 감수했고 이것은 그가 전략적이며 유연하게 사고하게 된 계기가 되었다. 외부에서 받아들인 생각을 발전시켜 새로운 전술을 만들어낸 경우도 부지기수였다. 말 꼬리에 나뭇가지를 묶고 먼지를 일으키거나 수천 명의 주민을 군대 앞에 두고 행군하여 군사가 더 많아 보이도록 하는 전술은 몽골군이 정주 지역의 군대로부터 배운 전략을 활용한 것이었다.

기존 몽골군 전술의 강점도 극대화했다. 경무장 궁수들은 장점인 '기동성'을 살려 각 전투에서 실력을 십분 발휘했다. 1216년 몽골군은 금나라를 정복하기 위해 황하 유역을 따라 60일간 800킬로미터를 진군했다. 기병부대가 치열한 전투를 치르면서도 하루 13킬로미터를 주파한 것이다. 전투가 없을 때는 그야말로 쾌속으로 질주했다. 하루 평균 50~70킬로미터를 이동했고, 때로는 100킬로미터 이상을 주파하기도 했다. 제2차 세계대전에서 노르망디 상륙작전 이후 연합군의 기계화 부대가 적의 저항이 거의 없는 상황에서 하루 30킬로미터를 진군했던 것과 비교하면 몽골군의 이동 속도가 얼마나 빨랐는지 짐작할 수 있다. 그리고 몽골군은 이 기동성을 바탕으로 유목민 특유의 '히트 앤드 런hit and run' 전략부터 기습, 매복, 포위전, 기만적 퇴각 전술을 효율적으로 병행했다. 말의 생물학적 한계를 고려해 전력을 안정적으로 유지하면서도 최고 속도를 뽑아냈던 것이다.

정찰병들은 몽골군의 잔혹함과 공포의 이미지를 적지에 미리 퍼뜨리고 선전해 적군의 사기를 떨어뜨리는 '심리전 전사' 역할도 했다. 칭기즈칸은 심리전에서 우위를 차지하는 것을 중시했다. 본대보다 50킬로미터 앞서 진군했던 척후병들은 무역상과 현지 주민, 배신자를 가리지 않고 적군과 지리 등에 관한 정보를 취득했다. 몽골군에 대한 공포심을 곳곳에 심는 것도 잊지 않았다. 가는 곳마다 몽골군이 자행한 대량 학살과 황폐화 전술은 적군을 심리적 공황 상태에 빠뜨리기 충분했다. 이들은 공격 타깃을 적군의 리더로 좁혀 끝까지 추격해 제서했다.

적군의 전술을 받아들여 대형화·양산화한 것도 칭기즈칸이었다. 몽골군은 '화살 폭풍'이라 불리는 집단 사격으로 적의 혼을 빼놓곤 했는데 원래 이 전술은 거란족이 사용하던 것이었다. 거란족은 이 전술을 소규모로만 사용했지만 몽골군은 이를 범용화하고 대형화했다. 전술을 무리 없이 실행할 수 있는 물적 기반도 갖췄다. 주괴鑄塊 형태의 철을 중국 등지로부터 수입한 뒤 가지고 다니면서 원정지에서 무기와 편자 등을 만들어 전쟁을 수행했던 것이다. 이로써 몽골군은 규격화된 철괴로 균일한 품질의 철제 무기를 만들어 언제든 사용할 수 있었다. 『동방견문록Divisament dou Monde』에는 몽골 병사 한 명이 100그램 정도의 큰 화살촉이 달린 화살 30발과 약 50그램의 작은 화살촉이 달린 화살 30발을 가지고 다닌다고 기술되어 있다. 1인당 4.5킬로그램, 10만여 명의 군대로 환산하면 472톤이 넘는 철을 보유하며 전장을 누빈 것이다.

 칭기즈칸의 몽골군은 고정관념에 사로잡혀 있지 않았고, 오히려 적의 선입견을 주도적으로 활용했다. 같은 유목 제국이었던 여진족의 금나라 조정만 하더라도 12세기 후반 몽골군의 침략에 시달리는 다급한 상황에서 '오행五行의 순환 이론'에 따른 정통성 논쟁에 빠져 있을 정도로 '한화漢化'가 진행되어 있었다. 그러나 몽골족은 달랐다. 무의미한 관념론 논쟁에 빠져 대응할 기회를 놓쳤던 금과 달리 칭기즈칸 휘하의 맹장 제베와 수부타이는 오늘날의 아르메니아 지역에 도착해 기지를 발휘했다. 몽골군은 아르메니아인들이 기독교를 믿는 것을 보고 방패에 십자가 문양을 그려넣었다. 아르메니아군은 몽골군이 같은 기독교도라고 생각해 공격을 주저했고 몽골군은 그 틈을 놓치지 않았다.

 몽골군의 전략적 유연함은 유라시아 대륙 전역의 여러 전장에서 빛을 발했다. 제베가 요동반도를 점령할 때는 거짓으로 퇴각한 거리가 무려 150킬로미터에 달했다. 금의 주민들이 안심하고 음력설 축제를 벌이는 동안 몽골군은 24시간 내내 쉬지 않고 달려 급습했다. 서하의 심장 볼로하이를 공략할 때는 몽골군의 장수 무칼리가 수백 마리의 제비와 고양이에게 불을 붙인 뒤 도시로 돌려보내 적의 요새를 불바다로 만들었다. 이 전술은 훗날 만주의 주요 도시를 점령할 때에도 활용되었다.

 몽골족은 내륙에 근거지를 둔 세력이었지만 수군을 조직하는 일도 망설이지 않았다. 칭기즈칸 사후 쿠빌라이칸 시대에는 대규모 해군을 건설해 남송을 정벌한 적도 있었다. 여진족이 실패했던 황하 유역에 대한 통제권 장악을 몽골족은 오랜 경험 끝에 성공시켰던 것이다. 그리고 이어서 치러질 일본 원정을 위해 몽골군은 해군의 규모를 원양함대 수준으로 키웠다.

쿠빌라이 치세기인 1278~1290년대 초까지 원元제국은 해상력을 바탕으로 미얀마와 베트남, 인도 바아바르, 코람, 샴, 자바, 류큐 등의 동남아 여러 지역을 적극적으로 교역권에 합류시켰다. 1279년 쿠빌라이는 국내외 군주들에게 해외 여러 나라를 설득하라고 지시하는 내용이 담긴 조서를 내렸다. 1282년 정월에는 선박 100척과 군사 및 사공 등 1만 명을 동원해 해외 여러 지역을 원정하게 했으며 이 원정은 1280년대 내내 계속됐다.

칭기즈칸의 용인술用人術은 특히 주목을 끈다. 그는 인재를 등용할 때 '능력'을 최우선의 척도로 삼았다. 출신 성분이나 사회적 지위, 연줄 등은 고려하지 않았다. 인종, 언어, 종교, 문화에 구애받지 않고 실력만 있으면 누구나 등용하는 능력주의, 실력주의가 그의 신념이었다. "열 명을 능히 통솔해 작전할 수 있는 사람에겐 천 명, 만 명을 위임해 작전하게 한다"고 말한 이가 칭기즈칸이었다. 반면 임무를 제대로 수행하지 못하는 지휘관은 면직시키고 부하에게 그 자리를 넘겨주기도 했다.

칭기즈칸의 이런 면모는 필생의 라이벌 자무카와 몽골 초원의 패권을 다툴 때부터 빛이 났다. 많은 사람은 "공정한 리더이며 실력에 따라 보상하는 칭기즈칸"에게 매력을 느꼈다. 무한한 신분 상승의 기대, 어떤 병사라도 사령관이 될 수 있다는 희망은 전투에서 경쟁심을 부추겼다. 이에 따라 몽골 사회의 비주류를 중심으로 인재들이 칭기즈칸에게로 모여들었고, 다양한 부족의 미천한 출신으로 소위 '발주나 맹세'에 참여한 멤버 대다수도 칭기즈칸과 함께 진흙물을 마시며 군신의 맹세를 했다. 훗날 『몽골비사蒙古祕史』와 몽골의 대법전 『자삭jassagh』 편찬에 큰 역할을 한 시기도 원래 몽골군에게 잡힌 타타르족 출신 포로였으나 후에 칭기즈칸과 의형제를 맺었다. 이런 모습은 자무카가 전통적인 계서제와 신분제에 기반을 두고 상을 내렸던 것과 뚜렷한 대조를 이뤘다.

사람을 쓸 때 어느 민족 출신인지는 칭기즈칸에게 중요하지 않았다. 거란족 혹은 중국 출신 참모진과 이민족 문사들이 증가하는 일은 오히려 그가 '천명天命을 받은 지배자'라는 이데올로기를 확산시키는 데 도움이 됐다.

몽골군도 당연히 부족적 혈연관계에 따라 구성되지 않았다. 몽골의 장군들은 혈연적 지위가 아닌 군사적 재능이나 칭기즈칸에 대한 충성도에 따라 출세 여부가 갈렸다. 어린 시절 테무친이 목에 칼을 쓰고 포로 생활을 할 때 그의 목숨을 구했던 솔두스족 수령 소르한 시라도 '출신 성분'이 분명하지 않다. 몽골군에는 양치기, 목동, 목수 출신 장군도 수두룩했다.

"사람 고기를 먹여 기르며, 쇠사슬로 묶여 있고, 두개골은 놋쇠로 만들었다. 이빨은 바위를 잘라 만들었고, 혀는 칼과 같으며, 심장은 쇠로 만들었다"고 묘사된 소위 '4마리 사냥개' 칭기즈칸의 핵심 측근도 미천한 출신이 대부분이었다. 젤메와 제베, 수부타이, 쿠빌라이 네 장군 가운데 젤메와 수부타이는 대장장이의 아들이었다.

　사료마다 구체적인 내용에 차이가 있으나 대표적 맹장 제베의 발탁 경위는 매우 극적이다. 몽골 초원에서 타이치우드족과 전투하던 중 테무친이 탄 말이 활에 맞아 쓰러졌다. 전투가 끝난 뒤 포로를 모아놓은 자리에서 테무친은 자신의 말을 쏜 자가 누구냐고 물었다. 이에 지르코라는 낮은 지위의 병사가 당당하게 앞으로 나와 자신이 말을 쐈다고 주장했다. 테무친은 그 병사의 용기와 책임감에 깊은 감명을 받아 자신의 장군으로 삼았고 '화살'이란 뜻을 지닌 '제베'라는 새 이름을 하사하며 "나는 제베를 나의 화실로 사용할 것이다"라고 말했다. 자신의 목숨을 노렸던 자의 용맹함을 높이 사는 데에 그치지 않고 주저 없이 자신의 오른팔로 삼았던 것이다.

　칭기즈칸의 전우들은 '충성'의 보상을 톡톡히 받았다. 무슬림 학자 라시드 앗 딘은 저서에서 칭기즈칸이 맹우들에게 한 말을 전한다. "내가 바라는 것은 그대들의 부인과 딸들이 머리부터 발끝까지 금으로 치장된 옷을 입고, 얌전한 말 위에 올라타 맑고 감미로운 물을 마시며, 가축들을 넓은 목장에 놓아 먹일 수 있게 하는 것이다." 칭기즈칸은 자신이 동지들 덕에 성공했다는 사실을 인정하고 자신에게 충성을 다한 인물들을 '수레의 두 손잡이, 몸의 두 어깨'에 비유했다.

　군사들도 비슷한 과정을 거치면서 '칭기즈칸의 사람'으로 변모했다. 테무친은 케레이트족과의 싸움이 끝난 뒤 포로 대다수를 자신의 부하로 편입시켰다. 또 나이만족을 복속시킨 뒤에도 그들을 몽골군의 다양한 부대에 편입시켜 활약하게 했다. 칭기즈칸은 과거 몽골 초원의 수많은 부족장처럼 포로를 죽이거나 노예로 만들지 않았다.

이처럼 오직 실력으로만 발탁된 몽골군의 지휘 리더십은 통상적인 유목 세력보다 크게 우수할 수밖에 없었다. 몽골군이 당시 정주 세력보다 우위에 있을 수 있었던 이유는 초원의 군대가 정주 지역 군대보다 더 잘 조직되어 있고 전략을 수립하는 데 뛰어났기 때문인데 이는 지휘관의 현격한 자질 차이에서 기인한 것이었다. "아담의 시대 이후 오늘날에 이르기까지 타타르족과 맞먹을 만한 군대는 없었다"는 주베이니의 평은 이런 배경에서 나올 수 있었다.

칭기즈칸의 '핏줄'이라는 최고의 배경도 능력보다 우선할 수는 없었다. 세계 정복 과정에서 큰 역할을 한 칭기즈칸의 네 아들도 군을 지휘할 때는 실력 있는 장군들 다음으로 고려됐다. 즉 칭기즈칸은 자신의 아들들이 군을 지휘할 경우에도 백전노장의 장군들에게 실권을 줬던 것이다. 십호十戶(아르반), 백호百戶(자운), 천호千戶(밍간), 만호萬戶(투멘)와 같이 10진법 단위로 각 부대를 편성했던 점도 능력 위주의 인사 시스템을 시행하는 데 도움이 됐다. 10진법 체계인 '천호제'로 군을 정비한 것은 정복지의 군대를 몽골군으로 편입시킬 때 구조적 어려움을 최소화하겠다는 것을 의미했다. 이렇게 하면 몽골군이 특정 지역을 정복할 때 다음 정복에 더 많은 인력을 군 병력으로 동원할 수 있었다. 이런 몽골군의 특징은 손쉽게 병력을 복제하고 확장한다는 의미에서 '레고식 시스템'이라고 불리기도 했다. 물론 몽골 전체 인구가 70만 명 정도밖에 안 되던 상황에서 정주 지대와 경쟁하기 위한 군대를 유지하기 위해선 이런 '레고식 시스템'이 필수이기도 했다. '천호제'는 흉노 이래 중앙아시아의 유목민족이 오랫동안 유지한 제도였지만 이를 제대로 활용한 세력은 몽골제국이 처음이었다.

칭기즈칸의 군대는 전투를 거칠 때마다 계속해서 확장됐다. 1206년 몽골제국이 건국될 당시 95개였던 천호는 칭기즈칸이 죽은 해인 1227년에 알려진 것만 129개에 달했다. 단순히 계산하더라도 칭기즈칸 휘하 병력은 9만5000명에서 12만9000명으로 20여 년간 30퍼센트가량 증가한 셈이다. '천호제'에 바탕을 둔 칭기즈칸의 군대는 호레즘을 정복할 때 정주 지대인 중국 지역에서의 전투 경험을 그대로 살리려 했고, 몽골족으로 편성된 주력부대뿐 아니라 위구르족, 카를라크족, 거란족, 돌궐족을 투입해 혼성 부대를 조직하기도 했다. 1223년에는 호레즘 지배 아래 있던 돌궐족까지 몽골군에 지원할 수 있도록 하는 칙령도 반포했다.

칭기즈칸의 지배 하에서 각 개인은 끊임없이 한 부족에서 다른 부족으로, 이 부대에서 저 부대로 이동했다. 몽골 사회를 갉아먹던 전통 부족 간 경쟁은 사라졌다. 칭기즈칸은 이와 함께 몽골 사회에서 오래 존속했던 약탈혼 관습을 없애면서 마지막 남은 분쟁의 싹도 함께 잘라버렸다. 이런 과정을 거치면서 과거의 적 위구르와 거란도 칭기즈칸이 가장 믿을 만한 보호자라는 사실을 알게 됐다. 칭기즈칸의 후손들은 이 같은 '가르침'을 이어받아 시리아의 기독교도와 아르메니아인 또한 확실하게 '보호'했다.

1231년 무시무시한 엄포가 담긴 대對 고려 국서에는 몽골 시대 '글로벌 스탠더드'가 명료하게 표현되기도 했다.

"우리는 하늘의 뜻을 받들어 왔는데, 말이 통하지 않는 자는 마치 눈이 있어도 보지 못하고, 손이 있어도 사용할 줄 모르며, 발이 있어도 다리를 저는 사람과 같다. (…) 고려 국왕과 그 백성 가운데 투항하는 사람은 이전에 투항한 사람과 똑같이 대우받을 것이고, 투항을 거절한 사람은 즉시 처단될 것이다 天底氣力 天道將來底 言語所得不秋底 人有眼睛了 有手沒了 有脚了瘸了. (…) 高麗國王你每底民戶裏 投拜了的人 依舊住坐 不投拜底人戶殺有."(『고려사』, 고종 18년 12월 초하루 임자일王子朔)

몽골족은 이 국서에 "호랑이 해虎兒年(1218)에 투항한 자들은 우리와 한 가족처럼 지내고 있다"는 부연 설명도 곁들였다. 1247년 로마 교황 사절에게 보낸 국서의 표현도 고려에 보낸 국서의 내용과 비슷한데 이 점을 고려하면 '겁을 주되, 투항하면 평등하게 대우한다'는 몽골족의 전략이 지역과 인종에 상관없이 동일하게 적용되었다는 사실을 알 수 있다.

칭기즈칸은 쿠릴타이에서 천호와 만호의 지휘관을 임명하며 능력주의에 힘을 보탰다. 낮은 계급의 지휘관 상당수도 그가 직접 자리에 앉혔다. 이는 초원지역에서 전례가 없던 일이었다. 임명된 천호장들은 칭기즈칸과 생사고락을 함께한 '막우' 출신이거나 혼인·입양으로 관계를 맺은 사람이 많았다. 그리고 백호, 천호, 만호 등 각 개별 부대의 지휘관은 직속상관에게 책임을 지우는 동시에 칭기즈칸에게도 직접 책임을 지웠다. 결과적으로 몽골의 병사들은 주군 칭기즈칸을 위해 한 몸처럼 일사분란하게 움직였다.

칭기즈칸은 부족 단위로 충성도가 쏠리는 것을 막기 위해 각기 다른 부족을 섞어서 부대를 편성하기도 했다. 여기에는 자신에게만 충성토록 하는 치밀한 의도가 숨어 있었다. 유력 부족의 자제들을 인질로 잡는 효과가 있던 숙위宿衛 조직 '케식Kheshig'의 경우, 직접 전투에 나가는 일은 드물었고 일종의 총참모부 역할을 맡도록 했다. 케식은 지도자 양성소 역할을 병행하면서 칭기즈칸의 권위를 높였다. 케식이라는 단어가 '은총'이라는 의미였던 만큼 칭기즈칸 근처에서 친위대로 활동하던 이들은 사람들에게 '은총을 받은 사람'으로 받아들여졌을 것이다.

칭기즈칸은 빼어난 장수들을 각기 다른 전장에 투입시켜 최대의 효과를 거뒀다. 그는 능력을 척도로 하여 뽑은 장수들을 전적으로 신뢰했고 이에 따라 몽골군은 아시아 각지의 전장에서 유기적으로 협조하며 전쟁을 수행해나갔다. 칭기즈칸은 수세기 동안 초원을 지배했던 전통적인 계서제와 귀족제를 폐지했고, 이를 기반으로 대제국을 건설해갔다. 능력 본위로 인재가 충원된 군대를 통해 "전투에 진 적은 있어도 전쟁에 진 적은 없는" 칭기즈칸의 몽골 신화가 탄생한 것이다.

칭기즈칸이 개방적이고 융통성이 뛰어났던 것은 그가 이익에 민감한 현실주의자였기 때문이다. 이런 면모가 극단적으로 드러난 사건이라면 부인을 버리고 도망친 일을 꼽을 수 있을 것이다. 칭기즈칸 가문의 철천지원수였던 메르키트족은 청년 테무친이 신부를 맞이한다는 소문을 듣고 그를 습격했다. 테무친의 아버지가 과거 메르키트족의 신부 하나(테무친의 어머니 호엘룬)를 납치해간 일에 대한 복수였다. 메르키트족 300명이 둔영을 습격하자 테무친과 그의 가족들은 새 신부인 보르테 카툰만을 남겨둔 채 모두 말을 타고 도망쳤다. 역사학자 폴라츠네프스키는 "테무친이 극도로 위급한 상황에서 판단력을 잃은 것인가, 아니면 메르키트족의 추적을 다른 곳으로 돌리기 위해 의도적으로 보르테를 떨어뜨려놓은 것인가"라며 테무친을 강하게 의심했다. 실제로 메르키트족은 수레에 숨은 보르테를 발견하자 더 이상 테무친을 쫓지 않았다.

'실용적 인간' 테무친에겐 살아남는 것이 중요했다. 그가 구사일생한 뒤 내뱉은 "나는 벼룩과 같은 목숨을 건졌다. 정말로 무서웠다. 앞으로는 부르한 할둔산에 아침마다 기도를 드리겠다"는 말에선 아내에 대한 걱정도, 무너진 가장의 권위에 대한 자책감도 찾아보기 힘들다. 이후에도 한동안 테무친은 보르테를 구하기 위한 계획조차 세우지 않았다.

테무친이 메르키트족에게서 보르테를 구출했을 때 그녀는 이미 임신한 상태였다. 예기치 않게 노상에서 태어났다고 해서 '주치Juchi'라는 이름이 붙은 테무친의 장남에 대해 라시드 앗 딘을 비롯한 궁중사가들은 "메르키트가 습격했을 때 보르테는 이미 테무친의 아이를 가지고 있었다"고 강변했지만 신빙성은 그다지 크지 않다. 오히려 "보르테는 호엘룬에 대한 앙갚음으로 메르키트족에게 납치당했다. 그리고 연혼제의 풍습에 따라 메르키트족 족장의 동생에게 부인으로 주어졌다"고 『몽골비사』는 전한다.

결국 주치는 죽을 때까지 '메르키트의 사생아'로 불리며 정통성에 대해 의심을 받았고 이는 결국 그의 죽음의 원인이 됐다. 1223년 초 칭기즈칸은 자신의 다른 아들 차가타이, 우구데이와 회합을 했지만 장남인 주치는 서방지역 호라산에 남도록 했다. 아랍 역사가 알 주즈자니에 따르면 주치는 "칭기즈칸이 미쳐서 그토록 사람을 많이 학살하고 지역을 파괴했다"며 "아버지가 사냥하는 틈을 타 그를 살해하고 술탄과 연합해 이 지방을 번영토록 하겠다"라는 말을 했다고 한다. 주즈자니는 이 발언을 들은 칭기즈칸의 둘째 아들 차가타이가 아버지에게 보고해 주치를 독살했다고 주장한다.

주즈자니의 기술을 믿지 못한다 하더라도 주치와 칭기즈칸 사이의 불화는 사실이었던 듯하다. 라시드 앗 딘은 "칭기즈칸이 고향으로 돌아온 뒤 주치를 불렀지만 이에 불응하자 차가타이, 우구데이를 보냈는데 이들이 당도하기도 전에 주치가 죽었다는 소식이 전해졌다"고 기록했다. 당시 나이가 40세 정도에 불과했던 주치는 자연사하지 않았을 가능성이 있기 때문에 그 죽음의 배후로 칭기즈칸이 거론되곤 한다. 칭기즈칸은 자신의 사후에 장남 주치와 차남 차가타이 간에 무력 충돌이 일어날 것을 우려했고 제국의 통일을 유지하기 위해 출생이 의심스러운 주치를 제거했다는 것이다.

칭기즈칸에게 결혼의 '속박'이 약했기 때문인지 이후 몽골의 지배층은 결혼을 현실적인 정치 수단으로 활용했다. 초기에 몽골 황실은 몽골계 부족인 옹기라트족, 오이라트족 등과 혼인 관계를 맺었다. 이는 여성을 교환하는 형태로 이뤄졌다. 투르크계 옹구트족과 위구르족에 겐 황녀와 왕녀를 보내는 방식의 결혼 정책을 썼고 대제국 건설 후엔 교류의 범위를 더 넓혔다. 1247년 당시 고려의 세자였던 충렬 왕이 쿠빌라이칸의 딸 제국대장공주(쿠툴룩 케르미시)와 결혼한 이후로는 고려 왕실로 혼맥이 확대되었다.

여러 면에서 시대를 앞서갔던 혁신가 칭기즈칸의 개방성은 군대와 사회 곳곳으로 빠르게 확산됐다. 1226년경 제작된 높이 1미터가량의 비석 '칭기즈칸 스톤The Genghis Stone'에서도 그 사실을 확인할 수 있다. 이 비석은 1818년 네르친스크 근방의 공사장에서 발견되어 1832년 상트페테르부르크에 있는 예르미타시 박물관으로 옮겨졌고 현재까지 보관되고 있다. 이 비석은 칭기즈칸이 동투르키스탄 원정을 마치고 몽골 초원으로 돌아와 중국 공격을 준비하던 시점에 만들어졌다.

그는 몽골 초원에서 몽골의 세 가지 전통 '남성 스포츠' 레슬링과 승마, 궁술을 곁들인 승전 연회를 열었다. 칭기즈칸의 조카이자 조치 하사르의 아들 예순게가 전설적인 힘과 기술을 뽐냈다. 예순게는 칭기즈칸을 도와 여러 전장을 누볐고, 우구데이, 묑케, 쿠빌라이 등 후대 몽골의 권력자들과도 친밀한 관계를 맺은 인물이었다. 예순게의 능력은 궁술에서 두드러졌다. 기록에는 "칭기즈칸이 몽골의 고위 인사를 모두 소집했다. (그 자리에서) 예순게가 335알드(1알드는 한 사람이 양팔을 쭉 편 길이로 약 1.6미터) 밖의 표적을 쐈다"고 전한다. 칭기즈칸과 주요 인사들이 보는 앞에서 무려 536미터 밖의 표적을 맞춘 것이다. 오늘날 일부 역사가는 이것이 과장된 기록이라고 주장한다. 하지만 몽골군의 주력 무기였던 복합궁의 위력을 감안하면 불가능한 일은 아니라는 시각이 우세하다.

뿔과 나무, 아교 등으로 만들어진 몽골의 복합궁은 로마 제국의 검, 근대의 기관총과 함께 세계를 바꾼 3대 무기로도 꼽힌다. 50~100미터 근거리 집중 사격에서 몽골의 복합궁은 총탄 못지않은 관통력을 자랑한다. 화살촉에 따라 파괴력이 달라지지만 100미터 거리에서 2~3센티미터 두께의 나무판을 쪼갤 수 있었다. 당시의 갑옷으로 이를 막기에는 불가능에 가까웠던 것으로 보인다.

또 복합궁은 탄력이 좋아 화살을 먼 거리로 강력하게 날릴 수 있었다. 후대의 기록에서도 복합궁의 위력을 보여주는 사례는 적지 않다. 1794년 7월 9일 오스만튀르크의 영국주재 대사는 런던 베드퍼드 광장에서 복합궁의 시위를 당겼다. 화살은 바람을 맞으며 415야드, 반대 방향으로는 482야드를 날아갔다. 바람을 타고 67야드를 더 날아간 것이다. 영국의 장궁으로는 350야드 이상 날리지 못했던 사실과 비교하면 복합궁의 상당한 위력을 보여준 것이나 다름없었다. 1798년에는 오스만제국 술탄이 복합궁을 사용하여 무려 972야드 밖의 물체를 쏜 일로 명성을 얻기도 했다.

'칭기즈칸 스톤'의 내용을 그대로 믿을 경우, 칭기즈칸 당대의 몽골 전사들에게 500미터 밖 표적을 맞히는 일은 달성 가능했던 것으로 보인다. 하지만 영국의 역사가 존 맨은 몽골족의 '유연한 사고'를 감안해 예순게의 '위대한 업적'에 대해 새롭게 해석했다. 그는 "아마도 예순게가 맞춘 타깃은 덩치가 매우 큰 천막(게르) 같은 '빅 타깃'이었을 수 있다" "예순게가 단 한 발로 표적을 맞힌 게 아니라 여러 발 쐈을 가능성도 있다"라며 가능성을 크게 열어놓았다. 존 맨의 해석이 맞는다면 사거리와 정확도가 반비례 관계에 있는 장거리 궁술의 모순적 조건을 몽골 궁사들은 유연한 태도로 극복한 것이다.

칭기즈칸은 개방성과 융통성, 임기응변에서 비교를 불허할 만큼 독보적인 존재였다. 그리고 이 특징 덕에 그는 역사상 최대의 제국을 건설할 수 있었다. 칭기즈칸의 업적은 '무위無爲'로 돌아가지 않고 몽골 민족과 세계 각국에서 생생하게 살아남았다.

# 06

×

李成桂

# 이성계의 야성

조선을 건국한 이성계李成桂(1335~1408)는 '경계인'으로 분류될 법한 인물이었다. 고려 변방의 하급 무사 출신인 그는 말 위에서 한국 역사상 마지막 왕조를 세웠다. 이성계의 성공 '에너지원'은 북방의 험한 환경에서 축적된 길들여지지 않은 '야성野性'이었다.

조선 왕실의 발상지 두만강 유역은 험난하고 척박한 곳이었다. 이성계의 선조들은 그곳에 '타의'로 떠밀려 들어가 치열한 생존 투쟁을 거듭했고 끊임없이 고군분투했다. 이성계가 조선의 첫 임금이 되고 난 뒤 그의 가계는 '용의 신화'로 미화됐지만 사실 이성계의 집안은 내세울 것이 없었다. 이런 가문의 이력은 이성계의 사고와 판단 방식에 오롯이 새겨졌다.

시기도 녹록지 않았다. 원나라와 명나라 교체기, 왜구의 침공, 고려의 중흥과 쇠락이 엇갈리던 '시계視界 제로'의 상황에서 단 한 번의 판단 착오는 곧바로 생존의 위협으로 이어졌다. 즉각적인 동물적 감각이 중요했던 대격변의 시대였기에 과감한 '승부수'가 무無에서 유有의 창조로 이어지는 경우도 적지 않았다.

22세에 처음으로 전쟁에 출정해 54세에 위화도 회군을 단행할 때까지 전장에서 잔뼈가 굵은 전형적인 '야전野戰형' 무장 이성계는 시대적 역동성과 변방의 활력을 한 몸에 축적시킨 존재였다. 헝가리 출신의 사회학자 카를 만하임이 '경계인'에게 기대했던 "종합적으로 발전하고 현실에 대한 합리적 이해 능력을 지닌" 인물이 바로 이성계였던 것이다.

현재까지 남아 있는 이성계에 대한 기록은 매우 소략하다. 그나마 남아 있는 자료들도 왕조의 개창자를 높이는 찬양 일변도의 기록뿐이다. 따라서 이성계의 진면모를 살펴보기에 한계가 있는 것도 사실이다. 개국하기 전 이성계의 일대기는 『고려사高麗史』와 『조선왕조실록朝鮮王朝實錄』 「태조실록太祖實錄」 앞부분에 요약된 「총서總序」에 주로 기록되어 있다.

고려시대를 다룬 정사正史 『고려사』에서는 고려 말 이성계의 활동을 다룬 기록을 찾기가 매우 어렵다. 이 정사에서 이성계에 관한 기사는 총 57회에 불과한데 이는 조선이 건국된 후 『고려사』가 편찬되면서 당대의 관료와 사관들이 '살아 있는 권력'에 대해 민감한 사안을 기술하거나 평가하기를 두려워했기 때문이다. 그들은 이성계에 대한 내용을 기록에서 누락시키거나 축소하는 길을 택했다. 이성계의 과거 행적을 다뤘다가 문제가 생기느니 아예 기록을 하지 않았던 것이다.

　실제로 조선 초기 최고 권력자가 관련된 역사적 사실에 대한 기술은 여러 번 수정되었다. 태조 재위 1~4년에 정도전이 편찬한『고려국사高麗國史』는 태조의 아들이자 정도전의 정적이었던 태종(이방원)에 의해 "태조에 관한 기록이 크게 부실하다"라는 비판을 받고 폐기되었다.『조선왕조실록』은 정도전의『고려국사』에 대해 "공민왕 이후 가필加筆하고 삭제한 것 중에 사실대로 적지 않은 것이 많아 식견 있는 사람들이 이를 그르게 여겼다"고 일갈했다(『태조실록』14권, 태조 7년 8월 26일 2번째 기사). 조선 초의 문신 한상경은 "태조조차 일찍이 그 점을 지적했다"고 비난했고 '왕자의 난'에서 공신으로 꼽혀 병조판서를 역임한 이응도 "정도전 등이 고려사를 편찬할 때 사관 모두 사초를 개서改書해서 제출했다"며 가세했다.

　태종은 하륜에게『고려사』의 재편수를 명했다(태종 14년). 하지만 그 결과물 역시 마음에 들지 않았던지 또다시 고치라는 명령을 내렸다(태종 16년).

　세종대에도 '역사 고쳐 쓰기'는 이어졌다. 세종은 즉위 후『고려사』의 내용에 불만을 토로했고, 세종 28년 "『고려사』는 처음 찬술한 것이 매우 간략해 후에 다시 첨입添入했지만 유루遺漏된 일이 많이 있다"라며 "지금 다시 교정해야 되겠다"고 말했다. "환조桓祖가 만호萬戶의 직책으로서 삭방朔方에 간 데 대해 대간臺諫이 그치기를 청했던 일과 용비시龍飛詩에 태조가 승천부昇天府에서 접전接戰하던 상황을 첨입했던 것이 비록 속언俗諺에는 전해지지만 역사에는 기재되지 않았다"는 구체적인 지적도 덧붙였다(『세종실록世宗實錄』 세종 28년 10월 11일 을사 1번째 기사).

『조선왕조실록』「총서」의 기록도 간략히 기록한 면이 없지 않고, 기사의 상당수가 이성계의 특징과 이력 중에서도 '활을 잘 쏘고 용맹함'을 드러낸 일화로 채워져 있다. 『동국통감東國通鑑』 등 다른 사서들은 『고려사』를 기초로 2차 작성된 것이기 때문에 새로운 내용은 거의 찾아볼 수 없다.

이런 한계를 전제로 이성계 가문의 뿌리를 거슬러 올라가면 6대조 이인과 5대조 이안사 때의 기록이 그나마 존재한다. 1387년 이성계는 이색에게 "5세조(이안사)가 북방으로 이주한 이후로는 연대가 가까워 선대의 분묘 위치를 확인할 수 있지만 그 이전의 묘지는 모두 깎여 평지가 됐다"며 안타까워했다.

『조선왕조실록』 첫머리에 「총서」라는 형태로 먼 조상의 행적을 정리하긴 했지만 그들이 남긴 행보는 '정통성'을 주장하기에도 부족했고, 자랑스러운 편도 아니었다. 이성계 가문은 고국에 뿌리내리지 못하고 쫓겨나 적국에 귀의했으며 이민족의 견제로 눈칫밥을 먹으며 변방을 전전하는 삶을 이어갔다.

이인은 정중부와 함께 '무신의 난'을 주동했던 이의방의 동생이다. 이인의 손자 이안사는 전주로 낙향했다가 지방 관리와의 불화로 삼척으로 쫓겨났다. 하지만 그는 삼척에서도 자리 잡지 못하고 또다시 북쪽 지방인 덕원부로 도주했다. 훗날 『용비어천가龍飛御天歌』는 이를 두고 제4장에 "野人ㅅ 서리예 가샤 野人이 글외어늘 德源 올ᄆ샴도 하높쁘디시니(야인들이 모여 사는 가운데에 가시어, 야인들이 침범하거늘 덕원으로 옮기신 것도 하늘의 뜻이시니)"라고 미화해 요약했다. 문제는 이안사가 1254년(고종 41) 전후에 덕원부에 있던 1000여 호를 거느리고 몽골(원나라)에 항복한 것이다. 이 일로 철령 이북의 함경도 지방이 원의 수중에 들어갔다. 원나라에 땅을 넘긴 '공로'로 이안사는 1255년 몽골에 의해 다루가치(고려의 점령 지역에 두었던 벼슬)를 겸한 오천호소五千戶所의 수천호首千戶로 임명됐다. 이후에는 경흥부에서 동쪽으로 30리 정도 떨어진 알동에 정착했다.

1281년에는 이안사의 아들이자 이성계의 증조부인 이행리가 여몽 연합군의 제2차 일본 정벌에 참가하기 위한 도정에서 몽골군 장수 자격으로 충렬왕을 알현했다. 이행리는 이때 "선신先臣께서 북방으로 달아난 것은 실로 범과 이리의 아가리를 벗어나고자 한 것이고, 감히 군부를 배반한 것이 아니오니, 원하옵건대 성상께선 그 죄를 용서하옵소서先臣奔于北 實脫虎狼之口耳 非敢背君父也 願上釋其罪"(『태조실록』「총서」여덟 번째 기사)라며 가문이 고려를 등진 것을 사죄했다. 하지만 이행리는 여진족이 활동하던 알동 지역에 끝내 안착하지 못했다. 이행리의 세력이 확대되자 여진족이 견제에 나섰기 때문이다. 결국 그는 함경도 경흥에 정착했다. 이행리는 1300년에 '쌍성등처천호雙城等處千戶'로 임명되었고 이씨 가문은 관직을 세습하며 지방 호족으로 기반을 쌓아갔다. 『용비어천가』는 제3장에서 이 상황을 "우리 始祖ㅣ 慶興에 사르샤 王業을 여르시니(우리 시조가 경흥에 사시어서 왕업을 여시니)"라고 노래했다.

이행리의 넷째 아들이자 이성계의 조부 이춘은 '바얀 테무르'라는 몽골식 이름을 지닐 정도로 원나라와 북방 문화에 적응했다. 아버지로부터 천호장직을 세습하면서 몽골식 이름도 함께 물려받은 것이다. 그는 알동 지방의 백호였던 박광 가문의 사람과 결혼하여 이자흥(몽골명 '타시 부카')과 이성계의 아버지 이자춘(몽골명 '울루스 부카')을 낳았다. 이춘은 부인 박씨가 일찍 죽자 쌍성총관이던 조씨 가문의 여성과 혼인했다.

이춘의 사돈 가문이던 조휘는 앞서 1258년에 고려의 관리들을 죽이고 몽골에 투항했다. 몽골은 이 지역에 쌍성총관부를 두고 조휘를 쌍성총관에 임명했고, 이성계의 가문은 조씨 가문에 빌붙어 이 지역의 지배층으로 자리 잡았다. 이후 이춘은 고려 충숙왕에게 입조해 고려왕조와의 관계도 회복했다.

사료에는 그가 '백룡과 흑룡이 싸우는 것을 보고 활로 흑룡을 쏴서 백룡을 돕는' 꿈을 꿨다고 기록되어 있는데 이는 이성계 선조의 '왕조 개창'을 암시하는 꿈에서조차 이씨 가문의 뛰어난 궁술 능력을 묘사한 것이다. 『용비어천가』에서도 제22장에 "黑龍이 ᄒᆞᆫ 사래 주거 白龍을 살아내시니 子孫之慶을 神物이 슬ᄫᅵ니(검은 용이 한 화살에 죽어 흰 용을 살려내시니, 장차 자손에게 있을 복을 신물이 사뢰니)"라며 그 존재를 부각시켰다. 이렇게 이성계 가문은 군사적 능력을 쌓아 세업世業을 확립해나갔다.

이춘이 죽은 후에 이성계의 아버지 이자춘은 '쌍성등처천호'의 직위를 계승했다. 그 역시 기마와 궁술에 능했고 군사적 통솔력이 뛰어

권력의 자서전

났다고 전해진다. 특히 원·명 교체기인 공민왕 4년, 개경에서 공민왕의 반원정책에 연대하며 집안의 '행로'를 틀었다. 협조의 대가로 동북면의 지배권을 약속받으려 한 의도였다. 공민왕도 동북면의 실력자인 조씨와 탁씨 세력을 배제하고 외지 세력인 이성계 가문과 동맹을 맺었다.

마침내 이성계 가문은 고조부 이안사가 전주를 떠나 북방으로 이주한 지 100년 만에 고려의 수도 개경으로 귀환했다. 격변기에 과감한 결단을 내리고 새로운 운명을 개척한 것이다. 공민왕은 이자춘을 종3품인 대중대부사복경大中大夫司僕卿에 제수하고 집을 하사해 개경에 거주토록 했다.

이후 이자춘은 무장으로서 이성계 가문의 정치적 정체성을 형성했다. 훗날 이자춘의 삼형제가 모두 요동 정벌에 나섰고, 1388년 5월 이성계가 '요동 정벌 4불가론'을 내세우며 회군을 주도할 때도 모두 동참했다.

고려 말 북방 정세의 변동과 그에 편승한 이자춘의 결정으로 이성계 역시 고려 중앙의 정치 무대에 접근할 기회를 잡았다. 하지만 그는 '시골뜨기'에 불과했고 당대의 명망가들에 비해 내세울 만한 것이 없었다. 고려 충숙왕 4년(1335) 화령부(영흥)에서 태어나 북방 민족의 일반적인 습속에 따라 사냥 등으로 기예를 닦은 이성계가 처음으로 개경에 모습을 드러낸 것은 22세 때인 공민왕 5년(1356)이었다. 그는 '무인 DNA'를 자랑하듯 5월 단오절에 공민왕 앞에서 열린 격구대회에서 탁월한 실력을 뽐냈다. 이성계의 말 다루는 솜씨가 상당히 뛰어났기에 "온 나라 사람들이 몹시 놀라며 전고前古에 듣지 못한 일이라 하였다擧國驚駭 以爲前古無聞"라는 평을 들었다고 한다(『태조실록』「총서」 35번째 기사).

이어 6월에는 아버지 이자춘을 따라 쌍성 지역을 평정하고 북청北青까지 영토를 확장한 공로를 인정받아 관직을 제수받았다(『고려사』「세가 46」 공양왕 3년 3월 갑진). 후에 이성계는 여러 전장에 나서면서 무인으로서의 자질을 마음껏 뽐냈다. 1361년 10월에는 반란을 일으킨 독로강만호 박의를 사병 1500명을 동원해 응징했다. 같은 해 11월, 홍건적의 침입으로 수도 개경이 함락되자 이듬해 정월에 사병 2000명을 동원해 수도 탈환 작전에 참여해 가장 먼저 성벽에 올랐다. 1362년에는 동북면병마사를 맡아 원나라 장수 나하추의 침입을 격퇴했다. 이성계의 공격으로 죽을 뻔했던 나하추는 "나이가 어리면서도 병사를 쓰는 것이 신神과 같으니 참으로 천재이오. 장차 그대 나라에서 큰일을 맡을 것이오年少而用兵如神 眞天才也 將任大事於爾國矣"(『태조실록』「총서」 41번째 기사)라고 상찬했다.

나하추의 말처럼 이성계는 탄탄대로를 걷기 시작했다. 공민왕이 펼친 적극적인 북방정책은 이성계에게 날개를 달아줬다. 마침내 1368년 동북면원수가 되면서 처음으로 정치적으로 중요한 전쟁의 지휘권을 행사할 수 있게 되었다. 이성계는 공민왕 19년(1370) 1월과 12월 두 차례에 걸쳐 요동 지역을 공격했다. 한 번에 1만5000명의 병력을 동원할 수 있을 정도로 성장한 그는 1371년에 종2품 지문하부사에 임명되었다.

1372년과 1375년, 1377년, 1378년에는 전국에서 창궐한 왜구를 섬멸하는 데 앞장섰다. 특히 1380년 아기발도가 이끄는 왜구 대군을 황산에서 섬멸한 것은 군사 업적의 '하이라이트'였다. 이때 침범한 왜구는 병선 500척에 병사가 2만 명에 달했다고 한다. 황산전투에 앞서 부하 장수들은 "적군이 험지를 짊어지고 있으니 나오기를 기다렸다가 싸우는 것이 나을 것"이라며 조심스러운 태도를 보였다. 이에 이성계는 "군사를 일으켜 의기를 내고 있어 적군을 보지 못할까 염려되는 상황에서 지금 적군을 만나 치지 않는 것이 옳겠느냐興師敵愾 猶恐不見賊 今遇賊不擊可乎"라며 곧바로 공세에 들어갔다.

그러나 전투는 쉽지 않았다. 이성계는 말이 화살에 맞아 넘어지자 바꿔 타기를 반복했고, 자신도 왼쪽 다리에 화살을 맞았다. 그러나 곧 화살을 뽑아버리고 더 기세를 올려 싸움을 독려했다. 군사들은 이성계가 부상을 입은 사실조차 몰랐을 정도였다. 왜구들은 이성계를 두서너 겹으로 포위했지만 그는 몇 명의 기병과 함께 포위를 뚫고 나갔다. 앞에 부딪쳐오는 적군 8명을 직접 죽이기도 했다.

이성계는 "겁이 나는 사람은 물러가라. 나는 그래도 적을 죽이겠다怯者退 我且死賊"라고 외치며 전투를 독려해 대승을 거뒀다. 고려군의 10배에 달했던 왜구는 70명만이 살아남아 지리산으로 도망쳤다. 빼앗은 말만 1600여 필에 달했고 얻은 무기의 수는 헤아릴 수도 없었다. 이성계 스스로 "적군의 용감한 사람은 대부분 없어졌다賊之勇者 殆盡矣"라고 말할 만큼 완벽한 승리였다. 이색은 이성계의 황산대첩을 두고 "적의 용장 죽이기를 썩은 나무 꺾듯이 하니, 삼한의 좋은 기상이 공에

게 맡겨졌네[掃賊眞將拉朽同 三韓喜氣屬諸公]"라고 읊었다(『태조실록』 「총서」 66번
째 기사).

전장에서 목숨을 걸고 전공[戰功]을 잇달아 세운 결과 이성계는 '시골
뜨기'에서 고려에서 없어서는 안 될 핵심 군사지도자로 거듭났다. 그는
1382년 동북면도지휘사[東北面都指揮使]에 임명되었고 이듬해 길주에서 여
진족을 격퇴했다. 1384년에는 함주 등지에 쳐들어온 왜구를 무찔렀다.
그가 무장으로 참여한 마지막 전투는 요동 정벌에 나섰다가 회군을
단행한 일이었다.

수많은 전장에서 확인됐듯 이성계는 야성이 넘치고 거친 변방에서
자란 까닭에 어려서부터 활쏘기와 말타기에 능했다. 특히 젊은 시절
의 이성계와 관련해서는 '신이한 활솜씨'와 함께 '담력'이 과시된 일
화가 많다. 도처에서 호랑이를 잡고, 담 모퉁이에 앉은 다섯 마리의
까마귀를 화살 한 발로 명중시켜 떨어뜨리거나 차례로 달려드는 담
비 스무 마리를 스무 발의 화살로 모두 명중시키는 등 믿기 힘든 실
력을 뽐냈다. 문도리 위의 쥐 3마리를 촉이 없는 화살로 쏴 맞히기만
하고 죽이지 않는 '힘 조절' 능력까지 선보이기도 했다. 심지어 백 보
밖에 있는 배나무에 열린 열매 수십 개를 화살 한 발로 따서 손님을
접대했다(『태조실록』 「총서」 54번째 기사)는 황당무계한 기사도 있다.

이성계의 강한 완력도 사료에서 잘 드러난다. 호랑이가 이성계가 탄
말의 궁둥이에 올라타자 "오른손을 휘둘러 호랑이를 치니 범이 고개
를 쳐들고 거꾸러져 일어나지 못했다[太祖以右手揮格之 虎仰倒不能起]"(『태조실
록』 「총서」 31번째 기사)거나 "큰 소가 싸우는 것을 두 손으로 나눠 잡

고 말렸다 太祖以兩手分持之 牛不能鬪"(『태조실록』「총서」102번째 기사)는 기록이 대표적이다. 『용비어천가』도 87장 "딜 우흿 대버믈 흔소느로 티시며 싸호는 한쇼를 두 소내 자브시며(말 위에 [뛰어오른] 큰 범을 한 손으로 치시며, 싸우는 큰 소를 두 손에 잡으시며)"라며 이 장면들을 놓치지 않고 노래했다.

이성계의 강한 야성은 단지 육체적인 면에만 국한된 것이 아니었다. 그는 상황이나 권위에 위축되는 인물이 아니었으며 과감하게 자신의 서모庶母의 노비 문서를 불사르기도 했다(『태조실록』「총서」51번째 기사).

'위화도 회군' 이후 사전 개혁에 나서면서 권문세족과 사원이 보유한 농장을 몰수하고 새로운 토지제도를 시행하기 위해 전국의 토지 측량을 실시했다. 작업이 완료되자 기존의 공전과 사전의 토지 문서를 개경 한복판에서 태워버렸다. 공·사의 토지대장을 태운 화염은 며칠 동안 꺼지지 않았다고 한다(1390년 9월). 관료 대부분의 반대를 무릅쓰고 시행한 단 한 번의 조치로 기득권 권문세족의 경제적 기반은 와해됐다. 국가 재정을 확충함과 동시에 친원파 구세력의 경제 기반을 무너뜨리고 상당수의 노비를 해방시켜 민심을 얻는 '일타삼피'의 승부수였다. "역대 조종祖宗이 제정한 사전私田의 법제가 나의 통치기에 와서 갑자기 없어지니 참으로 애석하다"는 공양왕의 탄식(『고려사』「식화지」'전제, 녹과전, 공양왕 2년 9월)은 이성계가 취한 조치가 얼마나 과감하고 충격적이었는지를 여실히 보여준다.

이성계에게는 기존의 서열이나 권위가 중요하지 않았다. 장수시절 초기부터 고려 중앙 권력을 쥔 장군들의 언행을 개의치 않았다. 1364

년 고려 출신 최유가 반원정책을 펴던 공민왕을 폐위하기 위해 요양성에서 군대를 이끌고 압록강을 건넜다. 최영崔瑩을 포함한 고려 장수들이 최유를 막기 위해 나섰지만 패전은 거듭됐다. 이성계가 장수들의 비겁함과 무기력을 힐난하자 그들은 "내일 전투를 혼자 해볼 테면 해보라明日之戰 吾獨當之"고 반응했다. 이성계는 장수들이 자신을 꺼리는 사실을 알면서도 신경 쓰지 않았다. 그리고 병사 1000명을 거느리고 나가 전투에서 승리했다(『태조실록』「총서」 42번째 기사).

심지어 옳다고 여기는 일을 두고선 왕 앞에서도 주눅 드는 일이 없었다. 이성계는 우왕 면전에서 '요동 정벌 불가론'을 계속 피력했는데 우왕은 이렇게 협박했다. "경은 군사행동을 반대하다가 죽은 이자송의 꼴을 보지 못했는가卿不見李子松耶." 이에 대해 이성계는 "이자송이 죽긴 했으나 후대에 훌륭한 인물로 기억될 것입니다. 그러나 저희는 살아 있긴 해도 이미 전략상 착오를 범했으니 무슨 쓸모가 있겠습니까子松雖死 美名垂於後世 臣等雖生 己失計矣 何用哉"라고 맞받아쳤다.(『고려사』 우왕 14년[1388] 무진년 4월 초하루 을사일) 왕에게 대놓고 반박하는 것은 보통 배포로는 하기 힘든 일일 것이다. 이성계는 그래도 우왕이 막무가내로 듣지 않자 물러나와 "이제부터 백성에게 참혹한 재앙이 시작될 것이다生民之禍 自此始矣"라며 슬피 울었다고 한다.

이성계의 '대범함'은 특히 전장에서 두드러졌다. 지리산에서 이성계에게 쫓긴 왜구들은 깎아지른 듯한 낭떠러지에서 칼과 창을 고슴도치 털처럼 세우고 방어에 나섰다. 이성계는 부하 장수와 아들(정종)을 보내 공격하도록 했지만 "바위가 높고 가팔라서 말이 올라갈 수 없다"는 답만 돌아왔다. 이에 이성계는 군사들에게 "내 말이 먼저 올라가면 너희는 마땅히 뒤따라 올라오라我馬先登 則汝等要當隨之"고 외쳤다. 그가 앞장서서 적군을 치니 낭떠러지에서 떨어져 죽은 병사가 반 이상이었고 남은 이도 모두 섬멸되었다.(『태조실록』「총서」 61번째 기사) "전투에서 이기지 않은 적이 없었다戰無不克"라는 이성계의 지도력의 바탕에는 이런 '과감함'과 '용기'가 자리 잡고 있었다.

이성계는 쉽게 포기하는 인물이 아니었다. 게다가 허례허식이나 고정관념에도 사로잡혀 있지 않았는데 이는 그의 용인술에서 잘 드러난다. 이성계는 동북 지방에서 세력을 확장하는 동안 원나라 출신이든 여진족 출신이든 가리지 않고 인재를 등용했다. 원나라 출신의 장수 조무는 쇠 화살이 아닌 나무 화살을 수십 발 받고 항복했다. 여진족 장수 처명 역시 투구와 다리에 이성계의 화살을 맞고 투항했다. 여진족 천호로 성은 '퉁'이며 이름은 '쿠룬투란테무르'였던 이지란도 이성계의 핵심 측근이 됐다. 그는 이후 황산전투에서 이성계의 목숨을 구하기도 했다. 이민족 출신들은 이성계의 심복으로 발탁되어 이성계의 권력 장악 과정에서 큰 역할을 했다. 원나라 출신 이원경과 배주도 이성계 아래로 들어왔다.

이성계가 조선을 건국한 직후 발표한 개국 공신 명단에는 이지란을 비롯하여 중국 하간 출신으로 의술과 점술에 뛰어났던 이민도, 한족 역관 출신 임언충 같은 외국인도 포함됐다. 또 중국어와 몽골어에 능했던 외교관 조반이 이등 공신에 봉해지는 등 다양한 인물이 공신으로 책봉되었다.

이성계의 그늘에 모인 사람 중에는 고려인 가운데서도 우왕대에 불우한 경험을 한 이가 많았다. 특히 북부 변경邊境 지대 무장 세력 상당수가 이성계를 통해 능력을 발휘할 기회를 찾았다. 이성계를 지지한 세력은 문인이든 무인이든 출신이 미천했다. 다시 말해 이성계처럼 주로 고려왕조에 깊이 뿌리내리지 못한 변방인들로 구성됐다.

이성계는 사람의 능력을 살펴보는 눈이 매서웠다. '위화도 회군' 직후 최영과 최후 결전을 벌일 때를 살펴보자. 『고려사』에 따르면 개경에서 지문하성사知門下省事 유만수를 숭인문으로 들여보내고 좌군을 선의문으로 들여보냈지만 최영이 모두 물리쳤다. 이성계는 유만수를 보내면서 주위 사람들에게 "유만수가 눈은 크지만 광채가 없으니 담이 작은 사람이다. 가면 반드시 패하여 달아날 것이다曼殊目大無光 膽小人也 往必北走"라고 말했다. 그리고 이성계의 예상대로 유만수는 최영에게 패해 도망쳐 돌아왔다(『고려사』 우왕 14년[1388] 무진년 6월 기사일). 이성계는 용인술에서 중요한 동물적인 직감과 판단력을 가지고 있었던 것이다.

그가 틀에서 벗어나 과감한 도박과 변혁을 이끌 수 있었던 배경에는 결정적으로 길들여지지 않은 '야성'이 있었다. 이성계의 이런 특징이 가장 잘 나타난 사건이 바로 '위화도 회군'이다. 역성혁명易姓革命의 계기가 되는 큰 사건은 틀에 박힌 사고를 하고, 실패를 두려워하는 사람에게선 나올 수 없는 일이었다.

위화도 회군에 앞서 요동 정벌에 동원된 고려군은 좌군과 우군을 합쳐 총 3만8830명에 달했다. 사역하는 인원은 1만1634명이었으며 동원된 말은 2만1682필이었다. 철령 이북의 영토를 놓고 고려와 명나라 사이에서 벌어진 분쟁이 요동 정벌의 명분이었다. '공요책攻遼策'은 공민왕대의 숙원 사업이기도 했다.

하지만 정벌군의 실상은 명분과 다소 차이가 있었다. 요동을 점령한다 하더라도 그 뒤에 군량 등의 보급이 제대로 될지 미지수였다. 고려에서는 요동 정벌의 병력이 10만 명이라고 허세를 부렸지만 실제로는 그 반에 불과했다. 좌군은 조민수가 지휘하고 우군은 이성계가 맡았으며 총지휘관은 최영이었지만 최영은 직접 병력을 인솔하지 않고 평양에서 원거리 통제를 하고 있었다.

요동 정벌에 나선 병사들의 사기 또한 높지 않았다. 계속되는 폭우로 군대의 전의가 떨어져 있었던 것이다. 애초 요동 정벌 계획이 친명파와 친원파 사이의 정치적 대립에 따라 '친명파 제거' 성격이 강했기 때문에 사지死地로 들어가는 병사들이 미적지근한 태도를 보이는 것은 당연했다. 명나라를 이기기 힘들 거라고 생각하는 병사들에게 '탈출구'는 보이지 않았다. 1388년 5월 22일 이성계는 과감한 결단을 내린다. 군사들의 지지를 등에 업고 앞장서서 회군 대열을 인도하기로 한 것이다.

"만일 명나라 영토를 침범함으로써 천자로부터 벌을 받는다면 즉각 나라와 백성에게 참화가 닥칠 것이다. 내가 이치를 들어서 회군을 요청하는 글을 올렸으나 주상께서는 잘 살피지 않으셨다. 최영 또한 노쇠해 말을 듣지 않는다. 이제는 그대들과 함께 직접 주상을 뵙고 무엇이 옳고 그른가를 자세히 아뢰고 측근의 악인들을 제거해 백성을 안정시켜야만 한다若犯上國之境 獲罪天子 宗社生民之禍 立至矣 予以逆順 上書請還師 王不省 瑩又老耄不聽 盍與卿等見王 親陳禍福 除君側之惡 以安生靈乎."(『고려사』 우왕 14년〔1388〕 무진년 5월 을미일)

이성계는 이 한마디로 반역자로 낙인찍힐 위기를 벗어났을 뿐 아니라 백성을 구렁텅이에서 구할 지도자가 될 수 있었다. 목숨을 걸고 군중이 원하는 것을 실행하기로 결정한 지도자의 발언은 사람들에게 큰 반향을 일으켰다. 장수들은 이성계에게 "나라의 안위가 오직 공의 한 몸에 달렸으니 어찌 명령을 따르지 않겠습니까吾東方社稷安危 在公一身 敢不惟命"라고 화답했다. 위화도에서 회군을 논의할 당시부터 남은, 조인옥 등은 이성계를 왕으로 추대하려는 비밀 모의를 하기도 했다(『고려사』 「남은 열전」).

이성계는 백마를 타고 동궁彤弓(붉은색을 칠해 장식한 활)과 백우전白羽箭(백조의 깃털이 부착된 화살)으로 무장한 채 강 언덕에 서서 모든 군사가 압록강을 건너 회군하기를 기다렸다. 이성계의 모습을 멀리서 본 군사들은 "고금천지에 어찌 저런 분이 다시 계시랴古今來世 安有如此人乎"라며 감탄했다고 전해진다. 자연스럽게 "목자木子(이李씨)가 나라를 얻으리木子得國"라는 동요가 유행하기도 했다(『고려사』 우왕 14년[1388] 무진년 5월 을미일·『태조실록』 「총서」 84번째 기사). 왕조 창업자를 찬양하는 정치적 프로파간다가 가미됐다는 점을 감안해야겠지만 민심의 저류低流에 이 같은 분위기가 있었다는 사실은 부인할 수 없을 것이다.

이성계는 자신의 세력 기반이라 할 수 있는 평안도, 강원도, 함경도 출신 군졸을 거느리고 출전했고 이들의 뜻에 따라 칼끝의 방향을 돌렸다. 또 동북면 거주민들까지 유사시에 무장할 수 있도록 철저히 대비시키기도 했다. 이성계의 회군 소식을 듣고 종군하지 않았던 동북면 주민과 여진족 1000여 명이 집결해 개경을 향했다는 사실도 당시의 민심을 방증한다. 이성계는 '위화도 회군'으로 주도권을 쥔 뒤에도 동물적인 감각으로 민심의 동향을 읽고, 그것을 고려하는 데 소홀히 하지 않았다.

회군하던 장수들은 우왕의 어가御駕를 급히 추격하자고 건의했다. 이에 이성계는 "너무 급히 진격하면 필시 전투가 벌어질 것이고 그리되면 많은 사람이 죽게 된다速行必戰 多殺人矣"라며 반대했다. 군사들에게도 "너희가 만일 주상 일행에게 해를 입힌다면 내가 용서하지 않을 것이다. 또 오이 하나라도 백성의 재물을 빼앗는다면 벌을 내릴 것이다汝輩若犯乘興 予不爾赦 奪民一瓜 亦當抵罪"라고 강조했다. 그러고는 행군 도중에 일부러 사냥을 하며 진격 속도를 늦추었다沿途射獵 故緩師行.(『고려사』 우왕 14년[1388] 무진년 5월 무술일) 여기에는 자신의 군대를 막을 세력이 없을 거라는 판단도 한몫했을 것이다.

과장이 없지는 않겠지만 이성계가 개경에 들어갔을 때 성을 지키는 군사들이 아무도 막지 않았으며 도성의 백성이 술을 가지고 나와 군사들를 영접하고 설치해놓았던 수레를 치워 길을 틔웠다고 전해진다. 당시의 민심은 이성계가 개경에 입성할 때 불렸다는 다음 노래에 잘 나타나 있다.

서경의 성 밖에는 번쩍이는 불빛이요西京城外火色

안주성 밖에는 자욱한 연기라安州城外烟光

그 사이로 오가시는 이성계 원수여往來其間李元帥

바라건대 이 백성을 구원해 건지소서願言救濟黔蒼

'위화도 회군' 이후 이성계가 고려의 실권을 장악한 뒤에도 난관은 적지 않았다. 그러나 강한 무력과 정치권력을 가진 이성계는 반대 세력을 제압하며 건국을 위한 각종 개혁 조치를 단행했다. 위화도 회군을 감행한 1388년부터 1392년까지 4년간 최영(보수파), 이색(현상유지후 부분 개선파), 정몽주(개혁파지만 고려의 틀은 유지하고자 하는 세력) 등고려의 핵심 인물들을 차례로 제거했고 백성과 병사들의 지지를 얻은 끝에 조선을 건국했다. 이성계 직속 신흥 무장 집단과 그의 주장에 공명한 문신 집단이 힘을 합쳐 고려 정국의 구도를 바꾼 것이다.

이처럼 이성계는 막강한 군사력과 함께 '개혁 정치'에 대한 대중적 지지를 바탕으로 새 왕조를 건설할 수 있었다. 이를 반영하듯 즉위 후 정부 정책의 골자를 처음 드러낸 「홍무 25년 7월 28일 교서」의 17개 조항 중에는 빈곤자에 대한 구제와 부역의 면제, 지방 관청 하급 역인役人의 상경 근무 의무 폐지, 궁중 경비의 회계 및 출납에 대한 감찰 실시, 역관의 사적 이용 금지, 지방 농민을 징발해 충원하던 수군의 부담 경감, 호포와 둔전의 폐지, 경상도 지역에서의 배를 이용한 공납의 폐지 등 대중의 지지를 이끌어낼 수 있는 내용이 다수 포함됐다.

이성계 스스로 자신을 '역성혁명의 주인易姓受命之主'이라 부르며 한양

천도 등 반발이 강한 사업을 강하게 밀어붙였다. 모두 북방 변경 지대에서 잉태하고 갈고닦은 강한 '야성'이 있었기에 가능했던 일이다. 고려에서 조선으로의 변화는 단순한 왕조 교체 이상의 의미가 있는 사건이었다.

# Niccolò Machiavelli

## 마키아벨리의 학습

제 앞가림은 제대로 못 하지만 '훈수'는 기가 막히게 두는 인물이 있다. 니콜로 마키아벨리Niccolò Machiavelli(1469~1527)가 바로 그런 사람이었다. 그는 왕이나 군주 같은 통치자도 아니었고 교황 같은 정신적 지도자와도 거리가 멀었다. 젊은 시절 피렌체의 외교사절로 활동하며 공직을 수행했지만 행적을 바탕으로 살펴볼 때 역사의 대변화를 이끈 '주역'이었다고 말하기는 어렵다.

하지만 결과적으로 마키아벨리는 돋보이는 업적을 남긴 '창조적 인물'로 역사에 이름을 새겼다. 그가 등장한 이후 서구 사회를 지배하는 리더의 통치술은 근본적으로 달라졌다. 마키아벨리는 리더십과 관련한 불세출의 저작을 통해 실존했던 그 어떤 통치자보다 더 많이 세상을 바꾼 사람이 됐다. 16세기 이후 위대한 안목을 지녔던 사람들은 마키아벨리의 천재성과 그의 영향력을 인정하는 데 인색하지 않았다.

그러나 마키아벨리처럼 오해를 많이 산 인물도 드물었다. 지난 500년 동안 마키아벨리의 이름은 '교활함'과 '이중인격' '불신'의 대명사로 통했다. 악마, 전제 군주, 독재자 등과 동의어로 사용되기도 했다. 그는 사람들에게 '악의 교사' 혹은 '악마의 인도를 받으며 사람을 파멸에 빠뜨리는 존재'였다. 또 '이아고(셰익스피어의 『오셀로』에 등장하는 악인)의 원형' '악랄한 박사Le docteur de la scélératesse'로 불렸다. 셰익스피어가 '잔혹한 마키아벨리murderous Machiavel'라고 언급한 뒤 이 표현은 엘리자베스 시대 이후 400년 동안 영국 문학사에서 관용적으로 마키아벨리를 수식하거나 상징하는 표현이 되었다.

사람들은 도덕주의자와 보수주의자, 급진적 혁명가를 가리지 않고 마키아벨리를 증오의 대상으로 여겼다. 그만큼 다양한 사람에게 미움을 받은 인물도 드물다. 플라톤이나 루소, 헤겔, 마르크스처럼 마키아벨리도 수없는 오해와 오독誤讀을 낳은 사상가다. 하지만 그는 플라톤처럼 먼 옛날에 살았던 사람도 아니고, 헤겔이나 마르크스처럼 방대한 분량의 난해한 작품을 남긴 인물도 아니다(오히려 마키아벨리의 『군주론Il Principe』은 분량이 많지 않고 문장이 명료하며 전하고자 하는 메시지도 분명하다). 이를 고려하면 마키아벨리에 대해 많은 오해가 빚어진 것은 분명 특이한 현상이 아닐 수 없다.

신기하게도 마키아벨리를 마주했던 사람들은 저마다 그에 대해 다르게 해석했던 것으로 보인다. 저명한 학자나 사상가라고 예외는 아니었다. 마키아벨리 전문가 주세페 프레촐리니나 하이람 하이든에게 그는 '반反기독교적' 사상가로 여겨졌다. 그들은 "마키아벨리에게 종교는 단순히 국가를 통치하기 위한 수단이었으며 기독교의 『성경』은 세상을 장밋빛 유리창으로 왜곡해 바라보도록 하는 매체로 분석됐을 것"이라고 추측했다. 반면 주세페 토파닌, 로베르토 리돌피, 레슬리 워커 같은 학자들은 "마키아벨리에게 비록 독특한 점은 있지만 그가 '크리스천'이라는 사실은 분명하다"고 못 박았다. 마키아벨리가 인본주의자인지 냉철한 현실주의자인지에 대해서도 시각이 엇갈린다. 이탈리아의 철학자 베네데토 크로체는 마키아벨리를 고뇌하는 인문주의자로, 발더와 카이기, 무랄트 같은 스위스 사상가들은 마키아벨리를 평화를 사랑하는 휴머니스트로 봤다. 반면 에른스트 카시러와 레오나르도 올시키, 케이스 행콕 등의 학자에게 마키아벨리는 '냉혈한 기술주의자'에 불과했다. 그들에게 『군주론』은 도덕적이거나 부도덕적인 책이 아니었다. 가전제품 설명서에서 윤리를 찾지 않듯이 『군주론』도 단순한 기술서일 뿐이라고 설명한다. 어찌 보면 마키아벨리가 행간에 남긴 원래의 의미는 사람들에게 제대로 전달되지 못했다고 할 수 있다. 대다수의 눈을 속이고 소수의 깨어 있는 독자에게만 원의原意를 전달하도록 글을 쓰는 것은 빼어난 필력을 지녔던 마키아벨리에게도 애초부터 불가능한 목표였던 셈이다.

유명 사상가 중에는 마키아벨리를 '악인'으로 낙인찍는 데 앞장서는 인물이 많았다. 미국의 정치철학자 레오 스트라우스는 마키아벨리를 '악설惡說의 대가' '악의 교사'로 불렀으며 『군주론』을 '악령이 도사린 팸플릿'에 비유했다. 마키아벨리의 이름은 정의감에서 우러나온 불쾌감의 직접적인 표적이 됐다.

또한 영국의 보수주의자 에드먼드 버크는 "마키아벨리의 가증스런 격언들이 급진적인 프랑스 혁명의 '민주적 전제정치'를 야기했다"며 비난했고 마르크스와 엥겔스는 "혁명적 격변 중에 마키아벨리 같은 인간들이 민주적 활동을 마비시킨다"고 주장했다. 마르크스가 마키아벨리의 『피렌체사Istorie Fiorentine』를 걸작이라 칭하고, 엥겔스는 그를 "프티부르주아의 식견을 벗어난 계몽주의의 거인"으로 격찬했지만 사람들은 보수와 진보를 가리지 않고 대개 마키아벨리를 비난하는 쪽에 섰다. 비판을 넘어 비난, 비히의 수준에 이르기도 했다. 버트런드 러셀은 『군주론』을 '폭력배들의 교과서a handbook for gangsters'라고 비아냥거렸다. 이 같은 현상에 대해 자크 바전 컬럼비아대학 교수는 "지식인은 도덕적 감수성을 과시하기 위해 악당을 필요로 하는 경향이 있고 마키아벨리는 그 혐오스러운 패거리 중에서도 단연 1순위로 꼽혔다"고 설명했다.

물론 오늘날의 기준으로 볼 때 마키아벨리가 어느 주인이나 섬기려 했다는 점에서 비판받을 만한 구석이 전혀 없는 것은 아니다. 그는 부패했으며 신뢰할 수 없는 간신 같은 면모를 지닌 인물이었다. 사창가를 자주 드나들었고 도박을 즐겨서 성인군자와는 다소 거리가 있었던 것도 사실이다.

하지만 따지고 보면 마키아벨리는 유력 정치인도 아니었고 누구를 죽이거나 탄압한 적도 없었다. 탐욕스러운 군주를 만나 실제로 사악한 조언을 한 적이 없었지만 마키아벨리의 이미지는 그렇게 굳어졌다.

그를 추종하는 사람도 있었다. 그러나 실상과는 다른 이미지가 널리 퍼진 탓에 마키아벨리를 적극 찬양하기보다는 비난하는 사람이 더 많았다. 어쩌면 마키아벨리는 억울할 수도 있을 것이다.

마키아벨리에 관한 최초의 전기를 쓴 파스칼레 빌라리는 그를 이렇게 묘사했다. "중간 정도의 신장에 날씬한 체형으로 반짝이는 눈과 검은 머리를 지녔다. 상대적으로 작은 두상에 약간 매부리코이면서 입을 굳게 다물었다. 그는 예리하고 정확한 관찰자이자 사상가였다." 그러나 마키아벨리는 악마화된 이미지를 뒤집어썼고 "입가를 감도는 냉소적인 미소와 눈에서 뿜어져 나오는 광채"는 이 '냉정한 계산가이자 음모가'에게 음울한 분위기를 더해주었다.

마키아벨리의 삶의 출발은 순탄했다. 전기 작가 주세페 프레촐리니가 '눈을 뜨고 태어난 아이'라며 마키아벨리 삶에 특이성을 부여하려고 했지만 어린 시절 그의 삶은 특별할 것이 없었다. 유의미한 변화는 20대 후반에 찾아왔다. 1498년 5월 28일, 니콜로 마키아벨리는 피렌체의 80인회가 29세의 젊은 마키아벨리를 시의 제2서기장으로 선출하면서 역사의 전면에 등장했다. 명성이 높기는커녕 그때까지 각종 공적·사적 문서에서 언급조차 없던 그가 피렌체 정계에 신화 속 인물처럼 나타난 것이다.

당시 서기국의 관직은 박사나 공증인, 법률가나 명성이 있는 문필가로 채워지는 게 일반적이었지만 마키아벨리는 박사도 공증인도 아니었다. 정치적인 경험도 거의 없었다. 당대의 피렌체인들은 공직에 진출하는 것에 큰 의미를 부여했는데 대다수의 공직은 명예뿐만 아니라 경제적 수입 같은 실용적 측면에서도 큰 의미가 있었다. 이런 점들을 고려할 때 마키아벨리는 분명 관례를 깨고 고속 승진으로 관직의 첫발을 내디딘 셈이다. 마키아벨리가 어떻게 그런 특권을 누리는 자리를 차지할 수 있었는지에 대해서는 역사학자들에게 미스터리로 남았다. 아마도 그는 아버지가 구축한 권력층과의 네트워크를 이용해 피렌체 권력의 핵심부에 접근할 수 있었던 것으로 보인다. 그러나 기반은 불안했고 한계도 명확했다. 마키아벨리는 지인에게 보낸 편지에서 "피렌체의 유력 가문인 파치가Pazzi家가 '거인'이라면 자신의 가문은 '난쟁이'에 불과하디"고 토로하기도 했다.

그는 나름 유능한 공직자였지만 14년 반 동안 이어진 공직 생활 중 후대에 영향을 준 것은 외교사절로서의 활동이었다. 제2서기장이 외교사절로 활동한 전례는 거의 없었는데 마키아벨리가 외교 활동에서 단순한 '문서 작성자' 이상의 역할을 했다는 것이 오늘날 역사가들의 대체적인 판단이다. 그는 로마 교황청과 프랑스 궁정을 비롯하여 이탈리아의 실력자 체사레 보르자 등에게 사절로 보내졌다. 당시의 경험은 그가 훗날 『군주론』을 쓰는 밑거름이 됐다. 피렌체 공화정 하에서 마키아벨리가 수행했던 역할과 기능이 그의 삶에 지속적으로 영향을 미쳤던 것이다. 그리고 이런 마키아벨리의 모습을 두고 그의 친구 프란체스코 베토리는 1527년 "피렌체시는 마키아벨리 삶의 중심이었다"고 말했다.

마키아벨리가 외교 일선을 뛰던 시기에는 '살벌한 외교'가 펼쳐지고 있었다. 당시 유럽 각지의 군주들에게 외교의 목적은 '상대에게 속지 않고 속이는 것'에 있었다. 이를 대표적으로 잘 구현한 인물은 프랑스의 루이 12세다. 밥 먹듯이 했던 거짓말의 유용성에 그는 스스로 자부심을 느꼈을 뿐 아니라 외교 활동조차 '임시 대사'를 쓰는 일을 즐겼다. 만약 과거에 보냈던 대사가 했던 약속을 무르는 일이 발생한다면 동일 인물이 아닌 후임 대사가 그 일을 처리하기에 부담이 적었기 때문이다.

이런 배경에서 마키아벨리는 1499년부터 이탈리아 각 도시국가에 외교사절로 보내졌다. 당시의 외교관들에겐 다양한 임무가 주어졌다. 협상 같은 1차 미션뿐 아니라 군주의 특별 주문을 포함한 정보 수집, 경향 분석, 각국의 실력자들과의 친분 형성 같은 복합적인 과제를 수행해야 했다. 스위스 역사가 야코프 부르크하르트는 당시 이탈리아의 외교 관행에 대해 "이탈리아는 정치적인 지령과 보고報告의 나라였다"고 주장했다.

마키아벨리는 여러 외교 임무에서 자신이 맡은 일을 성실하게 수행했다. 명확하지 않은 지시와 빈약한 장비 그리고 하급 직원 취급을 받으면서도 자신의 업무에 큰 자부심을 느꼈다. 그는 특히 상세한 현지 보고서를 많이 남겼다. 스위스를 지날 때는 스위스의 정치 조직에 관한 서한을 썼고 독일을 방문한 뒤에는 『독일론Rapporto delle cose dell' Alemagna』을 작성했다. 프랑스를 방문한 후 프랑스인에 관한 보고서를 남기기도 했다. 경험에서 교훈을 찾아 이를 기록하는 생활을 일찍부터 실행했던 것이다.

마키아벨리의 첫 외교 상대는 피렌체 서남부로 6킬로미터가량 떨어진 피옴비노시의 군사 지도자 자코포 다피아노였다. 그는 단순한 데다 그다지 머리가 좋지 못했던 인물로 젊은 마키아벨리의 상대가 되지 못했다. 마키아벨리는 그에 대해 "말은 잘했지만 판단력은 좋지 못했고, 행동은 더 나빴다Spoke well, judged ill, acted worse"라는 짧지만 인상적인 평을 남겼다. 첫 외교 상대는 조그만 마을이었지만 큰 시야로 보면 당시 국제 외교 상황 속에서 마키아벨리가 몸담고 있던 피렌체는 약소국의 설움을 벗어나지 못한 상태였다. 피렌체는 프랑스 등 강대국에게 '황금'을 바칠 수 있을 때만 안위를 유지할 수 있었다. 피옴비노나 피렌체나 유럽 '거인'들의 시각에선 '도긴개긴'이었던 셈이다.

당대의 강대국 프랑스의 궁정에서는 피렌체를 '아무것도 아닌 존재 Mr. Nothing'라며 조롱 섞인 용어로 불렀다. 마키아벨리가 프랑스 궁정을 방문했을 때 친절한 대우를 받기는 했지만 그는 프랑스인들이 피렌체를 3류 국가이자 눈에 띄지 않는 존재로 생각한다는 것을 어렵지 않게 느낄 수 있었다. 설상가상으로 피렌체는 프랑스뿐 아니라 이탈리아의 실력자 체사레 보르자의 위협도 받았다. 체사레 보르자는 외교사절 자격으로 방문한 마키아벨리에게 "피렌체 공화정부를 좋아하지도 않고 신뢰하지도 않는다"며 면박을 주었다.

피사와 나폴리 같은 도시국가들도 피렌체를 호시탐탐 노리며 끊임없이 위협을 가했다. 피렌체를 노리는 도시국가들의 위협은 사실 '도토리 키 재기'에 불과했다. 이탈리아 도시국가들의 위상은 매우 허약했지만 이탈리아인들은 '주제 파악'을 제대로 못 하고 있었다. 마키아벨리는 당시 이탈리아인들을 "비열하고 궁색하며 허파에 바람만 든 사람들"로 묘사했다. 반면 마키아벨리의 주요 외교 대상이었던 프랑스는 유럽 최강국으로 군사력, 외교력, 경제력 모두 상당한 수준을 보유하고 있었다. 마키아벨리가 상대했던 프랑스의 루이 12세와 교황 율리우스 2세, 신성로마제국의 황제 막시밀리안 1세, 스페인의 페르난도 2세 등의 각국의 지도자 모두 만만치 않았다. 그들의 주변엔 잔인한 정책 조언을 마다하지 않는 똑똑한 참모들이 득시글거렸다. 마키아벨리는 피렌체의 아마추어적 활동이 강대국들의 숙련된 외교 정책과 대비되는 모습을 수도 없이 목도했을 것이다. 그리고 이런 현실을 보며 "샤를에게 유린되고, 루이에게 약탈당하고, 페르난도에게 짓밟히고, 스위스에게 모욕받은 것이 바로 이탈리아"라고 요약했다. 이런 배경 속에서 마키아벨리는 유럽 강국들과 대적할 수 있는 '통일 이탈리아'를 갈구했고, 강력하면서도 교활한 군주가 등장하기를 꿈꿨다.

마키아벨리는 당시의 무자비하고 비도덕적이며 불신 가득한 외교 현실에서 배운 것을 『군주론』의 교훈으로 정했다. 약소국의 이해관계와 명분이 철저히 무시당하는 것을 보면서 '국가는 강력해야 하고 이를 뒷받침할 수 있는 무력을 갖추어야 한다'는 점을 배운 것이다. 마키아벨리는 근대 세계에선 오직 군대와 돈만이 중요하다는 사실을 직시했다. 생사를 걸고 투쟁할 때 약자는 '벨트 아래를 때려야 한다'는 교훈도 얻었다. 1500년 외교사절로 프랑스를 방문했을 때나 1502년 체사레 보르자를 만났을 때 똑같이 반복되던 상황들이 마키아벨리에게 이런 교훈을 준 것으로 보인다. 또 그는 무장하지 않은 도시국가는 멸망할 수밖에 없다는 점을 배웠다. '행운은 스스로 돕는 자를 돕는다'

는 명제와 '행운의 여신은 여성이기 때문에 과단성 있고 공격적인 사람에게 매력을 느낀다. 그러므로 행운을 얻고자 한다면 거칠게 다뤄야 한다'(『군주론』)는 표현은 이런 상황에서 나왔다.

이어서 치러진 몇 차례 외교사절 임무를 통해 마키아벨리는 피렌체가 강해져야 한다는 명제를 다시 명확하게 인식했다. 국가는 '부도덕한 존재'가 아니라 '탈도덕적인 존재'라는 생각도 이때 했다. 마키아벨리는 군주가 '철과 독약, 살인과 배신의 정책'을 추구해야 한다고 생각했다.

그는 국정 운영에 관한 한 자신이 있었다. 일찍이 프랑스 방문을 마치고 떠날 때 만난 프랑스의 실력자 조르주 당부아주가 "이탈리아인들은 전쟁에 대해 아는 것이 아무것도 없다"고 꼬집자 "프랑스인들은 국정 운영에 문외한"이라고 받아치기도 했다. '약소국이 살아남기 위해서는 강해져야 한다'는 명제는 1512년 공직에서 쫓겨나 『군주론』을 쓸 때에도 반복되었다.

마키아벨리는 경험에서 많은 것을 배워 자기 것으로 만들었다. 1506년 피사 진지에 파견됐던 일을 바탕으로 1521년에 『전술론Dell' arte della guerra』을 집필했는데 국가 주권을 유지하고 독립을 유지하는 데 군제 개혁이 급선무라는 주장은 이 책에서도 주요 주제로 등장한다. 또 젊은 시절 마키아벨리는 신정 통치를 했던 지롤라모 사보나롤라의 몰락을 목격하고는 "모세처럼 무장한 예언가는 정복을 하고, 무기 없는 예언가는 멸망한다"고 단언하기도 했다. 사보나롤라를 열성적으로 환영하고 지지했던 민중이 순식간에 등을 돌리고 심지어 앞

권력의 자서전

장서서 체포한 뒤 화형대로 보내 그 시체에까지 돌을 던지는 것을 본 마키아벨리는 그 일을 잊을 수 없었던 것이다.

그러나 열심히 공부해 탄탄한 출세가도를 달렸던, 그 자신만만한 마키아벨리의 행로에 암운이 드리우기 시작한다. 그리고 그 암운은 마키아벨리 곁을 평생 떠나지 않았다. 그의 인생행로가 뒤틀렸던 출발점은 정권 교체 시기부터였다. 1512년 이탈리아 피렌체에서 공화정이 붕괴되고 메디치 가문이 18년 만에 다시 권력을 잡자 공화정에 몸담았던 마키아벨리에게도 위기가 닥쳤다. 그의 포르투나(행운)는 그렇게 막을 내릴 수밖에 없었다. 평시민 출신인 데다가 실각한 정권의 '나쁜 아첨꾼'으로 여겨진 마키아벨리는 새로운 정권 하에서 어느 누구로부터의 관심도, 보호도 받을 수 없었다. 과거 로마와 프랑스 궁정에 사절로 파견됐을 때 그가 메디치가의 망명객들에게 쌀쌀맞게 대했던 것도 마키아벨리에게 비수가 되어 돌아왔다.

마키아벨리 스스로 "모든 것을 잃은 뒤"라고 묘사한 이 시기는 끝없는 고통과 치욕이 가해지던 때였다. 처음에는 공직에서 쫓겨나는 정도로 시련이 마무리될 거라고 생각했지만 곧 신新정권의 비난과 복수가 뒤따랐다. '불운이 끝없이 따라다닌' 것과 같은 모습이었다. 마키아벨리는 정권이 바뀌었을 때만 해도 자신의 재능으로 관직을 계속 유지하며 권력에 봉사할 수 있을 거란 환상을 품고 있었지만 상황은 그렇게 만만하지 않았다. 우선 마키아벨리는 제2서기장직과 10인 위원회 서기장직에서 해임되고 공무에서 완전히 격리되었다.

정권 교체기에 뒤를 봐줄 '정치적 배경'이 없었던 마키아벨리의 약점은 그대로 노출됐다. 사실 피렌체를 장악한 메디치 지도자들은 '시 끄러운 일'이 일어나는 것을 꺼렸고 당시에는 전문 인력도 부족했기 때문에 옛 공직자들을 거의 그대로 남겨뒀다. 실제로 마키아벨리의 상사였던 마르첼로 안드레아는 유임됐고 마키아벨리의 친구 베토리도 로마 주재 대사로 발령이 났다. 그러나 유독 마키아벨리만은 '파면'을 피하지 못했다. 명문가 혹은 대학 출신도 아니었던 그에게는 외풍을 막아줄 방파제가 전혀 없었던 것이다.

이어서 메디치가의 정무위원회(메디치가를 지지하는 50명의 부유한 시민)는 마키아벨리에게 피렌체 영토를 떠나지 말 것과 1000피오리노의 금화를 보석금으로 지불할 것을 명령했다. 그러나 로베르토 리돌피 전 피렌체대학 교수에 따르면 이는 "바늘로 콕콕 찌르는 사건"에 불과 했다. 곧 상상을 뛰어넘는 거대한 시련이 그에게 닥칠 것이었다.

1513년 2월 마키아벨리는 '메디치 정부를 전복시키려고 하는 정치 적 음모에 가담했다'는 혐의를 받게 된다. 실제로 모의는 구체적으로 진행되지 못했지만 주동자들이 '아는 사람'의 이름을 리스트로 작성 했는데 마키아벨리의 이름을 명단 7번째에 올렸던 것이다. 마키아벨 리가 실제 음모에 가담했을 가능성은 극히 낮다는 게 오늘날의 일반 적인 평가다.

그는 지명 수배되어 얼마 지나지 않아 체포됐다. 잔혹한 고문이 이 어졌다. 마키아벨리는 밧줄로 죄인의 손을 뒤로 묶어 매다는 형벌 '스 트라파도strappado'를 경험했다. 매달리는 데서 끝나는 게 아니라 갑자 기 떨어뜨리는 형벌 '푸네fune'도 피하지 못했다. 이 고문을 받으면 어

　　　　　　　　　　　　　　　　　권력의 자서전

깨뼈가 탈구되거나 뼈가 부러질 정도로 극심한 고통이 뒤따른다. 보통 네 번 정도 반복되면 정신을 잃었다고 전해지는데 마키아벨리는 무려 여섯 번이나 이 고문을 당했다. 그리고 온몸이 얼어붙을 듯이 춥고 공기가 탁한 좁은 감옥에서 굶으며 버텼다. 살아남아야 했다.

결국 마키아벨리는 스스로도 대견해할 만한 강인함과 기백으로 고문을 이겨낸다. 역사가들은 마키아벨리가 거짓으로 자백했더라면 사형을 면치 못했을 거라고 분석하지만 목숨을 건진 마키아벨리의 심신은 만신창이가 되어 있었다. 고문으로 팔다리가 찢긴 데다가 수갑과 족쇄로 꼼짝달싹 못하는 처지는 개선의 가망이 없었다.

그가 마지막으로 희망의 끈을 찾은 사람은 한때 친구였고, 시인들의 후원자로 알려진 메디치가의 실력자 줄리아노 데 메디치Giuliano de' Medici였다. 마키아벨리는 그에게 구구절절하면서도 '위트'가 빠지지 않은 소네트sonnet(14행으로 이루어진 서양의 짧은 시) 형식의 편지를 썼다.

"줄리아노 님이여. 저는 양다리에 족쇄를 하고, 어깻죽지엔 여섯 번을 공중에 매달린 상처가 있습니다. 다른 불행은 말하지 않겠습니다. 시인이란 으레 이런 식으로 대접받으니까요. 부서진 벽에는 이가 득실댑니다. 하도 크고 살이 쪄서 나방처럼 보입니다. 그리고 이런 고약한 냄새는 지금까지 없었을 겁니다. (…) 수형자 하나가 사슬을 차면 다른 하나는 사슬을 풀고, 열쇠와 자물통을 시끄럽게 덜그럭대면서, 그리고 공중에 높이 매달린 또 누군가의 비명 소리! 저를 제일 슬프게 하는 것은 잠이 들어 새벽이 어슴푸레 다가올 때 들리기 시작하는 이런 소리입니다. 원컨대 제발 이런 소리를 듣지 않게 해주십시오. 당신의 자비를 저에게 베푸시어, 그리고 대인이시여, 이제는 그만 이 끔찍한 올가미에서 벗어나게 해주시기를."

때마침 줄리아노의 동생이 교황으로 선출되면서 편지의 영향 때문인지 마키아벨리도 사면을 받고 감옥을 나서게 된다. 그리고 이 경험으로 마키아벨리는 권력이 얼마나 무서운지 뼈저리게 배운다. 주경철 서울대 교수는 "마키아벨리는 이때의 강렬한 경험으로 어떻게든 다시 권력의 자리로 돌아가고 싶다는 염원을 품었을 것"이라고 추론한다. 마키아벨리의 개인사와 이 끔찍했던 경험은 『군주론』에도 투영되었다. 루이 알튀세르는 "새로운 군주가 야만의 멍에로부터 이탈리아를 해방시킬 수 있는 근거로 '절망적인 곤경에 봉착했던 당시 이탈리아의 상황'을 꼽은 것은 마키아벨리의 실직과 고문의 트라우마가 반영된 것"이라고 해석한다. 위대한 정치적 존재를 향한 광대한 열망도 이때 구체화되었을지 모른다.

이후 마키아벨리는 메디치가의 눈에 들기 위해 끊임없이 '아부'를 했다. 줄리아노 데 메디치에게는 "줄리아노 님, 여기 몇 마리의 개똥지빠귀를 보냅니다. 이 선물이 귀하고 좋아서가 아니라, 가엾은 대인께서 마키아벨리를 잠시라도 생각하도록 하기 위해"라는 소네트를 보내기도 했다. 그리고 마치 자신의 과거는 모두 잊어달라는 것처럼 공직 시절에 대해서는 '침묵'했다.

마키아벨리는 메디치가에게 자신을 한번 살펴보고 중용해달라며

『군주론』을 집필했다. 마키아벨리 전문 연구가인 크리스티안 가우스는 『군주론』을 '정치권력을 열망하는 사람들을 위한 교과서'라고 명명하기도 했는데 1513년에 집필을 시작해 오랜 인고의 기간 끝에 1532년 출간된 이 작품은 마키아벨리의 인생처럼 행복과 불행, 꿈과 현실, 저열함과 위대함이 뒤섞여 있다. 그가 평생 온몸으로 배운 교훈이 이 책에 집약되어 있는 것이다.

메디치가에 바친 헌정사에서 마키아벨리는 나락으로 떨어졌던 시절을 이렇게 표현했다. "운명의 여신은 저항할 수 없는 큰 적의를 악의에 담아 갑작스럽게 내리찍었다." 그는 메디치가에게 자신이 충성스러운 신민이며 쓸 만한 인물이라는 것을 적극적으로 어필했지만 큰 효과는 볼 수 없었다. 그가 친구 베토리에게 보낸 편지에는 이 시기 마키아벨리의 절실한 마음이 전해진다.

"나는 메디치 군주들이 나를 써주었으면 하는 바람을 가지고 있다네. 설사 돌 나르는 일부터 시킨다고 해도 상관없네. 어쨌든 내가 그들의 마음에 들지 않는 것은 다름 아닌 내 탓일세. 그들이 내 책을 읽게 된다면 내가 국정술國政術 연구에 바친 지난 15년을 결코 잠과 놀이만으로 헛되이 보내지만은 않았다는 것을 알게 되겠지……."

가혹했던 고문은 마키아벨리에게 '권력의 본질은 끝없는 욕망'이라는 사실을 직시하게 했다. 그리고 고문은 어쩌면 마키아벨리의 숨어 있던 권력 본능을 일깨우는 동기로 작용했을 것이다. 평생 동안 그는 직접 경험한 것을 학습하여 거기에서 배운 교훈을 뽑아냈다. 14년이 넘는 공직 생활과 이후의 고난 그리고 유배 생활에서 배운 것은 결코 적지 않았다. 그 교훈은 마키아벨리를 당장 관직으로 복귀시켜주지는 못했지만 일종의 '치유' 역할을 했던 것만은 분명해 보인다. 그가 『군주론』 서문에 적은 말년의 심경과 일화가 그 증거다.

마키아벨리는 선술집에서 사람들과 카드놀이를 하고 술 마시는 일을 낙으로 삼았다. 과거 각국의 원수와 저명한 정치가, 귀족, 장군들을 상대하다 낙향한 그로서는 상상하기 힘들었을, 모든 것을 체념한 모습이었다. 마키아벨리는 이제 나무꾼 사이의 분쟁을 조정하는 '외교관'이 되어버렸다.

그러나 이렇게 기분 좋은 시간을 보내다가도 오후 늦게 집으로 돌아가면 의관을 정제하고 독서를 하며 고대의 현인들과 대화를 나누고 그들의 삶과 행동에서 가르침을 구했다. 마키아벨리는 자신의 '포르투나'를 받아들였다. 책을 읽으며 가난과 굴욕을 잊고 죽음을 두려워하지 않는 법을 배웠던 것이다. 그 결과 마키아벨리는 '리더들의 스승'으로 우뚝 설 수 있었다.

당시에 그는 실패할 수밖에 없었고, 그 실패의 결과물이 응축된 『군주론』은 '쓰디쓴 책'으로 남았지만 그 고난의 눈물이 담긴 『군주론』은 오늘날에도 유효한 각종 교훈을 담고 있다. 마키아벨리가 원한 것은 아니었을지 모르지만 『군주론』의 유명한 표현처럼 이는 '결과가 수단을 정당화한' 것처럼 되어버렸다.

마키아벨리는 1527년 6월 22일 57세의 나이에 죽음을 맞이했다.

방치됐던 그의 묘역은 현재 그 흔적을 찾을 수 없다. 18세기에 다시 만들어진 묘 옆에는 한 영국 신사가 세웠다는 비碑가 있다. '명성에 상응하는 찬사를 받지 못한 사람'이라는 묘비의 문구는 위대한 마키아벨리의 삶을 다시 돌아보게 한다.

# Felipe II
# of Spain

# 펠리페 2세의 근면

최초로 '해가 지지 않는 제국'을 건설한 나라는 합스부르크 스페인이었다. 합스부르크 가문은 "다른 이들은 싸우도록 내버려두어라. 그대 축복받은 오스트리아여, 결혼하라"는 문구로 널리 알려진 '결혼 정책'을 통해 프랑스를 제외한 유럽 대부분 지역을 차지했을 뿐만 아니라 아메리카 신대륙과 태평양의 여러 식민지도 지배했다. 이 대제국을 한 몸에 물려받은 인물이 바로 펠리페 2세Felipe II(1527~1598)였다. 그는 이 거대한 영토를 부지런히 살피며 성실하게 통치하려고 노력했다. 그러나 이는 구조적으로 개인의 역량을 넘어서는 일이었다.

펠리페 2세는 부지런한 사람이었다. 다른 성공한 지도자들이 그렇듯이 그도 게으름과는 거리가 멀었다. 하지만 펠리페 2세는 끝내 성공한 지도자로 역사에 기록되지 못했다. 청나라와 조선의 전성기를 통치했던 옹정제雍正帝와 정조正祖가 방대한 문서 작업을 하느라 제대로 밤잠도 못 자며 정사에 매달렸듯이, 펠리페 2세 역시 문서 더미 속에서 최선을 다해 정무를 봤다. 그러나 동양의 두 군주가 국가의 전성기를 이끌었다는 평을 들은 데 비해 펠리페 2세는 "물려받은 막대한 재산을 모두 써버렸다"는 역사의 비판을 받았다. 근면은 훌륭한 지도자가 갖춰야 할 필요조건이지 충분조건이 아니라는 것을 펠리페 2세는 삶으로 보여주고 있다.

출발은 화려했다. 말 그대로 '세계 제국'을 물려받았던 것이다. 펠리페 2세가 다스리는 지역은 유럽의 시칠리아에서 남미의 쿠스코까지 시차만 9시간에 달했다. 당시 유럽인들이 알던 세계의 3분의 1 이상이었다.

펠리페 2세의 재위 기간에 제작된 메달에는 "PHILIP II HISP ET NOVI ORBIS REX(펠리페 2세는 에스파냐와 신세계의 왕)"라는 공식 문구와 함께 "NON SUFFICIT ORBIS(세계는 충분하지 않다)"라는 문구가 새겨져 있다. 그리고 '세계는 충분하지 않다'는 이 모토는 그들이 진출하는 곳마다 스페인을 상징하는 말이 되었다.

당시 주요 국가의 지도자 중 펠리페 2세는 세계 각지로 진출할 때 발생하는 마찰을 가장 '합리적'으로 대응하는 리더에 속했다. '졸부'의 아들처럼 과시하는 행동을 하거나 개인적 만족을 위해 국가의 자원을 낭비하는 일이 없었다. 제프리 파커 전 예일대 교수는 "펠리페 2세는 때로 여러 전선에서 동시에 전투를 수행해야 했고, 스페인 제국은 인구와 물적 자원 측면에서 이를 충분히 뒷받침해줄 수 있었다"고 설명했다. 스페인은 1580년대까지 경제적으로 '잘나가고' 있었던 것으로 보인다.

펠리페 2세는 각종 현안에 외교와 선전술, 금융, 무역적 압력을 동원해 복합적으로 대응하는 수완을 발휘했다. 군사력도 남용하지 않았다. 프랑스와 벌인 전쟁은 대부분 프랑스가 먼저 선전포고를 했던 까닭에 어쩔 수 없이 말려든 것이었다. 1559년 베네치아 대사는 펠리페 2세가 수행한 여러 전쟁을 두고 "영토를 늘리기 위해 싸운 것이 아니라 광대한 영토에 평화를 가져오기 위해 전쟁을 한 것"이라고 평가했다.

그는 '격식을 심하게 따지는' 권위적인 사람도 아니었다. "인민을 위해 일하는 사람"이 군주라고 말한 것도 펠리페 2세였다.

펠리페 2세는 금발에 푸른 눈을 가진 게르만족 혈통의 특징을 뚜렷하게 가지고 있었다. 포르투갈 출신의 어머니와 부르군트 혈통의 아버지 사이에서 태어난 펠리페 2세는 외모와 달리 스페인 사람의 '심장'을 지녔고 스스로를 스페인(카스티야)인으로 생각했다. 물론 방대한 영지를 합스부르크 가문의 재산으로 파악하고 보편 왕조를 지향하는 '오스트리아 가문'의 이상을 버리지는 못했지만, 잉글랜드와 네덜란드 지역의 영지를 거쳐 1559년 9월 스페인으로 돌아온 뒤로는 이베리아 반도에 머무는 '스페인 국왕'의 성격이 강해졌다. 피레네산맥에서 유럽을 바라보는 형상으로 오랫동안 제국의 '곳간'이었던 스페인은 펠리페 2세의 치세 때 본격적으로 정부 정책의 '본산'이 된다. 스페인의 시각에서 편향적으로 바라보는 일도 늘어났다. 이런 그를 두고 유럽 각지의 합스부르크 가문 영지에 사는 독일계 주민들은 혈통에 상관없이 펠리페 2세를 스페인 사람으로 여겼다.

중요한 것은 펠리페 2세가 현대의 정치인이라고 불려도 어색하지 않을 만큼 대중과 자주 호흡하며 소탈한 모습을 보였다는 점이다. 외모의 특징이나 그가 다스리던 제국 변방의 인식은 부차적이었다. 펠리페 2세의 목숨을 노린 암살 시도는 최소 7번 이상 있었던 것으로 보인다. 그러나 그는 전혀 개의치 않았고 심지어 재위 대부분의 기간 동안 무장하지 않고 제국을 돌아다녔다. 사람이 가득한 거리와 인적이 드문 평원 등 제국의 여러 곳을 경호원 없이 오갔던 것이다. 사람들이 마시는 컵을 함께 쓰기도 했고, 어부가 갓 잡아서 바친 싱싱한 생선을 그 자리에서 먹기도 했다. 대학교를 방문해 학생들과 함께 공개강좌를 듣기도 하고 종교 의식 중에는 사람들 옆에 무릎을 꿇고 앉아 기도를 올렸다. 펠리페 2세는 화려하고 격식을 갖춘 옷보다 장식이 없는 수수한 검은색 의상을 즐겨 입었다. 의사나 보통 시민처럼 입기도 했다는 당대인들의 기록도 있다. 그 결과 카스티야의 시민들은 펠리페 2세를 맹목적으로 사랑하게 되었다고 전해진다.

교황과의 마찰이 없던 것은 아니었지만 독실한 가톨릭 신자였던 그는 인격적으로도 성숙했다. 감정을 드러내지 않았고, 공포에 질리는 일도 드물었다. 펠리페 2세는 레판토 해전에서의 승전과 아르마다(무적함대)의 패배를 같은 기준으로 평가했다. 1588년 아르마다 함대가 잉글랜드 침공에 실패했을 당시 함대를 이끈 사령관 메디나 시도니아를 비난하기보다는 "신이 내린 결정이었다"며 판단을 보류했다. "더 많은 시간을 들여서, 더욱 강력한 함대를 건설하면 신의 뜻이 드러날 것"이라는 설명도 덧붙였다.

무엇보다도 펠리페 2세는 서재에서 업무를 보곤 했는데 문이 항상 열려 있었다고 한다. 합스부르크 스페인의 재상들은 외부 공격에 무방비로 노출되어 홀로 일하는 그를 발견하고는 자주 놀랐다고 전해진다. 또한 그는 희귀한 서적과 필사본 수집을 좋아했고 이탈리아의 화가 티치아노와 틴토레토를 대표로 하는 주요 작가들의 미술품을 모으는 것이 취미였다. 동시에 음악을 사랑하고 직접 기타를 연주하기도 하는 감성적인 사람이었다.

이 합스부르크 제국의 소탈했던 통치자는 성실하고 합리적으로 국정에 임했지만 제국은 너무나도 방대했고, 다뤄야 할 일 또한 감당할 수 없을 정도로 쌓여만 갔다. 관료 조직은 점점 정교해지고 동시에 비대해졌다. 관료화의 부작용이 나타났던 것이다. 1560년대에는 1500여 명의 인력이 왕을 보좌했고 그 외 수백 명이 각종 정부 조직에서 세분화된 업무를 수행했다. 예를 들어 특수 정무를 전담하는 100명 이상의 전문 관료가 있었고, 79명이 프랑스 관련 업무를 보는 식이었다. 또 53명은 카스티야를 맡았고 39명은 아라곤과 관련된 업무를 전담했다. 이탈리아 전문가는 25명, 기타 분야도 비슷한 방식으로 인력이 배치됐다. 각 분야의 전문가를 보좌하는 인력까지 합치면 4000명 이상의 관료 조직이 존재했던 셈이다. 그리고 이들이 생산해내는 산더미 같은 현안 자료를 처리하느라 펠리페 2세는 움직일 시간조차 없었다. 관료제가 문제를 해결하기는커녕 심각하게 만들어버린 것이다. 이런 경우는 당시 흔한 일이었다.

'공무원의 수와 일은 필요도와 중요도에 관계없이 늘어난다'는 파킨슨의 법칙은 펠리페 2세의 관료 조직에도 예외 없이 적용됐다. 일의 양과 관료의 수는 비례하지 않았고 계속해서 증가했다.

역사상 책임감이 가장 강했고 열심히 일했던 왕 펠리페 2세는 '책상에 앉아서' 제국을 통치하도록 강요받았다. 그는 유럽 각지에 흩어져 있는 수많은 영지에서 끝없이 밀려오는 편지들을 읽고 답하면서 시간을 보냈다. 예를 들어 이탈리아 영지에 있는 신하에게 행정과 사법, 재정 문제를 비롯한 각종 일상 업무, 개개인의 사면이나 승진, 평가, 포상 같은 자질구레한 일까지 직접 지시하는 식이었다. 뿐만 아니라 황제와의 면담을 요구하며 줄지어 있는 외교사절들은 펠리페 2세의 시간을 끊임없이 잡아먹었다. 이런 일들이 벌어진 이유는 사실 알바 공작이나 산타 크루스 백작, 오스트리아의 돈 후안, 알레산드로 파르네세 같은 '힘 있는' 부하들을 펠리페 2세가 믿지 못했기 때문이었다(펠리페 2세는 유순하고 자신의 말을 잘 들었던 루이 고메스, 메디나 시도니아 공작, 비서였던 마테오 바스케스 같은, 상대적으로 '하위직' 인사들을 더 총애했다). 또 과하게 열심히 일하는 것으로 스스로를 정치적·개인적 걱정에서 탈출시켰던, 문서 더미 속에서 오히려 마음이 편했던 펠리페 2세를 사람들은 "일을 프로페셔널하게 수행한 군주"라는 수식어로 불렀다.

펠리페 2세는 비슷한 기능과 목적을 가진 관료 조직을 세분화하여 경쟁시켰다(프랭클린 루스벨트나 윈스턴 처칠 같은 지도자들도 비슷하게 행동했다고 한다). 시작은 좋은 의도였으나 각 조직에서 얻은 잡다한 정보를 일관성 없이 관료들에게 전달하면서 혼선이 야기됐다. 심지어 1570년대에는 여러 관료 조직 간에 326가지의 범주로 얽혀 있는 문제가 발생하는 등 업무가 복잡해졌다. 정치, 외교적 문제 외에 지방 도시들의 재정이나 대학의 커리큘럼 같은 사소한 것까지 펠리페 2세가 직접 다뤄야 하는 대상에 포함됐다. 그가 답변해야 하는 사안에는 정책적 대안뿐 아니라 맞춤법 교정 같은 '군주의 일'과는 거리가 먼 것들도 있었다.

처리해야 할 문서 작업이 늘어나면서 펠리페 2세는 각 개별 조직으로부터 '콘술타consulta'라고 불리는 추천서를 받아 일을 처리했다. '콘술타'는 주요 현안에 대한 적절한 대응이나 발언을 위해 즐겨 사용됐다. 하지만 이것은 더 큰 문제를 야기했다. '콘술타' 자체가 폭증하면서 각종 '콘술타'를 미리 파악해 요약하는 일을 주 업무로 하는 조직까지 생겨난 것이다. 이 시기 스페인 관료 조직의 비대화를 두고 역사학자 존 린치는 "전사왕戰士王 카를 5세에서 '책상물림' 펠리페 2세로 바뀐 것은 스페인 국가의 성격이 콘키스타도르(정복)시대에서 공직자의 시대로 바뀐 것을 반영하는 것"이라고 평가했다.

펠리페 2세는 비서들에게 쉽게 읽을 수 있고 한눈에 내용을 파악할 수 있도록 '콘술타'를 비롯한 각종 문서의 요약본을 만들라고 지시했다. 그러나 이 같은 조치를 취해도 현안을 파악하는 데 어려움이 있었고 문서 작업이 늘어나는 일은 막을 수 없었다. 급기야는 문서 내용을 미리 리뷰하는 것을 업무로 하는 직책까지 마련됐다. 그리고 다시 '훈타 데 노체Junta de Noche(밤의 위원회)', '훈타 데 고비에르노Junta de

Gobierno(정무 위원회)', '훈타 그란데Junta Grande(대위원회)' 등으로 확대, 세분화되었다. 이들의 업무는 "가능한 한 적은 단어를 사용하고 긴 문서는 쳐다볼 필요가 없도록" 요약하는 일이었지만 결과적으로 펠리페 2세의 일을 줄이기보다 늘려버렸다. 모든 업무는 오직 펠리페 2세만이 파악할 수 있었는데 문제는 필연적으로 정보 수집 단계부터 왜곡이 심했고, 하부 관료 조직 간의 이기주의와 이간질이 국가의 경쟁력을 갉아먹는 데 있었다. 당시 관료들의 서간에서 자주 사용되는 단어였던 '디시뮬라르disimular'는 '본래의 뜻을 은폐하다'라는 의미였다.

펠리페 2세의 우유부단한 성격은 업무 처리를 더욱 곤란하게 했다. 그는 스스로의 판단을 과신하지 않고 꾸준히 타인의 조언을 구했다. 문제는 여러 의견을 경청하는 수준을 넘어서 결정을 미루는 정도가 자주 선을 넘었다는 것이다. 다시 말해 어떤 일에 확신을 가지는 경우가 드물었다. 의견 대립이 심한 사안에 대해서는 각각의 의견을 모두 들은 뒤에 자신의 생각을 더했는데 최종 결론이 나올 때까지 많은 시간이 소요됐다. 때로는 펠리페 2세가 문제를 다루기 전에 저절로 해결되거나 결말을 맺기도 했지만 언제나 이런 행운을 기대할 수는 없었다.

군주의 결정이 미뤄지는 일은 자주 치명적인 결과로 이어졌다. 교황 비오 5세는 "(펠리페 2세가) 너무 오랫동안 심사숙고했기 때문에 이해를 하고 실행에 옮기는 순간이 오면 사건은 이미 벌어져 있었고 돈은 다 써버린 뒤였다"라고 촌평했다. 문제를 더욱 악화시킨 것은 펠리페 2세가 우유부단하면서도 명민하지 못하다는 점에 있었다. 그는 밤

늦게까지 문서에 파묻혔지만 요구 사항의 논지나 정황을 잘 파악하지 못했다.

여기에 펠리페 2세가 책임져야 할 세계가 넓고 다양했다는 점도 어려움을 더했다. 방대한 제국의 넓이는 근본적인 한계였다. 프랑스는 스페인의 주요한 '적국'이자 가장 가까운 '이웃'이었지만 그곳마저 상당히 멀었다. 1578년 파리 대사로부터 가장 빨리 받은 편지는 7일이, 가장 늦게 받은 편지는 49일이 소요됐다. 평균적으로 서신이 도착하는 데 10~14일의 시간이 걸렸던 것이다. 말과 선박 등에 의해 불규칙하게 운영되던 당시의 통신수단으로는 제대로 된 정보가 균일하게 통수권자에게 전달되는 일이 불가능했다.

펠리페 2세는 이런 어려운 상황에서도 업무를 효율적으로 수행하기 위해 제대로 된 행정 중심지를 갖추길 원했다. 이에 따라 바야돌리드와 톨레도 등이 후보지에 올랐고 결국 용수 공급이 원활했던 마드리드에 행정 중심지를 건설했다. 하지만 행정 중심 도시의 건설은 막상 그의 업무 부담을 줄이는 데에 큰 도움이 되지 못했다.

때로는 펠리페 2세도 쏟아지는 일에서 벗어나고자 했지만 일은 마음대로 풀리지 않았다. 당시 마드리드 주재 외교사절의 기록에는 "황제는 그의 시간 대부분을 정무에서 벗어나고자 했고, 일상에서 탈출하길 원했다. 하지만 그는 결코 정부의 공문서를 읽고 쓰는 일에서 해방되지 못했다. 심지어 따분한 관료에게서 탈출하는 마차 안에서도 문서 속에 파묻혔다"고 쓰여 있다.

펠리페 2세는 끊임없이 '만기친람萬機親覽'하며 일을 했는데 이는 문제를 해결하기보다 더 복잡하게 만드는 경우가 많았다. 정책 혼선도 적지 않게 빚어졌다. 해외에 있는 행정 관료들은 복잡했던 결재 시스템 때문에 발목이 잡히곤 했다. 황제의 재가를 받기 위해선 본국 행정부 내의 프랑스 담당기관, 아라곤 담당기관, 카스티야 담당기관, 이단 심판 담당기관 등 다양한 행정 조직을 거쳐야 했다. 이에 대한 해결책으로 펠리페 2세는 모든 보고 양식을 행정, 사법, 전쟁, 재무 등 4개 범주로 압축하여 보고하라고 지시했지만 이마저도 한계에 달했다.

펠리페 2세는 당면한 '주요 과제'에만 집중하고자 했다. 예를 들어 1586년 영국 해적 프랜시스 드레이크가 카리브해를 습격한 문제를 처리할 당시에는 신하들에게 "꼭 필요하고 급한 일이 아니라면 개별적인 문제는 보고하지 말고 방어에 관한 사항만 보고하라"고 주문했다. 1588년 6월 영국을 정복하기 위해 무적함대를 보낼 때는 "해군을 유지할 자금 조달에 관한 사항 외의 다른 보고는 절대 하지 말라"고 명령하기도 했다. 그러나 통치의 구조적 문제로 인해 '중요한 과제'에만 집중할 수는 없었다. 그의 서명을 기다리는 수많은 문서가 몰려 있었고 방대한 제국의 운영을 책임지는 펠리페 2세에게 건너뛸 수 있는 과제는 거의 없었기 때문이다.

신하들은 그를 가만히 놔두지 않았다. 1574년 5월 펠리페 2세는 네덜란드에서 발생한 전쟁에 전력하기를 원했다. 그러나 관료들은 "폐하께서 네덜란드 문제로 하실 일이 많다는 것을 잘 압니다만, 돈 디에고 데 멘도사가 보낸 편지는 반드시 검토하심이 좋을 듯합니다"라는 식의 메모를 끊임없이 밀어넣었다. 펠리페 2세가 우선적으로 처리하고

자 했던 '긴급 현안'도 폭발적으로 증가했다. 긴급 우선 보고 시스템이 남용되면서 하나를 처리하기도 전에 중요 보고들이 쏟아져 들어왔다. 이는 자연히 이전 안건을 결정하는 데 방해 요소로 작용했다.

엎친 데 덮친 격으로 행정 업무를 공개적으로 수행하는 경우가 많았던 탓에 펠리페 2세가 직접 처리해야 할 문서는 끊임없이 쌓여갔다. 당시 마드리드 주재 프랑스 대사는 "황제는 하루 종일 문서를 처리하는 데 빠져 있었다"고 말했다.

실제로 펠리페 2세는 통치 기간 대부분을 편지들과 탄원서, 협정안을 끊임없이 읽고 코멘트하는 데 보냈다. 그가 처리해야 하는 문서들은 지속적으로 늘어만 갔고 마지막까지 그 '굴레'에서 빠져나오지 못했다. 1560년대 전쟁성이 다뤄야 했던 문서는 두 상자 정도였지만 1590년대가 되면서 15배가 증가했다. 이에 따라 군사 문제나 해군 관련 문제 등 전쟁성 관련 문서만 매년 2000여 건가량 처리해야 했다. 1550년대에 일주일에 두 번 정도 만났던 프랑스 담당 기구 모임도 1580년대가 되면서 매일 오전 서너 시간을 소모할 정도로 늘어났다. 점심시간까지 일이 이어진 경우도 있었다. 펠리페 2세는 1571년 3월에만 1250건의 탄원서를 받아 하루 평균 40건 넘게 처리했다. 1583년 8월부터 1584년 12월까지는 1만6000건의 탄원서가 그의 책상을 거쳤다. 꼬박 한 달 동안 평균 1000건 이상의 문서를 처리한 것이다. 심지어 펠리페 2세는 "하루 400건이 넘는 문서에 서명한 적도 적지 않다" "새벽 한 시까지 정신없이 일하다 보니 주변 사람 모두 졸고 있었다"라고 토로하기도 했다.

이런 펠리페 2세의 성실성과 근면은 최악의 결과가 속출하는 상황에서도 지속됐다. 네덜란드에선 '반란'이 기세를 더했고 오스만튀르크는 지중해를 공격했다. 스페인 제국의 위신은 무너지고 국고 또한 비어가고 있었지만 펠리페 2세는 일에 열중했다. 대외적으로 실패가 계속되는 상황이었지만 "(피로 탓에) 눈이 반쯤 감긴 상태에서도 문서에 서명하고 명령을 써대는" 삶을 벗어날 수 없었다. 요약하자면 그는 타자기나 복사기, 워드 프로세서가 등장하기 이전 시대에 '문서의 바다'에 빠져 허우적거리다가 결국 가라앉았다.

개인 생활도 반납한 채 열심히 일했지만 그 노력의 결과는 허망했다. 특히 그의 재위 시절 합스부르크 스페인 제국의 재정 상태는 급속도로 악화됐다. 펠리페 2세가 원인을 파악하고 현상을 채 이해하기도 전에 대제국의 기둥은 흔들리기 시작했다. 대제국의 씀씀이는 상상을 초월했다. 1562년 카스티야 후로스(장기 국채) 이자 지급으로만 50만 두카트, 플랑드르 30만 두카트, 아라곤 5만 두카트, 시칠리아 15만 두카트, 밀라노 20만 두카트, 대서양 여러 섬에 3만 두카트를 이자로 지불했다. 전체 123만 두카트가 한 해의 후로스 이자 비용으로 지출된 것이다.

선대왕 카를 5세 시절인 1556년, 스페인 정부가 후로스에 의존했던 비율은 전체 재정 지출의 68퍼센트였지만 펠리페 2세 치세인 1565년에는 그 비율이 84퍼센트로 높아졌다. 다시 1598년, 펠리페 2세의 치세 말기에 후로스 부채는 연간 재정의 8배 규모로 폭증했다. 1571~1573년 스페인의 총 부채는 5000만 두카트에 달했고, 1581년에 베네치아 주재 스페인 대사는 본국의 부채가 총 8000만 두카트에 이른다고 언급했다. 각종 통계를 종합해보면 펠리페 2세는 20년의 재위 기간 동안 국가 부채를 네 배나 늘렸다.

그러나 재정 문제를 완전히 손 놓고 있었던 것은 아니었다. 1582년과 1583년, 펠리페 2세는 재무 관련 각료들에게 예측 가능하고 안정적인 재정 운영을 위해 적어도 2년 후까지의 자금 흐름을 미리 파악해 예산을 마련하라고 반복 지시했다. 이를 위해 밀라노와 마드리드에도 '전략적 비축금'으로 주화를 예비해놓도록 했다. 하지만 잉글랜드와 관계가 악화되면서 기존의 계획으로는 감당조차 되지 않는 수준의 군사 비용이 지출됐다. 설상가상으로 펠리페 2세의 재정 이해도도 떨어졌다. 그는 각종 기록에 "재정 보고서를 읽고 또 읽어도 이해하기 어렵다"는 푸념을 자주 남겼다.

1588년 무적함대의 잉글랜드 원정과 패배 등으로 재정 상황이 급박해지자 펠리페 2세는 매주 토요일마다 재무 관료들에게 현재 자금이 얼마나 확보되어 있는지 보고하도록 지시했다. 때로는 왕실 금고에 남은 자금 총액이 하루 동안 무적함대를 운영하는 비용인 3만 두카트가 되지 않는 날도 많았다.

아메리카 신대륙에서 끝없이 유입되며 스페인 영화榮華의 기반이 됐던 은銀도 펠리페 2세 집권 기간에 급격하게 빠져나갔다. 강력한 보호주의 정책을 시행했음에도 은은 순식간에 이베리아반도 밖으로 흘러나갔다. 당시의 궁정 재무관은 "마치 스페인이 서인도제도의 조그만 나라인 것처럼 은이 유출되고 있다"고 한탄했다.

결과적으로 펠리페 2세에 대한 모든 평가는 "유럽에서 가장 큰 두뇌를 직간접적으로 가졌던 황제" 혹은 "유럽의 '서류왕'"이라는 표현으로 귀결된다. 그의 업무 효율성에 대해서는 역사가마다 평가가 다르겠지만 부지런함에 대해서만큼은 이견이 없었던 것으로 보인다.

펠리페 2세는 엄청나게 유능한 인물도, 비범한 인물도 아니었지만 무능하고, 게으른 인물과도 거리가 멀었다. 그는 자신에게 주어진 환경에서 최선의 노력을 다했다. 그러나 물려받아 통치해야 하는 제국은 너무 컸고 당시의 제도와 인력, 기술 수준에서 다뤄야 했던 문제는 지나치게 복합적이었다. 결국 그의 재위 기간에 합스부르크 스페인 대제국은 유럽에서 헤게모니를 잃고 쇠퇴했다. 펠리페 2세는 "스페인에게 좋은 것이 가톨릭교회에도 좋은 것"이란 생각에 강고한 종교 정책을 폈지만 이는 적만 양산하는 결과를 가져왔다. 프랑스는 여전히 독립적이며 잠재적으로 위협이 되는 존재였고 영국에게 승리를 거두지도 못했다. 네덜란드에서는 지배권을 되찾지 못했고 오스만튀르크는 여전히 동지중해를 장악하고 있었다. 반면 스페인 정부는 막대한 비용을 지출하고 있었다. 펠리페 2세는 "제국을 유지하고 관리하는 부담이 너무 커서 무엇을 말하고, 무엇을 해야 할지 도저히 감이 안 잡힌다. 아무런 생각이 없다"고 고백했다. 재위 기간 내내 누구보다 쉴 틈 없이 열심히 일했던 펠리페 2세였지만 결과는 의도한 것과 거리가 멀었다. 그가 보통 사람이었다면 꽤 높은 평가를 받았을지 모른다. 하지만 펠리페 2세는 '모든 것을 결과로 냉정하게 평가받는' 거대한 조직의 지도자였고 그렇기에 역사의 평가는 가혹했다. 리더의 자질은 얼마나 열심히 일하느냐가 아니라 성과로 평가받기 때문이다.

"훌륭한 리더는 부하들을 바쁘게 하는 사람이고, 최악의 리더는 본인의 몸이 고달픈 사람"이라는 말이 있다. 펠리페 2세는 정확히 후자에 해당되는 인물이었다.

09

Wallenstein

# 발렌슈타인의 공포

　'악마'라 불린 사내가 있었다. 이름은 알브레히트 벤젤 에우세비우스 폰 발렌슈타인Albrecht Wenzel Eusebius von Wallenstein(1583~1634). 당대에는 '발트슈타인'이라는 이름으로 불렸던 그는 프리틀란트 공작이자 근세 초 독일을 휩쓴 30년 전쟁에서 신성로마제국 총사령관을 맡았던 인물이다.

　크고 작은 전장에서 아군과 적군 가릴 것 없이 모두에게 공포의 대상이었던 발렌슈타인은 '전쟁의 신'으로 불렸다. 당대인들은 그를 '전쟁의 천재'라고 부르는 데 이견이 없었다. 발렌슈타인은 "병사 없이도 세계를 바꿀 수 있는 (무서운) 영웅"으로 평가되었고, 사람들은 황폐화된 유럽 각지의 상황을 특정 인물로 형상화할 때마다 그의 이름을 가장 먼저 떠올렸다. 이는 적군이었던 신교와 한때 우군이었던 구교가

'흑색선전'을 퍼부은 탓이기도 했다. 이렇듯 같은 편이든 상대편이든 모두 발렌슈타인을 '운명처럼 잔인한 존재'로 여겼다. 18세기의 한 역사학자는 "주변이 모두 폐허가 되고 공기가 연기와 먼지로 가득 찼을 때, 부상당한 사람의 신음과 죽은 자의 고통이 귓전을 울리며 공포에 질린 사람들이 무릎 꿇고 살려달라고 애원할 때 비로소 그는 말없이 만족하는 표정을 지었다"라고 표현했다. 독일의 극작가 프리드리히 실러는 발렌슈타인을 주인공으로 한 극『발렌슈타인』을 집필하며 이렇게 묘사했다. "프리틀란트의 별은 오직 한밤중에만 빛을 내비쳤다." '어둠'은 발렌슈타인을 표현하는 핵심 요소였으며 '공포'는 그를 설명하는 유용한 도구였다.

극작가 브레히트는 "영웅이 필요한 나라는 불행하다"고 했는데 30년 전쟁으로 황폐화됐던 17세기 독일이 바로 그랬다. 이런 상황에서 발렌슈타인을 우뚝 서게 한 무기는 '공포'였다. 영웅은 반드시 사랑받는 존재일 필요가 없고, 공포야말로 대중들에게 사랑 못지않게 압도적인 위력을 발휘하는 감정이었기 때문이다.

17세기 사람들은 공포의 화신 발렌슈타인을 악마적인 것과 연관지어 생각했다. 그는 전장에서의 승리를 위해서라면 사람이 죽고, 도시가 파괴되고, 생활 터전이 황폐화되어도 꺼려하지 않았다. 발렌슈타인은 "모든 땅이 파괴되고 나서야 평화가 올 것"이라는 표현을 직접 입에 올렸다. "영토를 잃느니 차라리 황폐화되는 게 낫다"는 판단을 하기도 했다. 독일의 극작가 프리드리히 실러는 발렌슈타인의 사고를 "전쟁이 전쟁을 먹여 살려야 한다"라는 유명한 말로 압축했다. 당대인들은 '발렌슈타인Wallenstein'이라는 이름을 살짝 바꿔 '알렌 아인 슈타인allen ein Stein', 즉 '모든 사람의 묘비'라고 불렀다. 그러나 대중은 그를 두려워하면서도 경외했고, 국가를 지키기 위해 발렌슈타인이 조성하는 공포에 기대곤 했다.

사실 발렌슈타인은 어린 시절부터 '무서운' 사람이었다고 전해진다. 10대 때의 별명도 '미친 발렌슈타인'이었다. 그는 동료 학생과 다툼이 벌어지자 상대방의 다리를 칼로 찌른 적이 있었고, 대학 시절엔 하인을 너무도 잔인하게 두들겨 패서 알트도르프대학 당국이 개입해 부상자에게 보상하라는 명령을 내리기도 했다. 학창 시절 최소 두 번의 투옥을 경험했던 발렌슈타인은 한밤중에 한 대학교수가 소란을 피우자 자신의 창문 유리를 박살내고, 문짝을 부숴 교수를 공포에 얼어붙게 만들기도 했다. 게다가 그는 거리에서 한 사람을 집단 구타하여 살해했던 폭력 집단의 멤버였다.

성인이 된 뒤에도 불같고 잔혹한 성정은 이어졌다. 명령에 반反하고 방해했다는 이유로 견습 기사를 칼로 찌르고 아침에 너무 일찍 깨웠다며 하인을 죽인 적도 있었다. 한번은 자객이 발렌슈타인의 방에 잠입했는데 자객을 발견한 하인들은 암살자의 존재보다 자객의 침입을 막지 못했다는 이유로 발렌슈타인에게 벌 받을 것을 더욱 두려워했다고 한다.

발렌슈타인은 주변의 자극에 민감하고 극단적으로 자기중심적인 인물이었다. 한 번 사용한 식탁보나 냅킨은 다시 쓰지 않았다. 목욕도 규칙적으로 했는데 제노바에서 제작한 은제 욕조 혹은 프라하 금속 장인이 만든 욕조에만 몸을 담갔다. 또한 발렌슈타인은 붉은 핏빛 깃이 달린 검은 옷을 즐겨 입었으며 이는 '상복을 입은 공公'이라는 그의 명성에도 무척 잘 어울렸다. 말년에는 자신의 궁궐에 칩거하며 사람들을 거의 만나지 않았다고 하는데, 실크 스카프로 반쯤 가린 얼굴은 누런빛과 녹색이 감도는 피부에 검은 점이 군데군데 박혀 있어 무척이나 스산한 느낌을 주었을 것임을 어렵지 않게 추론할 수 있다. 발렌슈타인이 권력의 전성기에 있을 때는 그의 궁정에 900여 명의 사람들이 상주하다시피 했지만 성격이 까다로워서 주로 혼자 식사했다고 한다.

무엇보다 발렌슈타인은 소음에 민감했다. 프라하에 머물 때마다 거리에서 소음이 나지 않도록 숙소 주변의 길을 짚으로 덮었다. 수레나 마차가 다니는 것을 원천 봉쇄하기 위해 주요 길목을 쇠사슬로 막기도 했다. 그의 침실에서 가까운 곳에 사는 이들은 당연히 요리도 할수 없었고, 심지어 교회 종소리를 울리는 것조차 금지했다. 부하 장교들은 발렌슈타인을 만나기 전에 소리가 나지 않도록 신발에서 박차를 제거했다. 이런 일은 기본이었다. 개도 귀에 거슬리는 소리를 낸다는 이유로 싫어했다. 도시를 점령한 뒤엔 조용히 잠들기 위해 도시에 살고 있는 개와 고양이를 모두 죽이라고 명령한 적도 있었다. 그러나 예외적으로 말馬만은 끔찍이 아꼈다고 한다.

발렌슈타인은 소문난 술꾼이기도 했다. 절제하지 못했던 음주벽 탓에 젊어서부터 통풍으로 고생했다. 1620년대에는 통풍의 고통을 줄이기 위해 특수 제작된 털가죽신을 신었지만 큰 효험은 없었다. 통풍의 고통은 안 그래도 예민한 발렌슈타인의 심기를 더욱 예민하게 만들었다. 주요 전투 시에도 통풍 탓에 고전을 면치 못한 경우가 많았고, 말 대신 들것에 타고 지휘할 때도 적지 않았다.

발렌슈타인이 사망한 뒤 정적들은 그의 죽음을 정당화하기 위해 이런 누명을 씌웠다. "발렌슈타인이 황제와 황실 구성원들을 난도질해 '도살'하려고 모의했을 뿐 아니라 빈Vienna을 불바다로 만들려고 했다." 발렌슈타인이라면 그처럼 잔혹한 일을 하고도 남을 품성과 능력이 있을 거란 평판이 널리 퍼져 있었기에 가능한 일이었다. 물론 그를 무지막지한 무뢰한으로만 몰아가는 게 공정하지 않을 수도 있다. 사실 성인이 된 이후 발렌슈타인은 자신의 감정을 통제하려 했고, 분노를 아무 때나 드러내지 않았다.

무엇보다도 그는 아무 이유 없이 도시를 약탈하지 않았다. 군대를 통솔할 때에는 무자비하게 '대학살'을 하지도 않았다. 전쟁 범죄와 잔혹 행위가 일상적이었던 시기였기에 그가 당대의 다른 장군들에 비해 죄를 덜 지은 편이었다고 평할 수도 있을 것이다. 발렌슈타인을 가까운 거리에서 살펴 기록을 남긴 케펜휠러는 그에 대해 이렇게 묘사했다. "모범적으로 군대의 규율을 유지했고, 어떤 땅도 버리거나 불에 태우지 않았다. 다치거나 쫓겨난 사람들도 없었다."

발렌슈타인이 성공 가도를 달리던 초창기에 전장 주변에서는 잔인하면서도 광범위한 파괴가 다소 줄어들고 있었다. '약탈'하지 않고 물품을 현지에서 조달받는 것을 원칙으로 삼았기 때문이다. 이는 군대를 시스템적으로 유지하기 위해서였다. 미래의 생산력을 고갈시키기보다는 당장의 수입이 다소 줄더라도 경제적 잠재력을 유지하는 것이 군대를 유지하는 데 도움이 된다고 판단한 결과였다. 17세기 프랑스의 육군 장관 르 텔리에의 표현처럼 "병사들의 생활을 보장하는 것이 전쟁의 승리를 보장하는 가장 좋은 방법"이었다. 이에 따라 살육과 강도, 강간을 하는 대신 현지 주민에게 군대세軍隊稅를 부과했다. 영수증을 발행하고 필요한 식량이 아닌 거액의 현금을 차출했다. 그 현금을 각 부대나 병사에게 보내지 않고 군대 내 경리 참모에게 전해 합리적으로 쓰도록 했다. 이러한 방식은 병사들에게 규칙적인 급료 지급을 보장할 수 있었다. 충동적인 약탈을 방지하는 효과도 보았다.

발렌슈타인은 대군을 유지하기 위해서라도 주둔지의 경제가 무너지게 놔둘 수 없었다. 군사학적 측면에서 그의 장점은 군대를 유지하고 병참을 확보하는 데서 두드러졌다. 1618년에 3000명의 부대를 이끄는 지휘관으로 처음 임명됐을 때부터 발렌슈타인은 약탈로는 군대를 오래 유지할 수 없다는 것을 깨달았다. 1623년 3만 명의 대군을 거느리게 됐을 때는 농민들과 도시의 장인들이 세금을 지불하도록 했다. 이는 막대한 양의 무기와 화약, 음식, 탄약, 의류, 의료 지원, 말, 수송 수단 등을 원활하게 조달받을 수 있는 근간이 됐다. 병참 시스템이 원활하게 돌아갔던 시기에 부대의 장성들은 스위스에서 양떼를 사고 잉글랜드에서 의류를 구입하기도 했으며 보헤미아 영지에선 빵과 맥주, 의복을 비롯한 각종 생필품이 순탄하게 공급되었다. 발렌슈타인의 군대가 자주 지나다녔던 프랑코니아 지역에서는 지역 사회에 '조기 경보 시스템'이 마련되어 군대가 필요로 하는 물품을 미리 준비해 병사들에게 제공했다고도 한다. 이 때문에 일부 역사학자들은 발렌슈타인이 '1인 군산복합체' 역할을 했다고 평가한다. 물론 군대세가 과거에 비해 '인도적'인 제도였다고는 해도 이는 어디까지나 상대적인 개념이며 정복을 통해 강요되었다는 점에는 변함이 없다. 강도가 줄었을 뿐이지 황폐화되긴 마찬가지였다는 시각도 있다. 약탈이 없었더라도 당대의 유럽인들은 이 제도를 두려워했으며 150년이 지난 후에도 이 '군대세'의 부활을 막기 위해 강력히 노력했다.

결론적으로 발렌슈타인 등장 이전의 유럽에선 어려운 물품 보급과 용병에게 지불하는 대가에 대한 부담, 부족한 주거지, 고단한 병참 지원 탓에 한 번에 운용할 수 있는 군 병력의 최대치가 3만 명 정도였다. 발렌슈타인은 이 고정관념을 깨버린 최초의 인물이다. 그리고 시스템을 유지하기 위해 군율 유지가 중요했던 발렌슈타인은 1625년 북부 독일 지역에서 도적질을 했다는 이유로 병사 15명을 공개 교수형에 처했다. 같은 해 할버슈타트와 마그데부르크로 진군했을 때는 도시의 지배층과 시민들에게 병사들이 먹을 음식과 쉴 곳을 제공한다면 건드리지 않겠다고 포고했고 그 약속을 지켰다. 하지만 당시에는 이미 발렌슈타인의 잔혹함에 관한 소문이 널리 퍼져 있었고, 사람들은 그의 주변에 폭력과 파괴 본능이 맴돈다고 여겼다. 이후 수세에 몰리고 30년 전쟁의 피해가 걷잡을 수 없이 확산되자 그가 참혹한 황폐화 전략을 마다하지 않았다는 점은 부인할 수 없는 사실이다. 발렌슈타인을 둘러싼 공포 이미지는 오랜 세월을 거쳐 누적된 것이었다.

그는 넉넉지 못했던 보헤미아 헤르마니체의 귀족 가문 출신이었다. 아버지는 독일어를, 어머니는 체코어를 주로 구사했다. 어린 발렌슈타인은 독일어보다 체코어를 훨씬 잘했다고 한다. 그에게 모국어는 체코어였다. 성인이 된 뒤에는 이탈리아어와 라틴어에 능했고, 프랑스어와 스페인어도 약간 구사할 수 있었다. 어려서 고아가 된 발렌슈타인은 경호병과 외삼촌의 손에서 자랐다. 처음에는 부모의 종교를 따라 개신교 학교에서 교육을 받은 프로테스탄트였지만 10대 후반에는 가톨릭으로 개종했다. 개종의 이유는 불분명하다. 아마도 당대의 많은 보헤미아 귀족처럼 특권을 유지하고 고위 관직을 차지하기 위해 구교로 전향했을 것이다.

그러나 질투 많은 가톨릭 신자이자 신성로마제국의 황제였던 페르디난트 2세의 권력이 정점에 이르자 사람들은 발렌슈타인을 반反종교개혁을 이끄는 구교의 핵심 인물로 여겼다. 그는 종교 전쟁을 수행한 일을 지속적으로 부인했고, 당대 사람들은 신교와 구교를 떠나 그가 기독교도인지조차 의심할 지경이었지만 말이다.

발렌슈타인은 40대가 될 때까지 세상의 이목을 끌지 못했다. 20대였던 1604년 그는 군대에 들어가 오스만튀르크, 베네치아 등과의 전쟁에 참전했다. 전장에서 조금씩 이름을 날리고 휘하에 거느린 부대도 많아졌다. 그러다 우연찮게 부유한 과부와 결혼하면서 재산을 크게 늘렸는데 이것이 발렌슈타인 인생에 상승 곡선을 가능하게 했다.

발렌슈타인은 눈치가 빠르면서도 준비성이 철저했다. 무엇보다도 기회를 포착하는 눈이 매서웠다. 당시 야심가들의 필수 코스였던 빈의 궁정에 발을 들인 후에는 귀족의 품위를 유지하기 위해 많은 노력을 이어가기도 했다. 지위를 사수하기 위해서는 뇌물도 아끼지 않았다. 발

권력의 자서전

렌슈타인은 매년 수천 휠던gulden 이상의 돈을 썼다고 전해지며 재산을 탕진하면 시골로 내려가 충분히 쓸 수 있는 돈을 모을 때까지 머물렀다고 한다.

그러던 중 혜성이 잇따라 나타난 1618년, 기나긴 30년 전쟁이 시작되었다. 종교적 분쟁에서 시작된 전쟁이 장기화되면서 각 군사 세력의 경쟁이 심화되고 사회 기강이 무너져 경제가 파탄에 이르렀으며 원시적인 야만의 본성이 되살아났다. 자연스럽게 전쟁의 대의명분은 희미해지고 전선은 복잡해졌다. 중부 유럽 각지에서 각종 전염병이 창궐해 유럽 대륙의 인구는 급감했다.

전쟁이 발발한 해의 9월, 발렌슈타인은 반란군을 진압하기 위해 신성로마제국 군대의 장교로 보헤미아에 입국했다. 혜성이 출몰한 해에 본격적으로 전장에 발을 디딘 것과 관련이 있을지 모르지만 발렌슈타인은 평생 점성술에 심취했다. 유명한 천문학자 요하네스 케플러는 그의 개인 점성술사로서 운명을 봐주기도 했고, 일찍부터 발렌슈타인의 비참한 최후를 기가 막히게 예언하기도 했다.

또한 전쟁은 발렌슈타인에게 재산을 증식할 기회였다. 그는 전장에서 차곡차곡 돈을 모았다. 헐값에 땅을 사고, 담보물로 저당을 잡는 등의 방법으로 1623년에는 보헤미아 땅 4분의 1 정도의 광대한 토지를 소유하게 된다. 그러나 발렌슈타인은 보헤미아에서의 성공에 만족하지 않고 더 큰 무대에서 더 많은 명성과 권력을 쥐길 원했다. 마침 정치적·지정학적 여건은 그에게 유리하게 전개되고 있었다.

30년 전쟁 초기, 신성로마제국의 황제 페르디난트 2세는 방대한 영토를 제대로 통제할 핵심 기반, 즉 상비군을 갖추지 못한 상태였다. 내부의 반란과 외부의 공격에 취약했던 것이다. 매번 각 지역에 문제가 발생할 때마다 군대를 조직해 대처해야 했고, 그 군대는 신뢰성도 크게 떨어져 효율도 형편없었다. 그래도 페르디난트 황제는 군대와 자금이 필요했기에 일이 터질 때마다 신하들에게 의존할 수밖에 없었다. 이는 신하들에게 막강한 권위를 세우고자 했던 황제로서 자존심 상하고 받아들이기 힘든 일이었다.

발렌슈타인은 황제가 무엇을 원하는지 정확하게 파악했다. 그는 1623년 황제에게 깜짝 놀랄 만한 제안을 한다. 황제에게 상비군을 바치겠다고 한 것이다. 발렌슈타인이 부유하긴 했지만 개인에 불과했고, 귀족 출신이지만 제국의 명문가는 아니었기에 이 제안은 황제에게 예상치도 못했던 '빅딜' 안건이었다. 그는 수차례에 걸쳐 황제에게 '아르마다Armada' 군대를 제공하겠다고 말했다. 궁극적으로는 2만 명의 전투부대와 그를 지원할 5만 명의 지원부대를 조직하겠다는 것이었다. 제안 단계에서 군대를 유지할 자원 마련책은 제대로 갖춰지지 않았다. 그러나 군대가 클수록 공포의 수단으로 더욱 유용하겠다는 판단에 따라 '적국 백성에게 자금과 식량을 빼앗자'는 방안이 제시됐다. 군대를 만들어주는 대신 점령지에서 거둔 군대세를 자체 수입원으로 삼겠다는 것이었다. 이를 두고 실러는 "전쟁은 전쟁을 스스로 먹여 살려야 한다"고 훌륭하게 요약했다.

처음에 황제와 궁정의 각 관료들은 발렌슈타인의 깜짝 제안이 전례가 없는 일이었던 만큼 고맙게 여기기보다 의심의 눈초리를 거두지 않았다. 두려워하기까지 했다는 게 더 정확한 지적일 수 있을 것이다. 그러나 발렌슈타인이라는 메피스토펠레스Mephistopheles(독일의 파우스트 전설에 등장하는 악마)의 제안을 마다하는 것은 불가능한 일이었다. 페르디난트 황제는 전 유럽의 지배자가 되려는 야심을 숨기지 않았고, 발렌슈타인의 군대는 황제의 꿈을 실현시킬 가장 확실한 수단이었다.

외부 환경도 급박하게 돌아갔다. 당시 가톨릭 세력은 수세를 맞이하고 있었다. 니더작센의 프로테스탄트 영주들과 덴마크의 크리스티안 국왕 휘하의 군대가 신교도의 보루 북부 독일 지역에 포진해 있었다. 트란실바니아 공 베틀렌 가보르가 이끄는 군대는 빈을 공략할 태세였다. 에른스트 폰 만스펠트 지휘 아래의 신교도 주력 군대도 네덜란드에서 남쪽으로 내려오고 있었다. 문제는 발렌슈타인이 황제에게 충성스러운 한은 괜찮지만 그가 대군을 거느리게 될 경우 황제에게 위협적인 신하가 될 수 있다는 점이었다. '악마의 제안'이 가져올 대가는 사전에 계산할 수 있는 영역에 있지 않았다.

'발렌슈타인의 공포'는 적군인 신교도보다 주군인 황제에게 먼저 작동했다. 발렌슈타인은 페르디난트 황제가 군대 결성의 마지막 걸림돌을 넘을 수 있도록 '공포'를 이용했다. 결국 "황제가 제안을 받아들이지 않으면 나의 군대는 다른 주인을 찾을지도 모른다"는 협박성 짙은 암시에 대군의 결성이 결정되었던 것이다. 그렇게 1625년 6월, 발렌슈타인은 황제군 총사령관에 취임한다. 프리틀란트 공이란 명칭도 이때 얻는다. 그는 후에도 종종 이런 협박책으로 황제에게 자신의 의사를 관철했다.

발렌슈타인의 제안은 황제를 놀라게 하고 압박하기도 했지만 아주 주도면밀하게 준비된 것은 아니었다. 불과 몇 주 안에 2만4000명의 병력을, 여름이 끝나기 전에 5만 명의 병력을 갖춰야 했다. 하지만 그렇다고 단시간 내에 대군을 만드는 게 아주 불가능한 일은 아니었다. 당시 신성로마제국에는 일자리를 구하지 못한 잉글랜드와 스코틀랜드, 아일랜드, 이탈리아, 크로아티아, 헝가리 출신 싸움꾼이 득실거렸기 때문이다. 농토를 잃은 농부들도 군대에 편입되는 것 외엔 다른 수가 없었다.

　병사들은 수시로 편을 바꿔가며 전투를 벌였다. 선투에서 패한 이들은 스스럼없이 승자의 군대에 편입되었다. "주인이 누구든 간에 그에게만 충실하면 된다"는 말은 보편적인 상식이었다. 17세기 군대는 이동하면서 각종 전염병을 퍼뜨리거나 약탈하는 존재이기도 했다. 당시의 군대는 거대하기만 하고 엉성한 집단이었으며 대규모의 거지떼 같았다. 용병들에겐 급료 외에 주어지는 것이 없었는데 병사들은 이 급료로 식량부터 피복, 장비, 무기, 탄약 등을 구입해야 했다. 반면 군대세 제도의 도입으로 안정적으로 급료 지급이 가능해진 발렌슈타인의 군대는 상대적으로 경쟁력이 있었다. 일정은 촉박했지만, 대군을 조성한 후부터 발렌슈타인은 전장에서 승승장구했다. 1626년 그의 군대는 독일 작센주에 위치한 데사우에서 만스펠트 공이 이끄는 신교 군대를 격파한다. 그리고 여세를 몰아 크로아티아를 거쳐 헝가리까지 패잔병을 추격했다. 때마침 발렌슈타인의 동료 틸리 공도 덴마크의 크리스티안 국왕이 이끄는 군대를 바렌베르게 근처 루터에서 완파했다.

　이듬해인 1627년은 발렌슈타인의 위세가 절정에 달한 시기였다. 연전연승하며 '무적'이라는 명성을 얻은 그는 혼자서 오랜 황제의 숙적들을 대적할 수 있을 것으로 여겨졌다. 발렌슈타인은 4만여 명의 군대를 이끌고 데인족과 그 연합군을 슐레지엔 밖으로 쫓아버렸다. 그리고 메클렌부르크와 포메른, 홀슈타인, 유틀란트 등 북부 독일 지역의 주요 도시들을 점령해나갔다. 발렌슈타인의 군대가 마침내 덴마크 본국까지 진격하자 크리스티안 국왕은 해외로 도피했다. 이를 계기로 발렌슈타인은 물론 페르디난트 2세 황제에게도 전성기가 온 것이다. 황제는 발렌슈타인에게 덴마크 왕위에 오를 것을 제의했지만, 그는 이를 사양한 채 메클렌부르크와 사간의 공작직과 영지, 궁전만을 수용했다. 왕위는 거절했지만 왕보다 더 부유하고 강력한 인물이 되는 길을 택한 것이다.

　하지만 발렌슈타인의 빠른 성공 가운데 또 하나의 새로운 '공포'가 잉태됐다. 발렌슈타인이 거느리고 있던 대규모 군대는 황제에게 골칫거리로 부상했다. 발렌슈타인이 주도하여 조직했고, 전장에서 위력을 증명한 대군이 황제에게 영원히 충성할 것이라고 담보할 수 없었던 것이다. 황제에게 유럽의 패권을 안긴 군대가 반대로 황제를 배반하지 말란 법도 없었다. 발렌슈타인이 대군을 지휘한 첫해에 빈에서 활동하던 베네치아 대사는 "군대의 충성심을 믿을 수가 없다. (빈에는) 반란의 공포가 상존하고 있으며 (군대가) 외부의 적과 힘을 합칠 것이라는 우려가 널리 퍼져 있다"는 보고서를 본국에 보내기도 했다.

군대 내 지휘 체계의 실상도 황제가 우려할 만한 상태였다. 명목상
으로는 황제의 장교와 사람들이 수뇌부를 차지하고 있었지만 그들은
사실 발렌슈타인의 사람들이었다. 모두 발렌슈타인에게 재정적으로
의존했으며 군대는 명령 체계보다 금전적 채무 관계로 얽혀 있었다.
거미줄 같은 채무 관계의 정점에는 총사령관인 발렌슈타인이 있었다.
각 장교들은 자신의 비용으로 부대를 조성했고, 그 돈은 대부분 발렌
슈타인이 빌려준 것이었다.

발렌슈타인도 황제가 가진 두려움을 어느 정도 파악하고 있었던
것으로 보인다. 초빈의 대성공 이후 몇 년간 "언제든 사임할 수 있다"
는 의사를 피력한 것은 황제의 의구심과 공포를 달래기 위함이었지만
이런 사퇴 카드를 내밀 때에도 자신이 물러난 이후에 더 큰 위험이 발
생할 수 있다는 경고를 빠뜨리지 않았다. 실제로 구교 측 인사들 사이
에선 발렌슈타인이 없다면 군대를 통제하는 게 불가능하다는 공포가
널리 퍼져 있었다. 용병대장 만스펠트를 추격하던 중 발렌슈타인은
황제에게 군대의 유지 비용을 청구하며 "돈을 주지 않는다면 군의 진
격 방향이 달라질 수 있다"고 경고한 전례도 있었다. 결론적으로 발렌
슈타인은 거대한 군대를 지휘한다는 이유로 두려움의 대상이 되었던
것이다.

하지만 달도 차면 기우는 법. 1628년 봄부터 발렌슈타인의 운이 조
금씩 효력을 잃기 시작했다. 그해 1월, 발렌슈타인의 첫 아들은 태어
난 지 7주 만에 사망한다. 앞서 태어난 딸에겐 상속 자격이 없다고 천
명한 상황이었다. 마침 점령지인 독일 북쪽에 위치한 슈트랄준트 지역

에서 반란이 발생했고, 이를 제압하는 데 난항을 겪은 발렌슈타인은 결국 퇴각의 길을 선택했다. 이로써 발렌슈타인의 불패 신화에는 결국 금이 갔다.

이후 그가 겪은 전투는 대부분 혼전이었다. 격전이 이어지며 독일 지역의 황폐화는 빨라졌다. 이 때문에 각 지역에서 전비 충당을 위해 무자비하게 돈을 갈취할 수밖에 없었다. 예전과 같은 '합리적'인 군대세 제도는 유지하기 힘들었고 점점 '약탈'에 가까운 방법으로 군대를 지탱할 수밖에 없었다. 당대인들은 "프리틀란트 공은 폭풍과 방화, 그리고 공포만을 가져올 뿐"이라고 평했다. 대중에게 발렌슈타인은 무시무시한 군신 혹은 죽음의 신 타나토스Thanatos로 형상화되었다.

황제도 본격적으로 그를 불신하기 시작했다. 대군을 발렌슈타인의 지휘 하에 두는 불안을 감당하지 못했던 황제는 1630년 전격적으로 발렌슈타인을 해임한다. 그러나 발렌슈타인의 부재는 오래가지 못했다. 스웨덴 국왕 구스타브 아돌프Gustav Adolf의 공세가 시작됐기 때문이다. '북방의 해머'라 불린 이 위대한 전사왕의 등장으로 브라이텐펠트 전투를 비롯한 유럽 각지의 전장에서 전세는 급변했다. 승패의 추가 신교 쪽으로 급격히 기운 것이다.

해임된 지 불과 1년 반 뒤인 1631년, 결국 황제는 다시 발렌슈타인의 복귀를 간청했다. 페르디난트 2세는 발렌슈타인에게 제국의 권위를 이양한 것처럼 보일 정도로 강력한 전권을 주었다. 하지만 낙마했던 발렌슈타인은 환호하며 복귀하지 않았다. 그는 매우 신중하게 권력을 손에 쥐는 것처럼 연출하는 '현명한' 모습을 보였다. 군대가 조성된 3개월 동안만 최고사령관을 맡을 것이며 그 후에 다시는 군을 지휘하지 않겠다고 선언한 것이다.

다시 황제군 총사령관이 된 발렌슈타인은 1631년 3월 말에 거의 10만 명에 달하는 대군을 모집했다. 이는 당시 유럽에서 최대 규모였다. 그의 영지가 있는 보헤미아 농장과 광산, 각종 공장에서는 음식, 의복 그리고 무기 등을 집중적으로 생산했다. 약속했던 3개월이 지나자 사람들은 발렌슈타인 외의 다른 인물이 군대를 이끈다는 것을 상상조차 할 수 없게 되었다. 그러나 발렌슈타인은 '계속해서 직을 맡아 달라'는 황제의 간청에도 물러나겠다며 고집을 피운다. 빈으로 오라는 명령도 거부하다가 군대 지도부의 공백 사태가 길어지자 4월 중순 총사령관직을 다시 수락한다. 이 사태는 결과적으로 황제가 권위를 잃고 부하에게 휘둘린 것으로, 사실상 반란과 다를 게 없었다.

발렌슈타인이 이번에 조성한 군대도 여러 언어를 쓰는 다인종, 다국적 조직이었다. 초원지대의 유목민 집단과 비슷했던 이 군대를 두고 영국의 역사가 토머스 칼라일은 "유럽 내의 거대하고 거친 무법자 집단이 한 참호에 몰려 있으며, 인간의 덕성은 찾아보기 힘들고 악으로 뭉친 무모한 자들의 집단"이라고 묘사했다. 게다가 그들은 "지도자에 대한 무조건적인 복종심으로 가득"했다. 사람들이 보기에 이국적이고도 야만적이었던 발렌슈타인의 군대는 일부 정찰기병이 오스만튀르크 군인의 복장을 하고 있었던 탓에 '이교도의 군대'라는 인상을 주었다.

신교 측은 선전 팸플릿에 "발렌슈타인의 군대가 성문을 도끼로 찍어 열어젖힌 뒤 여자들을 강간하고 물건을 훔쳤으며, 보물을 숨긴 장소를 알아내기 위해 수많은 사람을 다양하고 공포스러운 방법으로 고문했다"고 묘사했다. 19세기 역사가 볼프강 멘첼은 이를 기반으로 "수백 곳의 마을이 화염에 휩싸였으며 발렌슈타인의 마차와 함께 공포가 행진했다"고 서술했다.

발렌슈타인의 복귀를 촉발한 뤼첸 전투는 30년 전쟁의 하이라이트였다. 이 전투에서 발렌슈타인은 격전이 끝난 뒤 야밤에 대포와 부상병을 버려둔 채 퇴각했다. 승패를 명확하게 가리지는 못했지만 이 때문에 뤼첸 전투의 패자는 발렌슈타인으로 보였다. 그러나 전투의 승패보다 더 중요했던 사실은 스웨덴 국왕 구스타브 아돌프의 전사였다. 전투가 한참일 때 그는 총에 맞아 말을 제대로 몰 수 없게 되었는데 황제군 병사들은 이 기회를 놓치지 않았다. 그들은 적군의 왕을 향해 반복적으로 총을 쏘고 칼로 찔러 죽였다. 말에서 끌어내린 뒤에는 금시계와 은박차 등을 빼앗고 수천 명의 전사자 사이에 알몸의 시체만을 남겨두었다.

구스타브 아돌프의 죽음은 신교 측이 전쟁 동력을 상실하는 원인이 됐으며 구교 진영에겐 큰 축복이었다. 유럽 각지의 성당에서는 신의 영광을 찬미하는 노래 '테데움Te Deum'이 불렸고, 마드리드에선 뤼첸 전투를 묘사한 24막짜리 극이 공연되어 갈채를 받았다. 발렌슈타인도 "구스타브 아돌프가 죽은 것은 그 자신에게도, 나에게도 좋은 일이다. 독일에는 우리 두 사람이 함께 있을 만한 충분한 공간이 없다"고 말하며 부담스러웠던 라이벌의 죽음을 기뻐했다. 이 뤼첸 전투는 발렌슈타인이 치른 마지막 전투였다.

그러나 막강한 적이 사라진 것은 발렌슈타인에게 좋지만은 않았다. 황제가 더 이상 그를 필요로 하지 않는다는 의미이기도 했기 때문이다. 발렌슈타인은 점점 프라하 성에 칩거하는 일이 늘었고, 화를 더 잘 내는 성격으로 변해갔다. 그는 외부와 접촉을 끊었으며 극소수의 사람만이 발렌슈타인을 만날 수 있었다. 미궁 속 미노타우로스 Minotauros 같은 존재가 되어버렸던 것이다. 그는 스스로 궁에 갇혀 대중의 두려움과 경외심을 유지했다. 장관을 연출하는 것이 아니라 부재와 보이지 않는 것을 통해서 그렇게 했다. 뤼첸 전투 이후엔 말 위에서 죽은 구스타브 아돌프가 떠올랐는지 말을 잘 타지 않았고 몇 주 동안 결재 서류에 서명하지 않고 넘어가기도 했다.

건강이 나빠지고, 성격도 광포해진 발렌슈타인이었지만 그의 정치적 영향력은 한동안 상승세를 이어갔다. 유럽 각지의 대사들이 환심을 사기 위해 몰려들었고, 신성로마제국의 관료들 또한 그의 조언을 구하기 위해 쉬지 않고 방문했다. 발렌슈타인의 잠재적 경쟁자와 동맹 후보, 적들 사이에서도 쉼 없는 편지가 오갔다. 그러나 발렌슈타인은 페르디난트 황제의 편지마저 며칠째 읽지 않고 방치하거나 답장하지 않은 경우가 많았다고 한다. 점점 독자적인 행동을 하는 일도 늘었다. 구스타브 아돌프가 사라진 뒤에는 무리하게 신교 측과 전쟁을 하려고도 하지 않았다. 정치·외교 측면에서 객관적인 현실주의자였던 발렌슈타인은 스웨덴과 화친을 원했다. 그는 도그마에 빠진 원칙주의자도 아니었으며 잃어버린 대의명분을 위해 마지막까지 싸울 사람도 아니었다. 그가 타협하지 못할 원칙은 없었다. 발렌슈타인의 이런 행동은 황제와의 사이를 계속 벌어지게 만들었다. 결국 발렌슈타인은 한겨울에 스웨덴을 공격하라는 황제의 명을 거부하고 사임해 보헤미아의 필젠으로 물러났다. 두 번째 사직이었지만 자신이 조직한 대군이었기에 언제든 수족처럼 움직일 수 있을 거라 믿었을 것이다.

한편 발렌슈타인이 결국 반역을 할 것이라는 페르디난트 황제의 의심은 커져만 갔다. 때마침 1634년 초에 발렌슈타인이 반역을 모의하고 있다는 밀서가 황제에게 올라갔고, 발렌슈타인이 부하들에게 "자신에게만 충성을 맹세할 것"을 요구했다는 소식도 들렸다. 이는 황제를 자극하기에 충분했다. 페르디난트 황제는 즉각 그를 잡아오라고 비밀 명령을 내린다. 사실상 암살 명령이었다. 마음 편히 지내고 있던 발렌슈타인은 막판에야 위기를 눈치챘고 작센 지역으로 탈출을 모색했다.

발렌슈타인이 처음 도피한 곳은 보헤미아 국경지대에 있는 에게르였다. 한때 10만 대군을 호령했던 발렌슈타인은 고작 1400여 명에 불과한 병력을 이끌고 에게르로 향했다. 금전 관계로 묶여 있던 수많은 장교 중 마지막까지 지근거리에서 발렌슈타인을 따라간 사람은 3명밖에 되지 않았다. 절체절명의 시기에 수족처럼 부렸던, 마침 지리적으로도 멀지 않은 오스트리아에 주둔해 있던 군대는 더 이상 발렌슈타인이 아닌 황제에게 충성하고 있었다.

발렌슈타인은 계속해서 자신의 충성심을 빈의 궁에 알렸으나 묵살되었다. 실제로 그가 각종 반란 계획에 가담했는지 혹은 그 모의를 사전에 알고 있었는지 여부는 분명하지 않다. 에게르에 도착한 뒤 부하들 상당수가 조용히 발렌슈타인의 곁을 떠났다. 사태가 악화되고 있다는 사실을 깨달은 발렌슈타인은 한밤중에 그곳을 몰래 빠져나가 작센에 있던 군대를 재규합하고자 했다. 과거에 적이었던 바이마르 공휘하의 스웨덴군에게 의탁하는 계획도 세웠다.

그러던 중 운명의 날이 다가왔다. 1634년 2월 25일 토요일 저녁, 장교들은 식당으로 식사를 하러 갔고 발렌슈타인은 평소처럼 홀로 자신의 방에 앉아 저녁을 먹었다. 훌륭한 식사가 마련돼 있는 모습을 본 장교들은 경계를 풀었다. 날이 어두워지자 아일랜드 출신 용병 버틀러가 이끄는 아일랜드군과 일부 장교들이 합세해 남은 장교들을 살해했다. 총을 사용하지 않았기 때문에 멀리서 어떤 일이 일어나고 있는지 발렌슈타인은 알 수 없었다. 곧이어 버틀러가 창병들을 이끌고 발렌슈타인의 침실로 갔다. 경비도 없었고, 요새에서 가장 조용한 방에 머물렀던 탓에 발렌슈타인은 무방비 상태였다. 병사 7명이 "반역자"를 외치며 돌진했다. 그들은 근처에 있던 시종들을 죽이고 방으로 들어갔다. 침대에서 일어선 발렌슈타인은 두 팔을 벌린 채 뭔가 말하려 했다고 한다. 아마도 '자비'를 구하는 행동이었을 것이다. 병사 중 하나가 창으로 발렌슈타인을 찔러 죽였다. 이후 발렌슈타인의 암살에 참여했던 인물들은 "전 세계를 공포에 떨도록 한 자를 죽이는 데에는 큰 용기와 결단력이 필요했다"며 자랑했다.

발렌슈타인의 시체는 붉은 침대보에 싸여 창밖으로 던져졌다. 그러고는 계단을 질질 끌려내려갔다. 병사들은 발렌슈타인의 옷을 벗겼다. 17세기에 옷은 죽은 자가 입고 있기엔 너무나도 귀한 것이었기 때문이다. "다리를 잡고 질질 끌었던 까닭에 발렌슈타인의 머리는 계단마다 부딪혔다. 병사들은 피투성이가 된 그와 장교들의 시체를 성으로 옮기기 위해 마차에 내동댕이쳤다. 시신은 모두 알몸이었다." 이것이 현장 진술로 남겨진 발렌슈타인의 최후 모습이었다.

그의 사후, 황제 측이 펴낸 각종 선전 팸플릿에서 발렌슈타인은 거칠고 무례하며 항상 앙심을 품고 살았던 미친 사람으로 묘사됐다. 그는 점성술에 의존해 전쟁과 평화를 결정하고, 비교할 수 없이 악명이 높았던 인물이었던 만큼 재판 없이 죽이는 게 당연하다는 주장이 제기되었다.

한때 대중은 발렌슈타인이 '어둠의 힘'과 계약을 맺고 불패의 존재가 됐다고 믿었다. "승리를 그의 군기에 묶어버렸다"는 표현도 널리 퍼졌다. 불사의 존재, 공격당하지 않는 존재로 여겨졌던 발렌슈타인의 이미지는 뤼첸 전투에서 갑옷을 입지 않고 싸웠다는 소문이 돌면서 증폭됐다. 발렌슈타인은 초자연적인 존재나 악마의 보호를 받는 것으로 그려졌기에 그가 일개 병사의 창에 찔려 허망하게 죽었다는 사실을 많은 사람이 믿지 못했다고 한다. 실제로 이후 몇 년 동안 그의 사체는 썩지 않았다는 소문도 돌았다. 그렇게 발렌슈타인은 동시대 사람들에게 공포를 상징하는 존재였지만 막상 그가 죽자 공포는 연기처럼 사라져버렸다.

조직원을 옥박지르고 겁박해 목표를 달성하는 리더십은 단기간의 효험은 있을지 모르지만 일시적일 수밖에 없다. 발렌슈타인의 사례가 그 길지 않은 '공포'의 유효 기간을 잘 보여준다.

×

# Emmanuel de Grouchy

## 그루시의 맹목

때로는 조직을 이끄는 사람이 '최고의 인재'가 아닐 수도 있다. 별볼 일 없는 사람이 조직의 지도자 자리에 오르는 일이 더 비일비재할지도 모른다. 운명은 이따금씩 묘한 변덕을 부려 하찮은 사람이 위대한 인물의 성패를 결정짓게 하기도 한다. 군사사상가 클라우제비츠의 말처럼 전장의 승패는 '우연과 불확실성'에 의해 결정되고, 수많은 위대한 인물과 조직은 무능한 부하와 리더를 잘못 만난 탓에 사라졌다.

나폴레옹 보나파르트Napoléon Bonaparte도 그런 운명의 희생을 치른 인물이었다. 그토록 유명한 워털루 전투의 승패를 결정한 것은 '전쟁의 신' 나폴레옹의 지략이나 영국의 용장 웰링턴의 전술이 아니었다. 그 결과를 좌우한 인물은 나폴레옹 휘하의 장군 에마뉘엘 드 그루시Emmanuel de Grouchy(1766~1847) 원수였다. 그루시는 성실하고 충성심이 강했으며 용맹했지만 융통성과 본능적인 판단력, 자율성은 거의 찾아볼 수 없는 맹목적이고 시야가 좁은 인물이었다. 충실함과 옹고집은 종이 한 장 차이에 불과했다. 그리고 그 작은 차이가 결정적인 순간에 세계사의 흐름을 바꿔놓았다.

오스트리아의 작가 슈테판 츠바이크는 그루시를 두고 "오스트리아의 총탄, 이집트의 폭염, 아랍의 단도, 러시아의 혹한으로 유능한 선임자들이 제거된 덕에 원수로 승진했다"고 비꼬았다. 19세기의 군사작가 찰스 체스니 콘월리스도 "나폴레옹 황제가 웰링턴에 대항하여 사력을 다해 싸울 동안 (그루시는) 수많은 병사를 데리고 엉뚱한 곳만 헤매고 다녔다"고 평가했다. 우매함과 옹고집이 결합된 그루시의 단점은 결정적인 순간에 조직의 생존에 부담이 되었고, 나폴레옹을 최후의 대결에서 패배자로 자리매김하도록 만들었다. 그렇게 그는 오명을 뒤집어쓰게 되었다.

1815년 6월 18일 유럽의 운명을 결정한 워털루 전투가 이뤄지기까지 나폴레옹과 동맹군 사이엔 시간을 두고 경쟁이 벌어졌다. 동맹군은 2월 26일 엘바섬을 극적으로 탈출한 나폴레옹을 확실하게 몰락시키기 위해 3월에 60만 대군을 결집하기로 일찌감치 결의했다. 그리고 서둘러 준비 작업에 들어갔다. 북쪽에선 영국의 웰링턴 장군이 나폴레옹의 재기를 막기 위해 네덜란드와 연합군을 편성하여 프랑스로 진군했다. 여기에 '전진 원수前進元帥'라 불렸던 블뤼허 장군의 프로이센군이 지원에 나섰다. 라인강 유역에선 합스부르크 제국의 육군 원수 슈바르첸베르크가 무장을 갖추고 있었고, 러시아 연대도 중무장을 하고 독일을 가로질러 왔다. 동맹군은 나폴레옹을 물리치기 위해 5개 군을 동원하고 있었지만 5월 말까지 프랑스를 공격할 수 있는 위치에 배치된 군대는 웰링턴과 블뤼허의 두 부대뿐이었다. 게다가 그들은 넓은 지역에 분산되어 있었다.

나폴레옹도 적이 모두 모일 때까지 기다릴 여유가 없다는 사실을 잘 알고 있었다. 영국과 프로이센, 오스트리아군이 모여 자신이 불과 100여 일 전에 일으켜 세운 제국을 또 몰락시키기 전에 서둘러 그들을 갈라놓아야 했다. 그러려면 동맹국의 각 군대를 속전속결로 각개격파 하는 수밖에 없었다. 전부터 나폴레옹은 참모들에게 "전장에서 시간을 허비하는 것이야말로 회복할 수 없는 손실"이라고 되뇌곤 했는데 워털루 전투에서야말로 시간의 소중함이 절실했던 것이다. 과거 나폴레옹의 군대는 독일의 울름과 아우스터리츠에서도 빠르게 횡단하여 전열을 갖추지 못하고 있던 동맹군을 격파했는데 이번에도 그 영광을 재현하고자 한 것이다. 만약 나폴레옹이 웰링턴과 블뤼허를 각각 따라잡아 물리친다면 운명의 여신은 그에게 미소 지을 것이고, 그렇지 못하면 실패할 수밖에 없었다. 얼핏 보면 나폴레옹에게 절대적으로 불리한 게임처럼 보였지만 역설적으로 적군이 모두 모이기 전에 공격할 수 있다는 점은 큰 행운으로 보였다.

그러나 시간은 나폴레옹의 편이 아니었다. 게다가 긁어모은 군대의 수준은 예전 같지 않았으며 경험 없는 어린 병사들이 주를 이루고 있었다. 말과 장비는 부족했고 적국의 군사력과 경제력은 프랑스를 능가했다. 전술적으로도 동맹군 장군들은 나폴레옹과의 크고 작은 전투에서 패하면서 배운 바가 많아 전처럼 호락호락하지 않았다. 이런 상황에서 시간이 지날수록 프랑스군의 손실은 늘었고 위험은 더해갔다.

나폴레옹은 서둘러 움직였다. '대육군(그랑드 아르메Grande Armée)'의 선발대가 6월 15일 새벽 3시 벨기에 국경을 넘어 16일에는 리니 근교에서 프로이센 군대를 물리쳤다. 모든 것이 계획대로였다. 과거의 영광을 재현하는 것도 어렵지 않아 보였다. 하지만 예전과 큰 차이가 있었다. 바로 나폴레옹의 건강 상태가 좋지 않았다는 점이다. 지병인 치질이 심해진 탓에 워털루에서 말을 타는 것조차 힘들어했다. 작전과 지휘에 모든 정력을 집중할 수 없게 되면서 나폴레옹의 징기인 집중 타격 전술은 예봉이 무뎌졌다. 과거 나폴레옹에게 일격을 당했던 적들은 회복이 불가능했지만 이번엔 달랐다. 워털루 대전을 앞두고 나폴레옹에게 패한 프로이센군이 피해를 입고도 재기에 성공한 것이다. 전성기의 나폴레옹은 하루 18시간 동안이나 집중해 일할 수 있었지만 모두 과거의 일일 뿐이었다. 그의 지휘력과 전술은 예전만 못했고 프랑스군의 기강도 과거와 달리 느슨했다.

사실 나폴레옹의 한계는 워털루 전투 이전부터 전조를 드러내고 있었다. 그는 마지막 순간까지 천재적인 지휘관이었지만 과거 전성기에 카스틸리오네와 울름, 아우스터리츠, 예나에서 보여줬던 격렬한 에너지와 천재성, 전쟁을 장악하는 기략은 점점 사라져갔다. 시간이 지날수록 나폴레옹은 혁신적인 전술 대신 정면 승부를 선호했다. 나폴레옹 집권 후기에 치렀던 바그람과 보로디노, 라이프치히 전투가 대표적이다. 정면공격은 소모전이지만 지휘관 입장에서는 신속한 준비와 집행을 할 수 있고 집중력과 에너지 소모가 적다는 장점이 있었다. 그러나 나폴레옹이 정면 승부의 빈도를 높일수록 '승률'은 떨어져만 갔다. 나폴레옹은 어떤 장군이라도 45세에 이르면 진취적인 기상이 없어진다고 생각했는데 막상 46세가 된 본인의 문제는 해결하지 못했다.

실제로 나폴레옹이 거둔 결정적 승리들은 모두 초창기에 이뤄졌다. 1805년까지 지휘한 전투에서 단 한 번도 패한 적이 없었던 그였지만 1809년 이후로는 어떤 전역에서도 결정적 승리를 얻지 못했다. 혁신적인 전술로 열세의 병력을 극복했던 아우스터리츠에서와 달리 후기의 나폴레옹은 그날그날의 전역을 부관들에게 맡겨버렸다. 즉, 상대적으로 능력의 기복이 심해진 나폴레옹을 보좌하는 참모진의 중요성이 더욱 커졌는데 워털루 전투를 앞두고 참모진의 수준은 대부분 기대에 미치지 못했다.

결전의 날을 앞두고 나폴레옹은 웰링턴에게 결정적인 타격을 가하려고 준비 중이었다. 평소에 그는 "오직 적의 주력부대만 바라보고 그 주력을 분쇄하는 데 전념했다"고 말해왔고 이 신념은 워털루 전투에서도 마찬가지로 적용됐다. 나폴레옹은 웰링턴만 바라봤다. 나폴레옹 전술의 특징은 적의 손발을 자르기보다 머리를 부수기 위해 극단적으로 싸우는 것이었으나 적은 하루하루 강해졌다. 초조해진 나폴레옹은 17일 전군을 이끌고 웰링턴이 보루를 구축하고 있던 카트르 브라 고지까지 진격했다.

운명의 본격 대전을 앞두고 나폴레옹은 신중하게 생각했다. 블뤼허의 군대가 웰링턴과 연합할 위협적인 가능성을 고려해야 했기 때문이다. 이를 막기 위해 나폴레옹은 일부 병사들에게 프로이센 군대를 추격하도록 했다. 추격 부대의 미션은 프로이센군과 영국군의 연합을 저지하는 일이었다. 부대의 명령권은 그루시 원수에게 부여됐다. 나폴레옹은 집권 기간 동안 젊은 26명의 원수를 발탁했다. 그중 24명이 여관 주인과 식품가게 주인, 술장수의 아들 같은 평민 출신이었다. 그루시는 귀족 가문 출신이었지만 젊어서부터 프랑스 혁명의 대의에 동의해왔고, 이후 공화국에서 출신 성분 때문에 역차별을 받은 전력이 있었다. 게다가 나폴레옹에 대한 충성도는 의심할 여지가 없었다.

그루시는 나폴레옹이 임명한 26번째, 즉 마지막 원수로 "뛰어나지는 않지만 성실하고, 솔직하고, 용감하며 믿을 만한 기병대장"이었다. 전쟁터에서 14번 부상당했고 포로 생활의 경험도 있었다. 하지만 거기까지였다. 그루시는 과거 중요한 전장에서 지휘를 맡은 경험이 한 번도 없었다. 나폴레옹 밑에서 20년간 직업 군인으로 성장해온 그는 스페인에서 러시아, 네덜란드에서 이탈리아까지 온갖 전장을 누비며 차근차근 원수 자리에 올랐다.

그루시는 과거 집정정부가 젊은 나폴레옹을 의심할 때 앞장서서 "나폴레옹 만세"를 외치며 그를 권좌에 올린 인물이었다. 그러나 러시아 원정 실패 후 재빨리 배신을 했던 뮈라처럼 뜨겁고 열광적인 기병용사도 아니었다. 생시르 같은 전략가도 될 수 없었다. 나폴레옹과 함께 수많은 전투에서 승리를 거뒀지만, 워털루 전투 때는 고인이 된 베르티에 원수보다도 무게감이 떨어졌다. 70여 차례의 전투에 참여한 베테랑이자 "용감한 자 중 가장 용감한 자"로 불렸던 네이 같은 영웅도 아니었다. 그는 그저 눈에 띄는 특성이 없는 인물일 뿐이었다. 워털루 전투에서 중책을 맡지 않았다면 그루시를 기억하는 사람은 거의 없었을 것이다. 운명의 장난처럼 그의 '불운'은 훗날 그루시를 유명하게 만들었다.

그렇다면 나폴레옹은 왜 별 볼 일 없는 그루시를 중용했을까? 그루시는 능력이 출중한 것만으로 승진한 것이 아니었다. 유능했던 그의 선임자들이 크고 작은 전투에서 목숨을 잃거나 군을 떠났기에 사람이 없었던 것이다.

워털루 전투가 벌어지던 시점에 과거 나폴레옹을 보좌했던 원수 중 절반은 지하에 묻혀 있었다. 특히 1812~1813년 러시아 원정에 실패하고 라이프치히 등에서 뒤이어 패전하여 유능한 장군 상당수가 사라졌다. 남은 사람들은 야영 생활에 지쳐 진절머리를 치며 살거나, 나폴레옹을 배신한 전력이 있었다. 나폴레옹 밑에서 출세했던 장군 중 적지 않은 인물이 러시아 원정 실패 후 파리에 입성한 적들을 호화롭게 대접했다. 모두 나폴레옹이 준 직위와 부를 바탕으로 살길을 찾아 나섰던 것이다. 이런 점을 고려할 때 그루시 이외에 원수 직위를 맡길 만한 장군은 찾기 힘들었을 것이다. 오스트리아의 전기 작가 슈테판 츠바이크의 표현대로 그루시는 "최고의 길을 공략해서 높은 지위에 오른 것이 아니라 20년간의 전쟁 경험 덕에 저절로 길이 열린" 셈이었다.

수동적이고 자율성이 부족한 점은 그루시 혼자만의 단점이 아니었다. 1804~1814년의 소위 '대제국의 시대'에 나폴레옹은 총사령관부터 참모장, 외무대신, 일선 부대 사령관의 역할까지 도맡았다. 그런 체제 아래서 프랑스군 장교들은 독자적인 판단 능력과 자율성을 상실해

갔다. 게다가 대다수는 구식 인물이었다. 나폴레옹이 시계를 보고 시간을 파악해 작전을 짤 때 장교들은 여전히 '동틀 무렵' 같은 구시대적인 방법으로 시간을 추측했다. 반면 그루시가 믿음직하고 충직하며, 용감하고 순수한 사람이라는 사실을 잘 알았던 나폴레옹은 취할 수 있는 최선의 선택을 한 셈이었다. 그에게서 영웅적인 면모나 전략가적 기질을 찾을 수는 없었지만 말이다.

6월 17일 오전 11시, 나폴레옹은 원수 그루시에게 독자적인 지휘권을 넘겼다. 그에게 떨어진 미션은 극도로 단순하면서도 명료했다. 바로 자신이 영국군을 공격하는 동안 전날 격파한 프로이센군을 추격해 섬멸하거나 최소한 웰링턴의 영국군과 합류하지 못하도록 하라는 것이었다. 이를 위해 나폴레옹은 전 병력의 3분의 1인 3만3765명의 병사(보병 2만5513명, 기병 5617명, 2635명의 소총병과 96문의 대포로 구성)를 그루시에게 떼어주었다. 단 하루 동안 부여된 이 임무 덕분에 그루시는 세계사에 이름을 남겼다. 슈테판 츠바이크는 이 순간을 인류사를 바꾼 "별빛의 시간Sternstunde"이라고 불렀다.

그러나 그루시는 독자적으로 작전을 수행하는 데 익숙하지 않았다. 그는 준수한 기병 지휘관이었으나 이제 전략적 통찰력이 요구되는 자리를 맡게 되었다. 신중함은 나폴레옹에게 지시받을 때만 발휘되던 것이었다. 다시 말해 그루시는 '피터의 원리The Peter Principle(조직의 구성원들이 자신의 무능이 두드러지는 수준까지 승진하려는 경향을 보이는 원리)'의 대표적 사례였다. 게다가 "훌륭한 리더가 되려면 먼저 훌륭한 부하가 되어야 한다"라는 말은 전형적인 인식의 오류이고 "충실한 부하는 리더가 되지 못한다"는 사실 또한 효과적으로 보여주었다. 설상 가상으로 그에게 배분된 부대는 임무에 적합하지 않았다. 퇴각하는 프로이센군을 추격하는 일은 전날 격전을 치러 기동력이 크게 떨어진 2만7000여 명의 보병에게 무리였던 것이다. 추격 부대에 소속된 중하 위급 지휘관들도 그루시에게 배속된 것을 내심 불만스러워했다. 그들은 17일 오후 억수같이 쏟아지는 빗속에서 본대와 작별하고 블뤼허와 프로이센군이 있을 것이라 짐작되는 방향으로 나아갔다. 이미 출발이 늦어버린 상황이었다.

그날은 운도 따라주지 않았다. 비가 계속 내렸고 그루시의 정찰 부대는 그 때문에 제 기능을 하지 못했다. 병사들은 아무 쓸모가 없는 보고나 전해올 뿐이었다. 나폴레옹에게도 당연히 프로이센군에 관한 소식은 전해지지 않았다. 워털루 전장에 쏟아진 폭우는 나폴레옹 전술의 최대 장점도 무력화해버렸다. 나폴레옹 전술이 위력적이었던 이유는 포병 전술 덕분이었는데 대포의 위력이 배가될 수 있었던 데에는 당시의 전투 수행 형태가 한몫하고 있었다. 전쟁사 전문가인 글래스고대학 교수 휴 스트라찬은 "유럽 전장의 모습은 루이 14세 시대부터 제1차 세계대전까지 근본적으로 큰 변화가 없었다"고 설명했다. 당시 전쟁터는 공터가 많은 텅 빈 공간이라기보다 군인과 말들이 빽빽하게 뭉쳐서 상대방과 서로 마주 보며 싸우는 형태였다는 것이다. 이 같은 밀집 전투 대형 속에서 대포는 볼링공이 볼링 핀을 쓰러뜨리듯 살상을 반복했다. 무거운 쇳덩어리 포탄은 전장의 단단한 땅 위를 통통 튀며 병사들의 다리를 절단하고 군인들과 말의 육신을 뭉개면서 적군의 사기를 떨어뜨렸다.

그러나 밤새 쏟아진 폭우 탓에 나폴레옹 군대는 진군에 애를 먹고 있었다. 게다가 비로 땅이 물러지는 바람에 포탄은 진창에 박혀버렸다. 악재가 겹친 나폴레옹은 당초 예정보다 두 시간 늦은 18일 오전 11시에 영국군에 대한 공격을 개시했다. 프랑스군은 오후 1시까지 고지를 돌격하고 마을과 진지를 점령했다가 밀리기를 반복했다. 워털루의 진흙 언덕은 시체로 뒤덮였지만 양측 모두 기진맥진한 채 이룬 것이 없었다. 양쪽 진영에서 400문의 대포가 끊임없이 포를 쏘며 진행됐던 워털루 전투는 얼마 지나지 않아 지원군이 먼저 오는 쪽이 이기는 양상으로 변했다. 프로이센의 블뤼허와 프랑스의 그루시 사이의 '속도 전쟁'이 시작된 것이다. 그루시만 적시에 돌아온다면 프랑스군은 승패를 단숨에 결정할 수 있었다. 그렇게 그루시는 자신도 모르게 나폴레옹의 운명을 손에 쥐었다.

그러나 그루시는 그 중요한 시간에 나폴레옹의 첫 명령에 따라 프로이센군을 찾아 돌아다니고 있었다. 결국 그들은 프로이센군이 아닌 고요하고 평화로운 땅을 마주했다. 프로이센군의 흔적은 어디에도 보이지 않았다. 지친 그루시가 한 농가에서 쉬고 있을 때였다. 흐릿한 포성이 들려왔다. 불과 세 시간 거리에 있는 워털루 전장에서 나는 소리였다. 부하 지휘관들은 "대포 소리가 나는 방향으로 신속하게 돌진해야 한다"고 주장했다. 나폴레옹이 영국군을 공격했고 힘들게 전투를 치르고 있을 거라 짐작했던 것이다. 하지만 그루시는 결정을 미루며 미심쩍어했다. 이는 복종에 익숙했던 그가 "퇴각하는 프로이센군을 추격하라"

는 황제의 명령이 적힌 종이쪽지에 집착했기 때문으로 보인다. 모든 것이 불확실한 전장에서 포성이 들릴 정도라면 전투를 도우러 가는 것이 합리적이고 상식적인 판단이었지만 그루시의 선택은 정반대였다. "황제에게서 다른 지령이 내려오지 않는 한 임무에서 벗어나지 않겠다"고 선언한 것이다. 전쟁에서 상상력은 최고 지휘관에게만 필요하고 수하 장교는 명령만을 수행해야 한다는 그의 지론이 판단에 영향을 미쳤다.

> "황제께서는 어제 영국군을 공격할 계획이고 웰링턴이 아마도 그 전투에 응할 것이라고 내게 알려주셨다. 따라서 지금 전투가 발생했다 하더라도 하등 놀랄 일이 아니다. 만약 황제께서 내가 함께 싸우길 바라셨다면 애초에 나를 떼어 보내지 않으셨을 것이다. 설사 황제가 싸우는 전장으로 돌아간다 하더라도 어제와 오늘 아침 내린 비로 도로가 진창이 되었으므로 제시간에 도착하는 일은 불가능하다."

부하 장교들은 일부 부대만이라도 쪼개서 본대로 보내자고 간청했지만 그루시는 이마저 단호히 거절했다. 안 그래도 작은 부대를 나누는 것은 무책임하다는 이유에서였다. 결국 이 순간 그루시가 했던 오판이 19세기 유럽의 운명을 결정했다.

그루시는 워털루에서 전투가 치열하게 진행되는 동안 프로이센군을 찾아 헤맸지만 그들은 결국 나타나지 않았다. 그리고 불길한 생각은 현실이 되었다. 전령들은 뒤늦게 프로이센군이 워털루의 전장 쪽으로 방향을 바꾸었을지도 모른다는 소식을 전해왔다. 이때라도 서둘렀다면 그루시는 나폴레옹을 도울 수 있었을 것이다. 하지만 그는 다시 오판을 한다. 황제의 전령이 오기만을 기다렸지만 오지 않았고, 워털루에서의 포성 소리만 커져갔다(그루시를 위한 변론이 없지는 않다. 워털루로 서둘러 떠났더라도 제때 도착할 수 없거나, 가는 도중 프로이센군에게 후방을 공격당해 무방비 상태로 싸워야 했을 수도 있다).

짐작했던 대로 워털루에 있던 나폴레옹에겐 최악의 사태가 벌어지고 있었다. 18일 오후 1시, 나폴레옹이 웰링턴을 몰아붙이던 찰나 블뤼허의 전위대가 영국군을 구원하러 온 것이다. 프랑스군의 3분의 1이 헛되게 텅 빈 땅에서 우왕좌왕하는 동안 패퇴했던 프로이센군은 영국군에 합류해 나폴레옹에게 비수를 들이댔다. 나폴레옹은 황급히 지령을 보냈으나 그루시의 추격 부대는 끝내 모습을 보이지 않았다. "그루시는 도대체 어디 있는 거야? 어디서 머물고 있는 거냐고……." 나폴레옹의 원망 섞인 외침만 헛되이 허공을 갈랐다. 블뤼허 기병들은 순식간에 프랑스군을 휩쓸며 나폴레옹의 의장마차를 비롯해 모든 포를 빼앗아버렸다. 나폴레옹은 간신히 목숨만 건졌다. 18일 자정 무렵 만신창이가 된 그는 실신한 상태로 초라한 마을 여관의 의자에 앉아 있었다. 나폴레옹은 더 이상 황제가 아니었다.

그루시의 부대는 뒤늦게 블뤼허 부대의 후위대를 만나 물리쳤지만 이 작은 승리는 아무런 의미가 없었다. 후대 역사가들의 표현대로 그루시는 매우 느렸고 늦었다. 그의 부대가 우왕좌왕한 지 얼마 지나지 않아 건너편 전장에선 더 이상 아무런 소리도 들려오지 않았다. 그루시의 부대는 격전의 현장에서 타격도 입지 않은 채 보존될 수 있었지만 부질없는 일이었다. 그루시는 결정적인 순간 황제를 버리고 엉뚱한 곳만 휘젓고 다닌 인물로 역사에 기록되었다. 오명이 그의 모든 공적을 뒤덮어버린 것이다. 무엇보다 이후 나폴레옹의 제국, 왕조, 그리고 그들의 운명은 끝이 났다. 한 인간의 소심함이 가장 용감하고 통찰력을 지닌 영웅의 20년 업적을 한순간에 산산조각냈다. 나폴레옹은 두고두고 그루시를 원망했다.

> "마지막에 나는 워털루에서도 거의 이길 수 있었다. 그러나 승리를 목전에 둔 상황에서 갑작스럽게 심연으로 내동댕이쳐졌다. 나의 오른팔 그루시의 '비정상적인 기동' 때문에 나는 승리를 쟁취하는 대신 완벽하게 파멸했다."(『나폴레옹 회고록Memoirs of Napoleon』)

> "내가 만약 그루시 대신 쉬셰를 그 자리에 임명했다면 프랑스군은 워털루에서 지지 않았을 것이다. 그 전투는 그루시가 오지 않았기 때문에 패배했다."(가스파르 구르고 장군이 전한 나폴레옹의 말)

나폴레옹은 기회가 나기만 하면 "군사학이란 모든 기회와 우연을 수학적으로 정확하게 계산해내는 것이다. 10분의 1이라도 오차가 생기면 상황은 바뀔 수 있다"는 말을 되뇌었다. 하지만 마지막 순간 그루시의 한계가 빚어낸 우연은 계산하지 못했다. 인간의 맹목까지는 고려하지 못했던 까닭에 나폴레옹은 가장 자신 있는 분야에서 결정적 실책을 범해 몰락했다.

# Nathan Rothschild

# 로스차일드의 혁신

1820년대 영국과 프랑스, 이탈리아, 오스트리아 등 유럽 각지에 흩어져 있던 로스차일드가※ 2세들이 가문의 본거지 독일 프랑크푸르트를 방문했다. 유럽의 차세대 금융 거물들은 그곳에서 경악을 금치 못했다. 거대 금융제국을 일구며 유럽을 제패한, 오늘날의 사우디아라비아 왕가보다 더 부유했을 것으로 추정되는 가문 '발상지'의 사업 수준이 시대에 크게 뒤떨어져 있었기 때문이다.

런던과 파리, 빈, 나폴리에서와 달리 프랑크푸르트에서는 여전히 '주화 환전소'에 가까운 업태가 지속되고 있었다. 역으로 보면 영국 등에서 활동한 가문의 방계傍系가 그만큼 빠르고 혁신적으로 변화했던 것이다. 로스차일드 가문의 도약을 주도하고 영국에서 활동 중이던 나탄 로스차일드Nathan Rothschild(1777~1836)의 자손들은 이때의 충격을 상세한 기록으로 남겼다.

> "(프랑크푸르트의) 지불을 받는 쪽 사무소에선 탈러와 플로린 등 잡
> 다한 단위의 은화 계산이 이뤄졌다. 그것들을 여러 개의 부대에 담
> 아 손수레에 실었다. 수령인이 고용한 두세 사람이 수레를 밀고 사
> 무소로 날랐다. 그곳에서 계산이 되풀이된다. (…) 가장 원시적인 방
> 법이다. 런던의 수표나 당좌예금 방식 등을 여기서는 전혀 알지 못
> 한다."

나탄 로스차일드는 로스차일드가를 일으킨 암셸 메이어 로스차일
드Amschel Mayer Rothschild의 셋째 아들이다. 훗날 로스차일드가가 '금력
金力'으로 유럽 각지의 경제력을 장악하자, 암셸 메이어가 '선견지명'으
로 런던, 파리, 빈 등 유럽 주요 요충지에 아들들을 보내 미리 자리 잡
도록 했다는 신화가 생겨났다. 하지만 실상은 사람들의 생각과 거리
가 있었다. 아버지와 형의 '보수적' 경영 행보에 불만이 있었던 삼남三
男 나탄은 가출하여 독일 프랑크푸르트를 떠나 경제 중심지 영국에서
비약적으로 사업을 키웠다. 다시 말해 로스차일드 가문을 '거물'로 성
장시킨 사람은 바로 변화와 혁신을 두려워하지 않던 나탄이었다. 그야
말로 그는 19세기 대부분의 기간 동안 세계 최대의 거대 금융회사를
세우고 일군 주인공이었다.

나탄의 아버지 암셸 메이어는 독일 프랑크푸르트 게토ghetto(유대인
거주 지역)의 가난한 유대인 금융가였다. "돈이야말로 유대인을 구원하

는 단 하나의 무기"라는 좌우명을 가졌던 그는 유럽 금융계의 큰 '돈줄' 중 한 명이던 헤센카셀 대공국의 백작 빌헬름 9세와 거래를 하며 사업 규모를 키웠다. 하지만 그때까진 국제적인 금융 거물이 되기에 크게 모자란 수준이었다.

가문의 위상은 암셸 메이어의 자식 대에 이르러 압도적으로 높아졌다. 그러나 자식 중에서도 후대에 만들어진 '신화'와 크게 다른 삶을 살았던 인물들이 있었다. 외향적이고 성공적인 해외 진출을 하는 전형적인 최고경영자상과 거리가 멀었던 것이다. 아버지와 같은 이름을 썼던 장남 암셸은 신앙심이 깊고 평생 프랑크푸르트를 벗어나지 않았다. 그는 아버지의 사업을 물려받았지만 그저 선대의 수준을 유지할 뿐 혁신이나 발전을 일으키진 못했다. 넷째 아들 카를은 일찍이 이탈리아 나폴리에 보내졌지만 외국 생활에 적응하지 못하고 고향 프랑크푸르트를 자주 드나들었다. 나탄의 형 살로몬과 막내 제임스는 아버지의 사업을 일찍부터 도왔지만 장사 솜씨가 특출한 편은 아니었다고 한다. 반면 나탄의 '독립성'과 '넓은 시야'는 형제 중에서 단연 두드러졌다.

나탄 로스차일드는 한마디로 '타고난 반항아'였다. 그는 키가 작고, 붉은 얼굴에 뚱뚱했으며 늘 활력이 넘치고 성질이 급했다. 야망과 상상력이 굉장해서 좁고 제약이 많은 게토 생활에 만족하지 못했다. 집중력이 뛰어나고 창의적이었던 나탄은 프랑스 대혁명 등으로 야기된 18세기 말 유럽의 혼란이야말로 사업을 확장할 절호의 기회라고 판단했다.

어릴 때부터 아버지 암셸 메이어의 심부름은 물론 점원일과 장부 정리까지 도맡아 하곤 했던 나탄 로스차일드는 고향인 프랑크푸르트를 벗어나서 자유롭게 새로운 사업 근거지를 찾아갔다. 아버지와의 결별은 나탄이 성인이 되기 전인 1798년 갑작스럽게 이뤄졌다(역사학자들은 나탄이 영국에 이주한 시기를 두고 여러 설을 제시하지만 적지 않은 학자가 '1798년 설'을 주장한다). 그는 변방인 독일을 떠나 산업과 금융 중심지 영국에서 사업을 시작했다. 시간이 흘러 성공을 거둔 뒤에도 한동안 유럽 대륙으로 돌아오지 않다가 1806년 영국에 귀화했다. 나탄 로스차일드는 아버지 암셸 메이어의 곁을 떠난 뒤 죽기 전까지 단 한 번 만났다. 그리고 프랑크푸르트 본가를 떠날 때의 심경을 훗날 다음과 같이 회상했다. 이 기록은 나탄이 영국으로 이주한 이유를 설명하는 유일한 사료이기도 하다.

"프랑크푸르트는 너무 좁았습니다. 나는 영국 상품을 다루었는데, 어느 날 영국 대상인이 나타나 시장을 독점했습니다. 그러다 그를 화나게 해버렸습니다. 그는 완강하게 견본 상품을 보여주려 하지 않았습니다. 그날은 화요일이었습니다. 그리고 당일 저녁, 아버지에게 영국으로 가겠다고 말했습니다. 독일어 이외의 언어는 단 한 마디도 하지 못했지만 그냥 목요일에 집을 나섰습니다."

일각에선 나탄이 독일 본가와의 사업 커넥션을 감추기 위해 독자적으로 뛰쳐나와 독립한 것처럼 묘사했다고 보기도 한다. 혹은 그가 훗

권력의 자서전

날 자신의 삶을 '무일푼에서 백만장자'로 자수성가한 것처럼 낭만화하고 싶었던 유혹을 뿌리치지 못한 결과라는 시각도 있다. 연구자들은 나탄이 프랑크푸르트를 떠난 진짜 이유가 게토의 종교적 제약을 벗어나 유대인이 자유롭게 경제 활동을 할 수 있는 영국에서 활약하고자 했던 것이라고 분석하기도 하지만, 모든 반론과 각종 조건을 객관적으로 살펴보더라도 나탄의 타지 생활이 결코 녹록하지 않았을 것이라는 점만은 분명하다.

나탄은 매형 베네딕트 보름스와 함께 무작정 영국으로 갔다. 그리고 바로 직물 사업을 시작했다. 보름스는 물건을 독일로 수출하는 일을 맡았고 반면 나탄은 맨체스터에서 제조를 담당했다. 고향을 떠나 영국으로 향하기 직전 아버지가 건네준 2만 파운드의 적잖은 자금으로 사업의 첫발을 내디뎠던 것이다.

마침 영국에는 독일계 유대인이 운영하는 상점들이 지점을 내고 있었다. 이 무렵 영국에는 1만2000~2만5000명의 유대인이 살고 있었다고 하는데 18세기에 수천 명의 유대인이 박해를 피해 영국으로 건너갔기 때문이었다. 게토에서의 고립된 생활을 탈피하고자 온 사람도 적지 않았다.

그러나 영국에서도 유대인의 삶은 녹록지 않았다. 대다수 유대인은 런던이나 지방의 항구도시에서 행상과 소규모 장사로 생계를 꾸려나갔다. 헌옷이나 싸구려 보석, 우산 등을 거래하는 가난한 상인들은 거의 유대인이었다. 간혹 식민지 무역과 주식거래에 관여하고 금융업에도 적극 뛰어드는 경우가 있었지만 성공 사례는 흔치 않았다. 극소수

자본가가 영국 정부의 신임을 얻어 전쟁 목적의 금융업이나 그 밖의 임시 비용 대출을 행했을 뿐이다. 하지만 그런 점을 고려해보더라도 유대인에게 18세기 말의 영국은 '약속의 땅'으로 불릴 만했다. 대륙에 비해 차별과 박해가 적었기 때문이다.

나탄이 아버지의 영업 방침에 반발하여 집을 뛰쳐나가 타지에서 자기 사업을 시작하겠다고 통보하자 아버지 암셀 메이어는 적지 않은 충격을 받았다. 하지만 결과적으로 이는 암셀 메이어에게도 나쁜 일은 아니었다. 그에게도 영국에 믿음직한 중개인이 생긴 셈이었기 때문이다.

당시 독일의 프랑크푸르트나 유럽의 창고로 들어오는 상품은 대부분 영국에서 만들어지거나 영국 식민지에서 영국을 거쳐 들어온 것이었다. 암셀 메이어가 주로 다룬 상품도 면직물과 모직물, 설탕, 인도산 염색물감, 커피, 담배, 와인 등이었다. 여기에 주화 환전업과 골동품 거래 등이 더해졌다.

문제는 이 대다수 물품의 가격이 '영국 상인'들의 말에 휘둘렸다는 것이다. "전쟁 때문에 상품 가격이 올랐다"는 영국 상인의 말에 프랑크푸르트 상인들은 대꾸 한번 제대로 못하고 '울며 겨자 먹기'로 그 값을 수용해야 했다. 때문에 독일 상인들은 당연히 중개인을 배제하고 싶어했다. 그러나 영국으로 진출해 직거래를 하는 일은 쉽지 않았다.

암셀 메이어 로스차일드가 프랑크푸르트 10대 유대인 부자로 꼽히던 1800년경에도 프랑크푸르트 상인 중 영국에서 직물을 직수입하는 업체는 15개 정도에 불과했다. 1799년에서 1803년 사이 영국 맨체스터에 대리인으로 상주한 독일 업자는 많아야 8명이었다. 이런 상황에서 '물보다 진한' 피를 나눈 혈육은 그 누구보다도 믿을 만한 대리인이 될 수 있었다.

나탄 로스차일드의 첫 목표는 영국 직물업계에 뛰어들어 성공하는 것이었다. 이는 영어를 모르는 외국인에게 쉬운 일이 아니었다. 나탄은 영어와 영국의 상업 관습을 익히기 위해 아버지와 정기 거래 관계에 있던 리바이 베어런트 코언 등의 사람들과 몇 달간 함께 지냈다. 영국의 유대인 공동체 지도자들은 프랑크푸르트에서 온 이 젊은이를 따뜻하게 맞이했다.

나탄은 1799년 5월, 당시 영국에서 가장 빠르게 성장하고 있던 북부 공업도시이자 직물업 중심지 맨체스터로 이동했다. 빨강 머리에 강한 독일 유대인 억양으로 영어를 구사하던 나탄은 곧 맨체스터 증권거래소에서 상인들의 놀림거리가 됐다. 하지만 그는 굴하지 않았다. 훗날 나탄은 맨체스터에서의 '성공 비결'에 대해 이윤이 발생하는 곳을 장악하고 남다른 근면과 경쟁력으로 이를 극대화했다는 점을 아래와 같이 설명했다.

"맨체스터에 왔을 때 나는 지니고 있던 돈을 모두 투자했다. (이곳의) 물건들은 매우 싸서 큰 이익을 얻을 수 있었다. 나는 직물업의 이익이 원료, 염색, 제조의 세 단계에서 생겨난다는 사실을 곧 깨달았다. 그래서 직물 제조업자에게 '원료와 염료는 내가 제공하겠소. 당신은 좋은 제품을 만들어주시오'라고 말했고 이로 인해 나는 한 단계가 아니라 세 단계 모두에서 이익을 얻을 수 있었다. 세 배의 이익을 얻으면서도 다른 누구보다 값싸게 제품을 팔 수 있었던 것이다. 짧은 시간 안에 나는 2만 파운드를 투자해 6만 파운드를 벌었다."

이후 나탄의 좌우명은 "누군가 할 수 있는 일은 나도 할 수 있다"가 되었다. 그는 경쟁자보다 열심히 일하고, 손님에게 알맞은 금액의 물건을 제공하며, 늘 새로운 시장 아이디어를 찾으려고 세심한 주의를 기울였다. 특히 '전통에 얽매이지' 않는 태도를 준수했다. 그 덕에 나탄은 성공 가도를 달렸다.

무엇보다 나탄은 많은 거래처를 되도록이면 직접 돌아다녔고 현금 거래로 명성을 높였다. 당시 직물업은 주로 가내 공업으로 진행됐는데 직공들은 상인에게 신용만으로 물건을 내주곤 했고, 그 때문인지 지불이 늦어지는 일이 잦았다. 나탄은 런던 은행 등에서 만기 3개월의 단기 자금을 빌려 필요한 물건을 시장에서 값싸게 사들였다. 직공들은 제값을 받기보다 하루라도 빨리 돈을 받는 것을 선호했기에 나탄에게 15~20퍼센트 싸게 물건을 넘겼다.

혁신적인 대금 지불 방식으로 그는 영국 제조업계에서 한자리를 차지했고, 생산원가를 최대한 낮춘 덕분에 남보다 싸게 제품을 팔며 세력을 키울 수 있었다. 대신 나탄은 철저한 '박리다매薄利多賣' 전략을 구사했다. 현금 매입과 적은 이윤, 대량 교역, 신속한 재고 회전으로 맨체스터에서의 사업은 속도를 더했고, 유럽 대륙 교역에서 적지 않은 물품을 창고로 끌어들였다. 사업 분야도 직물업에 한정하지 않고 인디고, 와인, 설탕, 커피 등 돈이 되는 잡화라면 건드리지 않는 것이 없었다.

당시 나탄은 아버지 암셀 메이어에게 보낸 편지에 "맨체스터에서 저처럼 적은 이문을 남기고 물건을 중개하는 사람을 찾을 수 없을 것입니다"라고 적었다. 그러나 자본은 순식간에 두 배, 세 배로 커져갔다. 고난을 두려워하지 않고 돌진하는 나탄의 앞길에 장애가 될 것은 없었다. 이탈리아의 경제학자 조반니 아리기는 "맨체스터에 빈손으로 도착한 독일계 유대 상인에게 새로운 사업 경력을 시작하기 위해 필요한 것은 그저 탁자 하나와 종이 한 장뿐이었다"고 말했다.

나탄은 일찍부터 '정보'의 중요성도 깨달았다. 경쟁자보다 우위에 있기 위해서는 정치 활동의 중심에 있어야 했다. 멀거나 가까운 지역의 최근 소식을 빨리 접해서 자신에게 유리한 방식으로 퍼뜨려야 했기 때문이다. 1802년이 되어 나탄은 파리와 낭시, 리옹, 리에주, 메츠, 브뤼셀, 마스트리흐트, 안트베르펜, 암스테르담 등 프랑스와 네덜란드 주요 도시에 연락망을 갖췄다. 이어 함부르크와 뉘른베르크, 하이델베르크, 쾰른, 뮌헨, 메밍겐, 잘츠부르크, 라이프치히, 쾨니히스베르크, 바젤 등 독일어권 도시들로부터도 주문을 받기 시작했다. 1803년 나탄의 고객망은 러시아 모스크바까지 확장되었다.

이 같은 정보 혁신은 로스차일드 가문이 성장하는 동안 계속됐다. 나탄은 평생 로스차일드 가문의 일원을 통해 광범위한 정보망을 구축했고 유럽 각지의 사건을 정확하고 빠르게 파악했다. 이렇듯 로스차일드 형제들과의 네트워크는 그의 부를 확장하는 데 있어 핵심적인 역할을 했다.

나탄은 밤낮으로 장부를 살폈다. 유럽 시장의 금과 상품 및 주식 시세를 상세히 알려오는 형제들의 편지도 열심히 읽었다. 유럽의 주요 요충지에서 아버지, 형제들과 주고받은 편지는 보안을 유지하기 위해 이디시어와 암호로 썼었다. 나탄은 "나는 책도 읽지 않고 카드놀이도 하지 않으며 극장에도 가지 않는다. 나의 가장 큰 즐거움은 사업을 하는 것이다. 그래서 암셸과 살로몬, 제임스, 카를이 보낸 편지를 읽고 또 읽는다"라고 토로하기도 했다. 그의 형제들은 '이렇게 지불하라, 저렇게 지불하라, 이리 보내고 저리 보내라'는 식으로 편지를 계속 써대는 나탄을 '총사령관'이라고 비꼬기도 했다. 살로몬 로스차일드는 "런던에 있는 동생이 총사령관이고 나는 야전사령관"이라며 비교한 적도 있었다.

실제로 나탄이 진행하는 사업의 몸집이 빠르게 커지면서 프랑크푸르트 본가와 영국 '지사' 간의 위상도 달라지기 시작했다. 영국에 처음 건너왔을 때 나탄은 대외적으로 아버지 암셸 메이어의 '대리인'으로 일하며 벌이를 했지만 어느덧 프랑크푸르트에서 나탄의 지시를 받게 되었던 것이다.

그는 특히 전쟁 상황을 언제나 주의 깊게 살펴 필요할 경우 바닷길을 바꿔서라도 상품이 빠르게 도착하도록 힘을 썼다. '팔고 나면 그뿐'이라고 생각하지 않고 '손님이 소중히 대우받는 듯 느끼도록' 하는 데에도 총력을 기울였다. 나탄이 보낸 거래용 편지는 상대에 대한 찬사로 넘쳐나는 것을 볼 수 있다. 그는 원재료를 구하고, 상품을 유통시킬 때 어떤 길을 고르고 어떤 배를 선택할지 늘 고민했다. 그리고 일찍부터 그런 생각을 했던 덕분에 대리인들과 믿을 만한 통신 시스템을 구축할 수 있었다. 발 빠른 급사를 고용하고, 중요한 정보를 실어 나를 빠른 배를 확보하기 위해 돈을 아끼지 않았다. 그렇게 취급하는 상품의 범위를 차곡차곡 넓혀갔다. 영국산과 식민지산, 아메리카산, 동양산 상품이 로스차일드가의 상업망을 통해 유럽 시장으로 퍼져 나갔다.

나탄은 단순히 제조업자와 유통 상인에 머무는 데 만족하지 않았다. 끊임없이 변화와 혁신을 추구했다. 그 결과, 그는 금융업자로서도 기반을 다져나가기 시작했다. 사업을 키우면서 대부업으로 사업 영역을 넓힌 것이다. 나탄은 상대방에게 돈을 빌려주면서 "당신 수중으로 들어갈 내 돈은 마치 내 주머니 속 지갑에 있는 것처럼 안전하다고 생각합니다"라고 말했다.

나탄 로스차일드는 금융업의 후발주자로서 매우 공격적으로 영업을 펼쳤다. 당시 은행 대다수는 유럽 대륙에서 통용되는 어음의 1.5~2퍼센트를 수수료로 받았는데 이에 비해 나탄은 1퍼센트의 수수료만을 받았다. 결과적으로 나탄이 벌이는 사업의 수요는 상승할 수밖에 없었다. 주변 사람들은 이런 나탄을 보고 "언제나 기운과 자신감이 넘치고, 끊임없이 떠오르는 아이디어를 실현시키려 애쓰는 사나이" "위험을 무릅쓰고 다짜고짜 돌진하는 인물" "성공에 열성적이고 사업 이외의 일에는 신경 쓰지 않는 사람" "꿈을 나눠 가질 수 없는 사람" "그의 지시대로 일하지 않는 사람을 결코 용납하지 않는 인물"
이라고 평했다.

그러던 중 나탄은 사업을 한 단계 도약시킬 기회를 잡는다. 아버지
암셀 로스차일드의 사업이 번창하는 계기가 됐던 유럽의 '큰손' 헤센
카셀 공국 백작의 자금을 맡아 운영하게 된 것이다. 1808년 나탄 로
스차일드는 백작의 대리인 자격으로 영국 정부의 국채 15만 파운드
어치를 사들였다. 그 덕에 영국 금융가에서 나탄의 위상은 더 높아진
다. 그는 백작의 돈 가운데 꽤 많은 액수를 (몰래) 일시적으로 유용해
금융업에 손을 대며 자산을 불려나갔다.

얼마 지나지 않아 나탄은 런던 금융가인 그레이트 세인트 헬렌스
거리 12번지에 새 사무소를 열고 사업의 중심을 맨체스터에서 런던
으로 옮겼다. 그리고 곧 이 일을 계기로 전 로스차일드 가문의 연합
경영의 중심지는 프랑크푸르트가 아닌 런던이 되었다. 당초에 맨체스
터의 공장은 '로스차일드 형제상회'라는 이름으로 계속 운영하려 했
지만 런던으로 이주한 뒤 나탄은 직물 사업을 그만두었다. 런던 사무
소의 정문에는 'N. M. 로스차일드 형제상회'라는 간판이 걸렸다.

나탄의 위상은 빠르게 높아졌다. 특히 그는 금융시장에서 자신의
능력을 십분 발휘했다. 증권거래소에서 거래되는 모든 주식의 시세를
기억하고, 그것이 어떻게 변동될지 본능적으로 파악했다. 금융업에 손
을 댄 이후 나탄의 성공 가도에는 거칠 것이 없었다. 1810년의 나탄
로스차일드는 런던에서 활동하는 한 명의 유망한 기업가에 지나지
않았지만, 1815년으로 접어들면서 영국의 재정까지 주도하는 자본가

가 되었다.

　나탄은 순식간에 시티(런던의 금융 중심지)의 유명 인사로 자리매김했다. 단기거래를 되풀이하며 헤센카셀 백작의 자금을 늘려가는 방식은 사람들의 눈길을 끌기에 충분했다. 그는 금에도 투기했는데 짐작한 대로 나폴레옹과의 기나긴 전쟁이 끝나갈 무렵 영국의 금값이 상당히 오르면서 수익을 짭짤하게 챙겼다. 채권도 되풀이해서 사고팔았다. 채권의 거래 규모가 컸던 까닭에 본 사업을 시작한 지 두세 달 안에 나탄은 채권시장의 거물이자 대규모 국채를 보유한 채권자가 되었다. 특히 채권 투자는 나탄의 부를 기하급수적으로 늘리는 밑거름이었다. 채권 투자에 성공한 덕분에 로스차일드가는 유럽 전역에 41개의 대저택을 세우고도 남을 부를 축적했다. 그리고 이 부를 바탕으로 나탄 로스차일드는 워털루 전투에서 영국의 승리를 이끈 자금을 제공한 주역으로 우뚝 섰다.

　그가 제조 및 유통시장과 금융시장에서 행보를 확대하던 시기는 마침 유럽 대륙에서 나폴레옹이 대륙봉쇄령을 내렸던 기간과 맞물렸다. 나탄은 이에 맞서 사업을 더 확장했는데 이는 프랑스의 시각에서 볼 때 '밀수'로 판단할 수도 있는 일이었다. 나탄은 나폴레옹의 감시와 탄압에 대항하여 죽음을 두려워하지 않는 선장들을 고용했다. 그리고 북해 맞은편에 무방비 상태로 있던 조그만 항구로 화물을 잇달아 보냈다. 그곳에서 기다리던 로스차일드의 대리인은 물건을 챙겨 내륙으로 빠르게 날랐다.

　영국산 상품과 식민지에서 들어온 물건들은 화주와 운송업자, 상인들이 위험을 무릅쓰고 거래해도 될 만큼 대륙에서 수요가 많았다. 나폴레옹의 대륙봉쇄령에도 빈틈이 많아 허점이 어디인지 정확하게 파악하면 탈출구를 찾을 수 있었다. 나탄은 최신 정보로 대담무쌍하게 일을 추진하고 타락한 장교에게 뇌물을 쓰는 방법을 써가며 사업을 활발히 진행했다.

특히 금융시장은 나폴레옹 체제의 기반을 갉아먹었다. 나탄이 금괴 거래와 국공채로 눈을 돌린 뒤 큰 이익을 얻은 반면 나폴레옹이 통치하던 프랑스의 경쟁력은 급격히 위축됐기 때문이다. 사실 워털루 전투는 점령지 주민에게 과세를 하는 등 약탈하고 착취하며 유지한 프랑스의 경제력과 채권 발행의 경제 시스템을 가진 영국이 정면충돌한 결과이기도 했다. 전쟁 이후 나탄은 근대적인 국제 채권시장을 만든 인물로 칭송받았다.

나탄은 금과 국채의 새로운 투자시장을 창의적으로 개척함으로써 더 높이 설 수 있었다. 이 분야는 나탄에게 많은 이익을 안겨주었다. 당시 유럽 대륙의 상인들은 대륙봉쇄령에도 불구하고 영국의 승리를 장담하고 런던에서 발행된 어음을 인수하거나 국채에 투자했다. 이 때문에 영국은 국채를 대량으로 발행했다.

1793년부터 1815년 사이에 영국 정부의 부채는 3배가 늘어난 7억 4500만 파운드에 달했다. 이는 영국의 연간 생산량의 두 배에 달하는 액수였다. 그러나 국채 발행을 통한 전비 조달은 효과적인 동시에 단점이 있었다. 본토에서 멀리 떨어진 유럽 대륙이 주요 격전지였던 까닭에 현지에서 통용될 자금을 조달해야 하는 과제가 있었던 것이다.

여기에서 나탄이 과단성 있게 추진했던 이 창의적 혁신은 그의 삶에서 가장 두드러진 결실을 내놓았다.

나폴레옹과 맞서던 영국의 웰링턴 장군은 1808년 8월 이후 포르투갈에 군대를 보내 프랑스군을 괴롭혔다. 그러나 대규모 부대를 6년 가까이 이베리아반도에서 지내게 하는 일은 적잖은 자금이 소요되었다. 영국 정부는 국채를 팔아 자금을 조성할 수 있었지만 영국의 지폐는 이베리아반도에서 아무런 쓸모가 없었다. 웰링턴 장군에겐 현지에서 사용할 수 있는 화폐가 필요했다. 그러나 영국에서 포르투갈까지 금화를 보내는 일은 비용이 많이 들었고 매우 위험한 일이었다. 포르투갈 상인들은 금화 외에는 받으려 하지 않았기에 웰링턴은 금화 직송 외엔 다른 방법이 없다고 생각했다.

이때 나폴레옹의 대륙봉쇄령에 맞서 금을 밀수한 경험이 있는 나탄 로스차일드가 묘안을 생각해냈다. 그는 프랑스 제국령 내의 프랑스 경화를 대량으로 확보해 사용하자는 의견을 강하게 피력했다. 나탄은 반反나폴레옹 연합군의 공식 은행가가 되었고 영국 정부는 그에게 '독일과 네덜란드, 프랑스에서 프랑스 금화와 은화를 징수할 비밀 임무'를 부여했다.

나탄은 유럽 대륙 내에 있는 형제들과의 신용망(암셀은 프랑크푸르트에서, 제임스는 파리에서, 카를은 암스테르담에서, 살로몬은 나탄이 지목하는 곳을 돌아다니면서 뱅킹 네트워크를 유지했다)을 통해 프랑스 제국령 내의 경화를 모아서 옮기는 작업에 나섰다. 표면적으로는 유럽 대륙의 유대계 금융망으로 금을 거래하는 것처럼 보였지만 사실은 프랑스 핵심지를 경유하여 이베리아반도에 있는 영국군에게 자금을 건네는 것이었다.

큰 돈벌이가 되는 일임에도 전란으로 황폐해진 땅에서 충분한 자금을 확보하는 것은 어려웠다. 그러나 로스차일드의 대리인들이 사람들에게 '프랑스 금화를 영국의 금괴나 런던은행 발행 어음과 바꿔준다'고 하자 금화를 소유한 사람들은 돈을 쏟아내기 시작했다. 그렇게 로스차일드는 성공적으로 금화를 모아 영국군에게 전달할 수 있었다. 영국 총리 로버트 젱킨슨은 "로스차일드(나탄)는 매우 쓸모 있는 친구이며 그가 없었다면 나폴레옹과의 전쟁이 어떻게 되었을지 알 수 없다"고 격찬했다.

영국군의 병참장교들은 로스차일드의 수완 덕분에 유럽 각지에서 액수를 교섭할 필요도 없이 원하는 물건을 손에 넣을 수 있었다. 당시 나탄 로스차일드가 다룬 금화의 양은 1200만 파운드에 달했다고 하는데 이는 당초 목표치의 두 배에 달하는 규모였다. 이 자금은 러시아 원정 실패 후 힘이 빠진 나폴레옹을 쓰러뜨리는 데 큰 역할을 했다. 나탄은 영국 정부로부터 임무 성사에 따른 대가(수수료)와 각 지역의 금값 차이, 즉 교환 비율의 미묘한 변화를 활용한 수익도 짭짤하게 챙겼다.

그러나 기쁨도 잠시, 1815년 나폴레옹이 엘바섬을 탈출해 프랑스의 권좌를 다시 차지했다는 '유쾌하지 않은 소식'이 전해졌다. 급보를 듣고 나탄은 즉시 금 매입에 나섰다. 그와 유럽 대륙에 있던 형제들도 매입할 수 있는 금이라면 금괴든 금화든 가리지 않고 모아 웰링턴 장군에게 보냈다. 이때 로스차일드 가문이 제공한 금의 가치는 200만 파운드가 넘었으며 884개 대형 박스와 55개 캐스크를 가득 채우는 양이었다고 한다. 동시에 나탄과 그의 형제들은 반(反)나폴레옹 동맹군에게 총 980만 파운드의 규모 자금(보조금)을 빌려주고 2~6퍼센트의 수수료를 가져갔다.

결국 워털루 전투를 끝으로 나폴레옹은 권좌에서 물러났고, 더 이상 영국을 위협할 수 없게 됐다. 평화의 시기가 오면서 군인들의 급료를 줄 일도, 군대에 돈을 빌려줄 일도 없어졌다. 갑작스러운 평화는 나탄 로스차일드의 사업에 위기를 불러왔다. 나폴레옹과의 전쟁 기간 동안 치솟던 금값도 떨어지기 시작했다.

이 대변혁의 시기에 나탄 로스차일드는 다시 혁신적인 사고를 하여 위기를 기회로 바꿨다. 보유하고 있던 금을 채권시장에 전격적으로 투자하는 과감한 결정을 한 것이다. 이는 매우 위험한 일이었지만 그는 더 큰 수익을 노리고 결단을 내린 것으로 보인다. 1815년 7월 20일자 「런던 쿠리어London Courier」는 "나탄이 엄청나게 큰 규모의 주식(영국 국채)을 샀다"고 보도했다. 나탄은 영국이 워털루 전투에 승리하고 정부의 부채가 감소함에 따라 앞으로 국채 가격이 오를 것으로 판단했던 것이다.

그는 영국 국채를 계속해서 매입했고 얼마 후 가격은 상승하기 시작했다. 로스차일드가 형제들의 우려에도 불구하고 나탄은 이듬해까지 배짱 좋게 국채를 계속 사들였다. 1817년이 되어 국채 가격은 40퍼센트나 껑충 뛰어서 나탄 로스차일드는 거대한 부를 일구게 된다.

이때 그가 얻은 이익은 지금의 환율로 6억 파운드(1조165억 원)에 필적한다고 평가된다. 나탄은 이렇듯 결과가 불확실한 일에 과감히 투자했고 이 사건은 오늘날에도 금융 역사상 가장 담대한 도박 중 하나로 여겨진다.

워털루 전투의 결과를 나탄이 미리 파악하고 국채 투자로 거액을 벌었다는 이 유명한 '일화'에 대해서는 진위 논쟁이 적지 않다. 학자들 사이에서는 19세기에서 20세기 초 유럽에 널리 퍼졌던 '유대인이 조작과 투기를 일삼았다'는 반反유대주의 프로파간다가 나탄의 일화에 영향을 주었다는 해석이 일반적이다. 니얼 퍼거슨 하버드대 교수 등도 나탄 로스차일드가 워털루의 역사적 결과를 가장 먼저 전해 듣고 그를 이용해 국채 투자로 돈을 벌었다기보다는 위험에 빠졌었다고 보는 것이 정확하다고 분석한다.

그러나 나탄이 워털루 전투의 결과를 빠르게 파악했다는 점만은 거의 이견이 없다. 뛰어난 통신망 덕에 그는 최신 정보를 누구보다 신속하게 획득했기 때문이다. 전투는 1815년 6월 18일에 끝이 났는데 바로 그날 한밤중의 벨기에 수도에 전투 결과가 전해졌고, 연락원이 8~9시간 말을 달려 덩케르크와 오스탕드로 급보를 전달했다. 그곳에 대기하고 있던 로스차일드 배가 순풍을 타고 달려 이튿날 밤 영국 켄트에 상륙했다. 영국 내에서도 가장 빨리 소식을 들은 나탄은 '빅뉴스'를 총리에게 알리기 위해 다우닝가 10번지로 달려갔다. 그러나 밤이 깊은 탓에 총리실 집사가 '다음 날 오라'며 그를 돌려보냈고 이튿날 오전에 다시 갔을 때에도 총리는 '공식 보고가 아직 도착하지 않

권력의 자서전

았다'며 믿지 않았다고 한다.

로스차일드가는 50년 넘게 국제 금융시장을 지배한다. 그들이 다루는 국채의 종류도 영국 국채에서 프랑스, 프로이센, 러시아, 오스트리아, 나폴리, 브라질 국채 등으로 다양해졌다. 1830년 이후에는 벨기에 국채를 독점 발행할 수 있는 지위도 겸했다. 1818년 50만 파운드였던 로스차일드의 자본은 1828년에 433만333파운드로 늘어난다. 이는 당대의 경쟁자였던 베어링 브러더스의 자산 규모의 14배에 달하는 것이었다.

독일의 작가 루트비히 뵈른은 이런 나탄의 모습을 보고 "금융의 보나파르트"라고 명명했고, 시인 하인리히 하이네는 "돈은 이 시대의 신이며 로스차일드는 그 사도"라고 비꼬았다. 1828년 영국의 급진파 의원 토머스 던스컴은 나탄 로스차일드를 두고 "끝없는 부의 지배자이며 전쟁과 평화도 마음대로 쥐락펴락했던 인물. 그가 고개를 끄덕거리면 한 국가의 신용도 오락가락하고, 각지의 수많은 정보원을 부리는 권력자"로 묘사했다. 많은 이의 평가처럼 나탄은 마침내 영국 금융가에서 가장 중요한 인물이 되었다.

배불뚝이 뚱보, 두터운 입술에서 억센 독일 사투리가 튀어나왔던 나탄 로스차일드는 영국 언론에서 풍자의 중심이 되기도 했다. 그는 언제나 런던 주식거래소 남동쪽 구석에 자리를 잡고 앉아 있었다. 시장에서 가장 '큰손'이었지만 유대인이었기에, 중개인으로 인가받지 못했던 유대인을 위해 마련해놓은 장소에 머물 수밖에 없었던 것이다. 그리고 거래소의 도리아 양식 기둥에 기대서서 '시티의 살아 있는 사자' '시티의 지배자'라 불렸다.

사업상 혁신을 끊임없이 이어왔던 나탄의 최후는 갑자기 다가왔다. 1836년 6월 15일은 고향 프랑크푸르트에서 로스차일드 집안의 결혼식이 있는 날이었다. 로스차일드 일가 사람들은 모두 프랑크푸르트에 모였다. 결혼식 전에 영국에서 먼 길을 온 나탄은 등뼈 아래에 심한 통증을 느꼈다. 6월 11일, 불려온 저명한 독일 의사는 종양이라고 진단했다. 그리고 푹 쉬는 것이 가장 좋을 것이라는 처방도 내렸다. 그러나 나탄은 병상에서 일어나 결혼식에서 무리하게 움직였다. 병세는 급격히 악화되었고 영국에서 서둘러 외과 의사를 데려와 '종양(좌골 직장 간농양)' 수술을 했지만 오히려 독소만 온몸에 퍼졌다.

'워커홀릭'이었던 나탄은 고통 속에서도 아내와 자식들에게 쉴 새 없이 지시하고 편지를 받아쓰게 했다. 그리고 런던에 돌아와 빠르게 쇠약해졌고 7월 28일 런던 시티에서 59세에 생을 마쳤다. '금융계의 나폴레옹'은 그렇게 세상을 떠났다. 『타임스The Times』는 그의 부고를 전하며 "시티는 물론 전 유럽에서 가장 중요한 사건일 것"이라고 논평했다. 나탄이 죽었을 때 그의 개인 자산 규모만 영국 연간 수입의 0.62퍼센트에 달했다. 마침 나탄 로스차일드의 실루엣을 담은 석판화가 발행되어 사람들의 눈길을 끌었는데 런던 증권거래소 기둥에 기대선 회색 실루엣의 뚱뚱한 모습이었다. 이 그림의 표제는 '위대한 사나이의 그림자'였다.

나탄 로스차일드는 사후에 더욱 '신화적 존재'가 되었다. 시인 바이런은 장시長詩 「돈 후앙Don Juan」에서 "이 세계의 균형을 쥐고 있는 것은 누구인가?"라는 질문을 던지고는 "유대인 로스차일드가 유럽의 진정한 지배자"라고 노래했다. 제국주의를 분석한 학자 홉슨은 "만약 로스차일드 가문과 그 거래처들이 외면한다면 어느 유럽 국가가 전쟁을 일으킬 수 있겠는가. 또 대규모 국가 차관을 신청할 수 있으리라고 진지하게 상상이나 해볼 수 있겠는가"라며 로스차일드 가문의 막강한 권력을 언급했다. 좌파 역사학자 브루노 바우어는 "독일 소국에서 아무 권한도 없던 한 유대인이 유럽의 운명을 결정하게 됐다"고 설명했다.

이 모두는 나탄 로스차일드가 끊임없이 불굴의 혁신을 했기에 가능한 일이었다. 단순히 '돈이 돈을 번 것'이 아니었다. 나탄은 도전을 계속한 끝에 우뚝 설 수 있었고 세계를 뒤흔드는 위업을 이뤘다.

# Joseph Stalin

# 스탈린의 변신

이오시프 비사리오노비치 스탈린Iosif Vissarionovich Stalin(1879~1953).
옛 소련의 독재자 이름을 모르는 사람은 많지 않다. 하지만 '스탈린'
이란 이름은 그가 사용했던 수많은 가명 중 하나다. '대량 학살자' 또
는 '20세기의 괴물'이라 불린 이 사람의 본명은 이오시프 비사리오노
비치 주가시빌리Иосиф Виссарионович Джугашвили다. 20세기 초 수많은
혁명가처럼 스탈린도 여러 가명을 사용했다. 무수했던 이름처럼 그는
한 사람이라고 여기기 어려울 정도로 다양한 성격을 지니고 있었고
끊임없이 변화했다.

스탈린은 1878년 제화공의 아들로 태어나 1898년에는 이상주의적
신학생으로 생활했다. 1907년에는 은행 강도, 1914년에는 사람들의 뇌
리에서 잊힌 시베리아의 사냥꾼에 불과했지만 1917년엔 그루지야에

12_스탈린의 변신                                                    **223**

민족적 뿌리를 두고 러시아에 충성하는 국제주의자로 살았다. 그러다 스탈린은 소비에트에 속한 '4중 국적자'의 특징을 가진 혁명 지도자로 거듭났다. 1930년대에는 광신적 마르크스주의 대량 학살자로 사람들의 머릿속에 각인되었으며 1945년에는 히틀러의 침공을 물리치고 독일을 정복하는 주역이 됐다. 혁명가 블라디미르 레닌은 러시아를 "세상에서 가장 쉽게 권력을 잡을 수 있는 나라지만 통치하기는 가장 어렵다"고 평했는데 스탈린은 이런 러시아를 30년 가까이 홀로 지배했다.

한편에서는 그를 인간적 품성이 결여된 무자비하고 잔혹한 폭군 이미지로 인식했고, 다른 쪽에선 "어린아이라면 누구나 앉고 싶은 무릎을 지닌 인자한 사람"(미국 특사 조지프 데이비스)으로 평가했다. 전 세계를 공산화시키려는 야욕에 사로잡힌 '악마'로 보는 이도 있고, '세계 혁명'을 단지 과거의 슬로건으로 격하시키고 소련의 국가적 이익에 사회주의 혁명의 대의를 종속시킨 '혁명의 배반자'로 보는 사람도 있다. 1917년 러시아 혁명의 '빛나는 약속'을 화석화시킨 장본인이라는 것이다.

스탈린은 조심성 있는 사람이었으나 불안정하고, 잔인하며, 끊임없이 의심했다. 사람들은 이런 그의 모습이 현대의 정치인이라기보다 로마 시대의 역사학자 수에토니우스의 『열두 명의 카이사르The Twelve Caesars』에 나올 법한 비현실적인 인물과 가깝다고 평가했다. 러시아 혁명을 기록한 니콜라이 수하노프는 스탈린을 '형체가 흐릿한 회색의' 사람으로 묘사했다. 실제로 스탈린은 시시각각으로 다양한 얼굴을 보여줬다.

사람들은 그의 변신에 쉽게 속아 넘어가곤 했다. 신봉자들에게 스탈린은 '오류 하나 없는 완벽한' 인간이었고, 모든 잘못은 부패하고 사악한 측근 탓으로 돌아갔다. 스탈린은 1945년과 1948년 두 차례에 걸쳐 노벨평화상 후보에 오르기도 했다.

스탈린의 정적들은 그를 '별 볼 일 없는' 인물로 평가절하했지만 실상은 정반대였다. '인스턴트 볼셰비키' '눈에 띄지 않는 평범한 인물(레온 트로츠키)'이라며 경멸을 담아 비아냥거렸던 인물 대부분은 훗날 스탈린의 칼날 아래 숙청의 희생양이 되었다. 레닌조차 한동안 스탈린의 진면모를 제대로 보지 못했다. 1917년 10월, 레닌은 그를 정부 요직에 앉히면서 "(이 일을 하는 데에는) 지성이 필요 없기 때문"이라는 말로 임명을 정당화했다. 실제로 스탈린은 당내에서 '서류 정리함 동지'라는 별명을 얻는 등 시류에 편승한 '우둔한 관료' 이미지를 내비쳤다. 하지만 얼마 되지 않아 스탈린은 레닌이 "스탈린을 주의 깊게 경계하시오. 그는 언제든 당신을 배신할 준비가 되어 있습니다"라고 주변에 자주 얘기할 정도로 변모했다고 한다.

레닌 사후인 1924년 5월 18일, 소련 공산당 중앙위원회 전체 회의에서 레닌의 유언이 담긴 편지가 공개되었다. 거기에는 "스탈린은 무한한 권력을 장악했고 나는 그가 권력을 조심스럽게 사용하리라고 확신할 수 없다. (…) 스탈린을 제거할 수단을 강구하고 관용적이며 덜 변덕스러운 서기장을 새로 임명하라"고 쓰여 있었지만 스탈린은 이를 태연히 극복했다. 이후 그는 "인민에겐 차르가 필요하다"는 말로 집단 지도체제에서 단일 지도체제로의 전환을 정당화했다. 이는 스탈린이

가면 속에 진짜 얼굴을 숨겼기 때문에 가능한 일이었다.

스탈린은 '혁명가' '테러리스트'로 살며 지하 정치가 몸에 밴 사람이었다. 그의 이력에는 언제나 경찰의 밀정과 앞잡이가 있었고, 비밀은 '제2의 본성'이 됐다. 잠입, 은폐, 배반은 스탈린과 뗄 수 없는 특질이었던 셈이다. 그는 러시아 사회 곳곳에서 음모가 횡행하고 있다고 믿어 증거가 없을 때도 항상 '음모가 있지는 않을까' 하고 촉각을 곤두세웠다. 스탈린은 쓸모가 있는 자들에겐 후하게 베풀었고, 방해되는 자들은 책략으로 쓰러뜨렸다. 누군가를 파멸시키고 있을 때에도 신뢰를 얻는 능력이 뛰어났던 스탈린은 언제나 비밀스럽고 부정직했다. 역사학자 리처드 오버리의 평처럼 그는 "무자비하고 기회주의적이며 전술적으로 유연했던 인물로 생존을 위해 비타협적으로 정치적 행보를 이어"갔다.

스탈린의 삶은 수많은 가명처럼 다채로웠고, 끊임없는 변화의 연속이었다. 가명으로는 가족과 친구들이 주로 부른 애칭 '소소'를 비롯해 거기에서 파생된 별칭 '소셀로' 등이 있었다. '베소'라는 이름으로도 자주 불렸고 출신 지역을 따 '캅카스인'이라고 칭해지기도 했다. 스탈린은 특히 그루지야의 작가 알렉산드르 카즈베기의 소설 『부친 살해 The Patricide』에 나오는 캅카스 지방의 의적 '오시프 코바'라는 이름으로도 자주 불렸는데 이는 본인은 물론 동료들이 스탈린을 부를 때 자주 쓰는 이름이었다. 일례로 1938년 소련의 정치가 니콜라이 부하린은 숙청되어 총살당하기 직전 스탈린에게 짧은 편지를 보내 "코바, 왜 내가 죽기를 바라는 거지?"라며 원망 섞인 마음을 드러내기도 했다. 뿐만 아니라 스탈린은 '페트로프'와 '이바노비치'란 가명도 자주 활용했다. 아버지(베사리온 주가시빌리)의 이름을 딴 '베소의 아들'이란 뜻의 '베소시빌리'도 자주 애용했다. 그리고 '갈리아시빌리' '세미온 즈빌라야' 'K. 카토' '가이오스 베소비치 니체라제' '자카르 멜리키안츠' '오르가네즈 토토미안츠' '표트르 치지코프' '바실리' '바실리에프' '바샤' '바스카' '이바노프' '다비드' 등의 가명을 변화무쌍하게 사용했다. 친밀했던 여인들에겐 그저 '이오시프'나 '괴짜 오시프'로 불러달라고 했다고 한다.

스탈린의 신체 특징과 관련된 가명도 적지 않았다. 천연두를 앓아 얼굴이 얽었던 탓에 '곰보(초푸라)' '곰보 오스카'란 이름이 잘 어울렸고, 어린 시절 마차 사고로 다리를 다쳐 '절름발이(게자)', '비틀거리는 자(쿤쿨라)'라는 이름도 사용했다. 신학교를 다녔다는 이유로 '사제' '코바 신부'라는 호칭도 있었다. 이 밖에 '우유장수' '기오르기 베르제노시빌리' 'K. 스테핀' '이오스카 코리아비이' 'K. St' 'K. 샤핀' 'K. 솔린' 등의 가명을 쓰면서 자신을 추적하는 제정 러시아 정보 당국을 교란시켰다.

1910년대 들어 스탈린은 『즈베즈다Zvezda』와 『프라브다Pravda』 등의 공산당 기관지에 기사를 쓰면서 필명을 'K. St'에서 'K. 샤핀' 'K. 솔린'으로 바꿔가며 사용했다. 그러다가 1913년 3월 가명 'K. 스탈린'으로 민족 문제에 관한 논문을 발표했다. 이때 '스탈린'이라는 이름을 두 번째로 사용했다('스탈린'이란 이름을 처음으로 공개한 시기는 1912년이다). 이 논문이 레닌의 격찬을 받는 등 유명세를 얻으면서 그는 계속해서 '스탈린'으로 불렸다. '코바 스탈린' 'J. 주가시빌리-스탈린' 'J. V.

스탈린' 등의 다양한 버전이 등장했고 결국엔 '이오시프 스탈린'이란 가명이 '이오시프 주가시빌리'란 본명 대신 대외적으로 그를 대표하는 호칭으로 자리 잡았다(레닌의 본명은 '울리아노프'였는데 그의 논문 「무엇을 할 것인가」에 '레닌'이라는 가명이 등장하며 유명세를 탔다. 160여 개의 가명 중 시베리아의 레나강에서 따온 '레닌'은 그 후로 줄곧 그의 이름으로 사용되었다. 이는 스탈린의 경우와 매우 비슷하다고 볼 수 있다).

세월이 흘러 1939년 12월 19일, 스탈린의 예순 번째 생일날에 공산당 기관지 『프라브다』는 이렇게 공표했다. "지구상에 '스탈린'이라는 이름에 필적할 만한 이름은 존재하지 않는다. 스탈린은 자유의 횃불처럼 밝게 빛나며, 전 세계 수백만 명의 노동자에게 투쟁의 깃발처럼 나부낀다. (…) 스탈린은 현재의 레닌이다! 스탈린은 당의 두뇌요, 심장이다! 스탈린은 더 나은 삶을 위해 투쟁하는 수백만 명의 기치다." 소련의 작가 알렉산드르 아브데옌코는 "모든 세대가 그대의 이름을 부를 것이다. 그대의 이름은 강하고 아름다우며 현명하고 훌륭하기 때문이다. 모든 공장에, 모든 기계에, 지구상의 모든 장소에, 그리고 모든 인간의 가슴속에 그 이름이 새겨져 있다"는 아부성 표현으로 스탈린을 기렸다.

1940년대 소련 곳곳에는 스탈린의 이름을 따서 스탈린그라드, 스탈린스크, 스탈리노고르스크, 스탈린바트, 스탈린스키, 스탈리노그라트, 스탈리니시, 스탈리나오울 등의 도시가 들어섰다. 심지어 수도 모스크바를 '스탈린의 선물'이란 뜻의 '스탈린다르'로 바꾸자는 제안까지 나왔다. '스탈린'이라는 이름이 독재자의 대명사로 확고하게 자리를 굳힌 것이다.

 ‘스탈린’이라는 가명이 어디서 유래했는지는 분명하지 않다. 여자 친구인 루드밀라 스탈이 가명을 만드는 데 기여했다는 주장부터 ‘솔린’과 ‘샤핀’이 식자 과정에서 잘못 활자화된 오타라는 지적까지 다양하다. 러시아어에 있는 단어 ‘스탈сталь’이 ‘강철’이라는 뜻을 가진 것처럼 ‘스탈린’은 문자 그대로 ‘강철의 남자’로 봐야 한다는 설명도 있다. 이 산업적인 이름은 그의 성격과도 잘 어울렸는데 당대의 혁명 동료인 카메네프가 ‘돌의 남자’, 몰로토프가 ‘망치의 남자’라는 뜻의 이름을 지녔다는 점을 고려하면 스탈린이 실제로 ‘강철 같은 사람’이라는 뜻의 이름을 염두에 뒀을 수도 있다. 분명한 것은 1905년과 1917년 두 차례 혁명을 거치면서 “코바는 스탈린이 됐고, 그루지야 지하 조직 뒤에 숨어 있던 리더는 볼셰비키 전국 조직의 국가적 지도자로 변신했다”(영국 작가 아이작 도이처)는 점이다. 1917년 10월 이후 ‘스탈린’은 이 위대한 독재자의 성으로 굳어졌지만 여전히 어머니와 친구, 동지들은 그를 ‘소소’라고 불렀다고 한다.

 다양한 가명처럼 복잡한 스탈린의 면모는 성장 과정과 무관하지 않다는 게 대다수 역사가의 설명이다. 스탈린은 절름발이에 곰보였다. 다시 말해 신체적 결점이 많은 소년이었다. 아버지에게 구타를 당하고 버림받았으며 사생아라는 소문에 끊임없이 시달렸다. 스탈린은 사고와 질병의 불운이 계속된 파란만장한 삶을 살았는데 학자들은 스탈린의 이런 배경이 본심을 숨기고 끊임없이 변신하는 그의 성격과 특질을 만들어냈다고 설명한다.

제화공의 셋째 아들(앞선 두 아이는 유아 시절 전염병으로 사망한다)로 태어난 스탈린은 연약하고도 여윈 아이였지만 그러면서도 감수성은 풍부했다. 그는 말을 일찍 배웠고 꽃과 음악을 좋아했다. 그러나 주정 뱅이 아버지가 사업에 잇따라 실패하고 스탈린에게 친부가 따로 있다는 소문이 돌면서 첫 위기가 찾아온다. 어릴 때부터 아버지의 폭력과 의심은 끊이지 않았고, 천연두로 사경을 헤맸으며, 마차 사고 등으로 다리와 한쪽 팔도 망가졌다. 주변 환경도 척박했다. 스탈린은 가난했지만 이런 곳에서도 강한 아이였다. 어린 시절 스탈린의 학교 친구들은 그를 "무서워서 피했다"고 할 정도였다. 그는 "손에 몽둥이를 쥔 사람이 바로 대장"이라는 러시아 속담을 어린 시절부터 온몸으로 익힌 아이였다.

주변 상황은 여의치 않았지만 스탈린은 어려서부터 자신만만했다. 팔을 다친 아들이 신학교에서 잘 적응할 수 있을지 걱정된 어머니가 "사제가 되면 그 팔로 어떻게 성배를 들겠니"라고 묻자 스탈린은 "사제가 되기 전에 나아서 교회 전체를 들어 올릴 수 있을 것"이라고 답했다고 한다. 어린 시절부터 가슴속에 품고 있던 '야망'을 드러낸 일화다.

스탈린이 몸담았던 신학교는 모순 덩어리였다. 학교의 양면적 특성은 스탈린의 다중성을 잉태한 배경이 되었다. 19세기 말 그루지야의 신학교는 지역 엘리트들의 집합소로 진보적인 사회사상과 정치사상이 침투하는 공간이었다. 동시에 봉건적, 계서제적 관습도 온존해 있었다. 절반은 수도원, 절반은 병영 같은 폐쇄적인 공간에서 극단적인 정신적 대립이 완충 장치 없이 그대로 부딪쳤다. 스탈린은 결국 신학교를 마치지 못하고 퇴학당했다. 그는 사제 자격을 얻지 못했지만 기숙학교의 고전 교육 등으로 큰 영향을 받았다. 스탈린은 일거수일투족을 감시했던 사제 선생님들로부터 이후 소련이 국가경찰을 통해 재창조해낼 탄압 전술을 배웠다. 감시와 염탐, 사생활 침해, 감정 침해 등을 익혀 '청출어람靑出於藍'이 무엇인지 몸소 보여주었다. 훗날 스탈린은 이렇게 말했다. "사제들은 사람을 이해하는 법을 가르쳤다."

이처럼 복잡한 환경 속에서 스탈린은 '지킬박사와 하이드' 식의 이중생활을 이어갔다. 그는 합창단 소년인 동시에 거리의 싸움꾼이었고, 마마보이처럼 굴다가도 부랑아로 돌변했다. '나는 항상 옳고, 남은 내게 반드시 복종해야 한다'는 확신을 가졌다. 전염성 강한 그의 신념은 추종자를 만들어냈다. 다른 아이들에겐 무자비했던 반면 부하에게는 잘해줬던 그의 양면성을 두고 스탈린의 젊은 시절에 관한 전기를 쓴 역사학자 사이먼 시백 몬티피오리는 "최고의 학생이자 가장 못된 학생"이라고 평가했다.

스탈린은 낭만적인 문학도이기도 했다. 불타는 눈의 이 젊은이는 시詩에서 두각을 나타냈다. 또 수불석권手不釋卷의 독서광이기도 해서 혁명의 현장부터 감옥 생활까지 책 읽는 일을 멈추지 않았다. 네크라소프와 푸시킨을 외웠고 괴테와 셰익스피어를 탐독했다. 학창 시절 스탈린은 미국의 시인 월트 휘트먼의 작품을 암송하기도 했다. 그는 특히 빅토르 위고의 소설 『93년Quatre-vingt-treize』과 『바다의 노동자Les Travailleurs de la mer』 같은 사회 저항적 작품을 탐독했다. 에밀 졸라의

『제르미날Germinal』도 즐겨 읽었다. 네크라소프의 시와 러시아 혁명가 체르니셉스키의 소설『무엇을 할 것인가Что делать?』는 스탈린을 혁명으로 이끈 여러 요소 중 하나가 되었다. 스탈린은 평생의 애독서 마키아벨리의『군주론Il Principe』을 읽으며 책장의 여백에 직접 주석을 남기기도 했다.

이렇듯 독서를 좋아한 스탈린은 학창 시절 금서를 읽었다는 이유로 13번 붙잡혔고, 9번 경고를 받았다. 또한 실러와 모파상, 발자크 등 여러 작가의 작품도 독서 목록에 이름을 올렸다. 물론 고골과 체호프, 도스토옙스키, 톨스토이 등 러시아 작가들도 좋아했다. 플라톤의 작품은 희랍어로 읽으려 노력했고, 카를 마르크스의『자본론Das Kapital』을 읽기 위해 독일어를 배우려 애쓰기도 했다. 뿐만 아니라 엥겔스의 글을 읽으려 영어를 배우기 시작했는데 영국 체류 중엔 영어를 더 잘 구사하기 위해 교회에 부지런히 나가기도 했다. 무신론자이자 마르크스주의자였던 스탈린이었지만 "영어를 배울 최적의 장소"를 포기할 수 없었던 것이다. 바일로프 감옥에 수감됐을 때는 에스페란토어가 미래의 언어라고 여기고 공부했다.

스탈린은 히틀러가 1933년 독일에서 집권하기 전부터 히틀러가 쓴『나의 투쟁Mein Kampf』러시아어 번역본을 통독했는데 이 책을 읽고 '히틀러의 독일이 소련에게 위협이 될 것임을 알았다'는 말을 했다고 한다. 당시 영국과 프랑스, 미국은 물론 오스트리아, 스위스, 폴란드의 주요 지도자들까지 히틀러의 저서에 눈길 한번 주지 않고 그의 주장 또한 진지하게 고려하지 않았다는 것을 생각해보면 스탈린의 독서 폭과 이해도는 남다른 수준이었다고 할 수 있을 것이다. 1930년대 스탈린의 장서는 4만 권 가까이 되었다고 한다. 스탈린은 폭넓은 독서를 바탕으로 활발한 저술 활동을 펼쳤다. 각종 연설문을 작성하기도 했다. 오늘날 스탈린 선집은 총 13권 분량에 이르며 생전에 그의 책들은 총 7억600만 부가 판매됐다(옛 소련에서 레닌의 저작은 총 2억7900만 부, 마르크스와 엥겔스의 저작은 650만 부가 팔렸다).

스탈린은 목적을 달성하기 위해서 선입견이나 고정관념에 사로잡히지 않으려고 노력했다. 편견도 거의 없었다. 군사 테러 활동에서 빼어난 능력을 발휘했던 그는 다른 혁명 동지들과는 달리, 신념이 투철한 사상범과 광부, 지역 깡패를 게릴라전에 동원하기도 했다. 자본가들과 손잡고 그들을 활용해 갈취를 하는 데에도 거리낌이 없었다. 19세기 말에서 20세기 초, 러시아 혁명가들은 기업가와 중산계급에게 활동 자금의 일부를 지원받곤 했다. 차르체제와의 관계가 소원해져 영향력이 약해진 인물들이 혁명가 그룹과 연이 닿았던 것이다. 예를 들어 직물 재벌 사비아 모로조프 같은 인물은 볼셰비키의 최대 자금줄이었다. 변호사와 관리자, 회계사 사이에서는 "혁명 정당에게 돈을 주는 것은 지위의 상징"이라는 말도 나돌았다.

하지만 그루지야에서 활동하던 시기의 스탈린은 자본가들에게 자본을 확보하는 수준이 아니었다. 그는 수동적으로 자본가들이 돈을 내놓길 기다리지 않고 적극적으로 거래했다. 재벌들이 돈을 내지 않으면 광산을 폭파하겠다고 협박하거나 관리자들을 살해하여 압력을 넣었다. 돈을 낼 경우에는 그들을 보호해주는 전형적인 '조직폭력배'

같은 모습을 보였다. 따라서 "그루지야에서는 재벌이 강도를 당하면 지역 시민이 아니라 스탈린이 범인 수사를 주도한다"라는 말까지 돌았다. 한번은 도둑들이 독일계 망간회사 사장의 1만1000루블을 훔쳤는데 "스탈린 동지가 그 돈을 찾아내 돌려주라고 우리에게 지시했고, 그렇게 했다"는 일화도 전해진다. 스탈린은 바쿠의 석유 재벌들에게 보호를 해준다는 명목으로 돈을 받고, 수금이 원활하지 않을 경우에는 납치도 서슴지 않았다. 재벌들은 유정에 불이 나거나 가족에게 사고가 닥치기를 원치 않았으므로 울며 겨자 먹기로 스탈린에게 돈을 바쳤다.

스탈린은 유전지대인 바쿠에서 활동하던 로스차일드 가문의 기업 경영자 데이비드 란다우와 접촉해 정기적으로 기부금을 수령했다. 로스차일드가는 종종 스탈린에게 돈을 주고 각종 파업을 끝내곤 했다. 세계 자본주의의 정점에 있던 대자본가와 마르크스주의 혁명가는 그렇게 협조 체제를 구축했던 것이다.

스탈린의 이런 특징은 일인 독재체제를 구축한 뒤에도 이어졌다. 러시아 혁명 직후 스탈린은 "소련에서 알코올은 확산되지 않을 것"이라고 단언했다. 제정 러시아 시절 차르에게 5억 루블의 수익을 안겼던 '부도덕한' 세원 없이도 경제를 한 단계 도약시키겠다고 한 것이다. 하지만 그는 이 같은 발언을 한 뒤 불과 몇 년 만에 세원 확보를 위해 소련 국민들을 대상으로 보드카 판매를 독려했다. 스탈린이 정치인 뱌체슬라프 몰로토프에게 보낸 편지에는 "내 생각엔 가능한 한 보드카 생산을 늘릴 필요가 있다. 잘못된 수치심을 버리고 공개적으로 보드카 생산을 최대한 증대시켜야 한다"고 적혀 있었다.

스탈린은 집권 후 전술적·기회주의적 견지에서 종교에도 가끔씩 유화적인 모습을 보였다. 자신의 신화적 이미지를 고양시키기 위해 스스로를 예수에 빗댄 듯한 느낌의 종교화를 소련 각지 농촌에 보급했던 것이다. 1941년에는 러시아 정교회가 발 벗고 전쟁 수행에 나서도록 종교유화책을 시행했다. 이에 따라 제2차 세계대전 당시 소련에서 발행된 책자『러시아 종교에 관한 진실Правда о религии в России』에서 '성소와 신도들이 능욕을 당하다' '파시스트들은 아이에게서 담요를 빼앗는다' 등의 제목의 글로써 종교의 진짜 적은 무신론자인 공산주의자가 아니라 국가사회주의자(나치)라고 주장했다.

그러나 1933년 독일에서 나치가 집권한 이후 유럽 각지에서 파시즘과 대립했던 스탈린은 1939년 8월 23일, 24일 마치 아무 일도 없던 양 모스크바 각지에 나치 독일의 하켄크로이츠(갈고리 십자) 깃발을 걸어놓고 '독·소 불가침조약'을 맺는 '충격'을 전 세계에 선사했다. 그러다 1941년 '바르바로사 작전'으로 독일군이 소련을 침공하자 또다시 태도를 180도 바꾸었다. 우크라이나를 비롯한 소련 각지에서 스탈린에게 등을 돌리는 주민이 늘었음에도 그는 유연한 모습을 보였다. 스탈린은 상투적인 '마르크스-레닌주의 문구'에 집착하지 않고 '대★애국 전쟁'이라는 표현으로 국민을 결집시켰다. 나폴레옹에 대항한 '애국전쟁'을 의도적으로 환기하는 수사법을 동원한 것이다.

독일의 침공이 절정에 달했던 1941년 10월 치러진 러시아 혁명 기념식에서는 전혀 프롤레타리아적이라고 할 수 없는 알렉산드르 넵스키와 수보로프, 쿠투조프 등 러시아의 위대한 전쟁 영웅들을 거론하기까지 했다. 독일의 침공 초기에 자신이 무능력한 군사 리더십을 보인 데 대해서는 "우리에게 향한 파시즘의 증오는 레닌의 대의가 옳았다는 매우 큰 증거"라고 되받아치는 모습도 보였다.

스탈린은 임기응변에도 능했고, 순간의 빠른 판단력으로 위기에서 빠져나가곤 했다. 제정 러시아 헌병대 기록을 보면 "(스탈린은) 매우 경계심이 많고 걸을 때는 항상 뒤를 돌아본다"며 '잡기 힘든 인물'로 그려졌다. 실제로 그는 경찰이 급습할 때 붕대를 두른 환자로 변장하거나 여성의 넓은 치마 속에 숨기도 했다. 여장을 한 것도 여러 차례였다. 아내가 전염병으로 죽었을 때는 장례식에서 관과 함께 구덩이에 뛰어들 정도로 슬퍼했지만 그 자리에 제정 러시아 첩자가 잠입한 것을 보고는 묘지 뒤편으로 몰래 달아나 홀연히 사라졌다.

감옥에 갇혔을 때 스탈린은 의사에게 뇌물을 주고 결핵 환자의 침을 구해 '덜 힘든 곳'에 있게 해달라는 감형 탄원서를 낸 적도 있었다. 제정 러시아 당국이 자신을 오지로 보내려 하자 바쿠 주민인 스테파냐 린드로프타 페트로프스카야와의 결혼 허락을 요청하며 시간을 끌고 감형을 노리기도 했다. 스탈린은 페트로프스카야에게 청혼까지 했지만 막상 시베리아로 이송이 되자 그녀를 모른 척했다. 그러고는 시베리아에서 만난 하숙집 주인 마리아 쿠자코바에게 접근하여 자식까지 만들었지만 결국 책임지지 않고 떠나버렸다.

어떤 측면에선 이 같은 스탈린의 박약한 윤리 의식이 그가 유연하게 사고하고 자유롭게 행동하게 하는 역할을 했다고도 볼 수 있을 것이다. 스탈린은 여성 편력이 복잡한 '바람둥이'였다. 돈도 없고 유명하지 않았던 시절에도 항상 애인을 달고 다녔다. 유배 기간에는 특히 자유분방한 남자로 살았다. 압권은 1914년 32세의 스탈린이 만 열세 살의 리디야와 연애를 시작하여 그녀를 임신시킨 일이다. 스탈린은 그녀가 성년이 되면 결혼하겠다고 약혼 약속을 남발했지만 나중에는 결국 외면하고 떠났다. 역사학자들은 스탈린이 순종적인 가정주부나 10대 소녀들과 연애하는 것을 좋아한 것으로 보인다고 설명했다. 여성들과의 관계에서도 지배하고 통제해야 적성이 풀리는 취향이었다는 것이다. 스탈린은 혁명 동지인 몰로토프의 애인 마루시아를 빼앗기도 했다.

과거를 '윤색'하는 데에도 거침이 없었다. 스탈린의 지시로 1938년 출간된『소련 공산당사: 단기 강좌История Всесоюзной Коммунистической Партии』는 마지막 100페이지 중 26페이지가 스탈린 저작의 인용문으로 채워졌다. 또 혁명의 역사를 손질해 스스로를 1917년 10월 봉기의 책임을 맡은 인물로 그리는 '소설'을 썼다. '역사 다시쓰기'를 통해 독재자를 둘러싼 전설과 신화를 만들어내고자 했던 것이다.

스탈린은 잔혹하게도 숙청된 인물에게 자신의 생일을 축하하는 서신을 강요하기도 했다. 흔히 기관지『프라브다』지면에 그의 생일을 대대적으로 축하하는 글을 실은 1929년 12월을 스탈린 독재체제가 확립된 시기로 본다. 이후 스탈린의 생일만 되면 "인민의 아버지이자 역사상 가장 위대하고 비범한 천재. 노동자의 친구이자 스승. 밝게 빛나는 태양과 같은 인간적 매력으로 사회주의에 활력을 불어넣는 인물

……"이라는 문구가 신문지를 도배했다. 그뿐 아니라 "모스크바는 잠들어 있다. 깨어 있는 이는 오직 스탈린뿐. 이 늦은 시각에 그는 우리를 생각한다. (…) 초원의 작은 소년은 스탈린에게 편지를 쓸 것이다. 그리고 언제나 크렘린의 답장을 받을 것이다" 같은 시가 줄줄이 발표됐다. 공공장소에서의 연설과 공산당의 각종 결정문, 문학비평과 과학 실험 결과 발표에서도 '스탈린 찬양'은 빠지지 않았다. "스탈린은 현재의 레닌"이라는 선전대의 외침이 소련 곳곳에서 울려 퍼졌다. 역법을 바꿔 예수의 생일 대신 스탈린의 생일을 기준으로 삼자는 주장까지 나왔다.

이후 『프라브다』는 매일 1면에 '친애하는 강철 같은 지도자'에게 보내는 소련 시민들의 감사 편지를 싣는 것이 관행이 됐다. 1949년 12월 스탈린의 70세 생일을 맞이하여 전국에서 쏟아진 축하 편지를 미처 감당하지 못한 『프라브다』는 매일 새로운 생일 축하 편지를 전 국민에게 소개했다. 이 같은 『프라브다』의 편지 보도는 1953년 스탈린이 사망하기 직전까지 계속됐다. 찬양 편지가 소개된 사람 중에는 스탈린에 의해 숙청되어 시베리아 동토에서 연명 중이던 죄수도 있었다. 모스크바 혁명박물관은 러시아 각지의 공장과 탄광, 콜호즈(소련의 농업집단화에서 생겨난 여러 집단농장), 학교 등에서 보내온 선물을 전시하는 공간으로 바뀌었다.

스탈린을 향한 아부 행렬은 『이즈베스티야Izvestiya』가 "작가들은 당신(스탈린)을 무엇에 비유해야 할지 더는 알지 못하며, 시인들은 당신을 묘사할 아름다운 언어를 더 알지 못한다"고 인정할 때까지 이어졌다. 스탈린 체제 아래서 본심을 숨긴 사람들을 걸러내는 일은 쉽지 않았다. 모두 앞다퉈 스탈린을 찬양했기 때문이다.

스탈린의 끊임없는 변신의 배경에는 '냉혹한' 마인드 컨트롤을 빼놓을 수 없다. 그는 제정 러시아 정보 당국에 9번 체포됐다. 그리고 8번이나 탈출했다. 인간의 본성이 그대로 드러난다는 감옥 생활 중 동료 수감자들은 그에 대해 "냉담한 스핑크스 같았다"고 입을 모았다. 시베리아 유형지에서 스탈린은 '빈틈없는 유혹자' '사생아 생산자' '연쇄적 싸움꾼' '강박적인 말썽꾼'이라는 평을 들으며 최악의 인물로 평가받았다. 혁명 동료가 약탈 행위 중 죽었다는 소식을 듣고도 "어쩌겠어? 가시에 찔리지 않고 장미를 꺾을 수는 없잖아?"라고 무심하게 내뱉었다. "죽음이 모든 문제를 해결한다. 사람이 없으면 문제도 없다. 때리고, 때리고, 또 때려라"라는 발언도 했다. 이런 냉혹함을 바탕으로 그는 권력을 확고하게 다져나갔다. 스탈린의 궁정이 어떻게 돌아가는지 10년 넘게 살펴본 소련의 정치가 라브렌티 베리야의 아들은 "스탈린은 모든 사람을 복종시키는 데 성공했다. 누구나 쇠막대기로 다스렸다"고 요약했다. 몰로토프는 훗날 회고록을 통해 "스탈린 앞에서 우리는 모두 10대 같았다"고 인정했다.

스탈린은 자신이 '암살'당할 가능성을 인식하고 철저하게 대비하기도 했는데 자신의 뒤에 누가 서 있는지 알 수 없는 상황을 방지하기 위해 커튼 끝을 항상 잘라놓았다. 관용 차량도 항상 무거운 장갑을 둘렀고, 암살범이 옆에서 덮치는 것을 막기 위해 발판 또한 제거했다. 사람들에게 어느 침실에서 잘 것인지 미리 알린 적도 없었고 음식과 음료에 독이 들었는지 확인하기 위해 먼저 맛을 보는 '기미 하녀'를 뒀다는 말도 돌았다.

스탈린의 냉혹한 모습은 정적을 숙청하는 과정에서 더욱 도드라진다. 레닌이 '후레자식' '쓰레기' '백치' '멍청한 노파' 등 직설적인 욕설을 동원해가며 정적들을 비난한 반면 스탈린은 말이 아닌 행동으로 조용히 처리했다. 또 스탈린은 동맹자를 지배하고 적을 때려눕히는데 있어서 강박증이라고 부를 수 있을 정도로 집착을 보였다. 그는 젊은 시절부터 배신자를 지목해 걸림돌이 되는 이들을 제거했는데 그중 상당수가 무고한 사람들이었다.

스탈린은 "나의 가장 큰 즐거움은 제물을 고르고 세세한 부분까지 치밀하게 계획해서 무자비하게 보복한 다음 잠자리에 드는 것"이라는 유명한 표현을 한 것으로 전해진다. 실제로 함께 지하운동을 한 동료 하나는 "스탈린은 마음에 들지 않는 동지들의 주소를 제정 러시아 헌병대에게 넘겨 제거했다"고 회상했다. 또 그는 적을 제거할 때 수단과 방법을 가리지 않고 과감하고 철저하게 진행했다. 1938년 부하린을 총살로 숙청할 때 내건 명분 중에는 1229병의 고급 와인과 11편의 포르노 영화, 호화판 해외 수입 의류, 고무로 만들어진 자위기구 및 다량의 현찰을 소지하고 있다는 인신 공격성의 혐의까지 꼼꼼하게 추가되었다. 요식 행위에 불과했던 재판에서는 국가조사국에서 몰수한 부하린의 재산이 130개 카테고리에 빼곡히 적혀 있었다. 부하린이 '인민의 삶'과 동떨어져 '자본주의의 퇴폐적인 냄새가 물씬 나는' 부도덕한 이중인격의 가식적인 인물이며 사치를 일삼았다는 내용은 특히 강조됐다.

부하린은 스탈린을 자신의 편이라고 믿고, 농업의 기본 구조를 단기간에 사회주의적으로 바꾸는 것이 힘들기 때문에 사영농업을 시행한다면 전체 발전의 원동력이 된다고 주장했다. 하지만 스탈린은 그런 부하린의 모습에서 위협을 느꼈다. 부하린이 주도한 신경제정책(네프)이 만들어낸 결과에 대해서도 "농민 역시 교활하게 행동할 수 있다"며 폄하했다. 부하린이 농민들에게 서슴없이 '부자가 되라'는 구호를 외치고 겁 없이 행동할 수 있었던 것은 자신이 스탈린을 도와 트로츠키를 몰아낸 동지였으며 스탈린과 '같은 편'이라는 믿음이 있었기 때문이었다. 그러나 정작 스탈린은 권력을 그 누구와도 나누지 않으려고 했다. 1929년 11월 스탈린은 부하린, 리코프, 톰스키를 '당에 유해한 자들'로 지목해 비난하기 시작했다. 부하린은 공개적인 자기비판을 통해 연명했지만 끝내 스탈린의 칼날을 피할 수는 없었다.

1920년대까지만 해도 스탈린은 반대파를 당에서만 축출하는 '마일드'한 숙청을 했지만, 1930년대 들어서는 목숨을 물리적으로 뺏는 형태로 '하드'하게 진행했다. 1936년 지노비예프, 카메네프 등 14명 모두 사형을 선고받고 처형됐다. 부하린과 리코프도 제거되었다. 저명한 정치권 인사들의 공개재판이 빈번하게 진행됐고 '트로츠키주의자' '지노비예프주의자' '우편향주의자'에 대한 색출 작업이 이어졌다.

1934년 초에는 제17차 공산당대회에서 활동했던 대의원 1966명 중 1108명이 '반혁명' 혐의로 체포되었다. 당대회에서 중앙위원회 후보로 선발됐던 사람 중 70퍼센트, 즉 139명 중 98명이 1937~1938년에 유명을 달리했다. 그로 인해 1933~1938년 사이 공산당원의 수는 3500만 명에서 1900만 명으로 감소했다. 수천 명이 당원이란 이유로 목숨을 잃었고 그 시기에 정계 인사의 상당수가 자살, 사고사, 자연사 했는데 이중 타살이 아닌 죽음이 몇이나 있는지 아무도 단언할 수 없을 것이다. 공산당 최고위층의 상황도 마찬가지였다. 1937~1940년에 사망한 6명의 정치국 멤버 중 자연사한 사람은 발레리안 쿠이비셰프 단 한 사람뿐이었다. 그러나 쿠이비셰프의 10대 아들은 비밀경찰 조직인 NKVD(НКВД, Народный Комиссариат Внутренних Дел)에 의해 암살된 것으로 추정된다.

우크라이나 공화국 중앙위원회에선 200명의 중앙위원 중 단 세 명만 살아남았다. 93명의 콤소몰 중앙위원회 위원 중에선 72명이 사라졌다. 몰로토프는 공산당 중앙위원회에서 스탈린에게 1936년 10월 1일부터 1937년 3월 1일까지 18개의 인민위원회와 1984명의 당 지도자들이 반反소련·트로츠키주의자로 정체가 드러나 형을 선고받았다고 '만족스럽게' 보고했다. 1938년 11월 21일에 내무 인민위원회는 단 하루 동안 292명의 당 종사자를 총살하라고 승인했는데 그중 26명이 인민위원과 인민위원회 차관, 주집행위원회 의장 등 주요 정치인이었다. 스탈린은 인민위원 21명의 총살을 직접 재가했다.

스탈린의 최측근 뱌체슬라프 몰로토프를 비롯한 정치국원들이 수모를 당했음은 물론이고 명목상 국가원수였던 미하일 칼리닌도 권좌는 유지했지만 가족을 잃고도 '찍소리'도 하지 못했다. 이들은 스탈린이 자신의 아내를 체포하고 굴라크Gulag(1930~1955년 소련의 강제수용소)로 보내는 일을 말없이 수용해야 했다. 스탈린에게 적극적으로 아부하는 사람도 있었다. 오성장군 세묜 부돈니는 아내가 체포되자 절연하고 결혼을 무효화했다. 스탈린의 비서실장 알렉산드르 포스크레비셰프도 아내가 끌려간 뒤 곧바로 재혼했다.

스탈린은 필생의 라이벌 트로츠키를 제거할 때 철저하게 뿌리를 뽑았다. 트로츠키가 1936년 12월 멕시코로 망명한 뒤에는 유럽에서 일어나는 일에 거의 영향을 끼칠 수 없었지만 스탈린은 그의 가족 대부분을 살해했다. 트로츠키의 어머니 알렉산드라는 1936년에 레닌그라드에서 사라졌고, 아들 세르게이 세도프가 1937년 10월 처형되는 등 트로츠키의 두 아들 모두 살해되었다.

트로츠키를 지지하는 수백 명도 다른 공산주의자들이나 NKVD 요원에 의해 암살당했다. 트로츠키의 비서를 지냈던 루돌프 클레멘트는 1937년 파리 센강에서 머리 없이 몸통만 떠다니다 발견되었다. 1937년 9월에는 파리 주재 소련 외교관이자 트로츠키 측과 친분이 있던 이그나체 레이스가 스위스 로잔에서 도망치던 중 몽둥이에 맞아 의식을 잃고 총에 맞아 사망했다. 게티와 리터스프론 등의 연구에 따르면 1937~1938년에 비밀경찰에 의해서만 157만5259명이 체포됐고, 이 중 87.1퍼센트가 정치적 이유에서 붙잡힌 사람이었다. 그리고 비밀경찰에 의해 끌려온 사람의 85.4퍼센트인 134만4923명이 유죄판결을 받았다. 1936년 10월 1일과 1938년 9월 30일 사이 소련 60개 주요 도시에 있던 군사 법정에서만 3만514명이 '총살형' 판결을 받았다. 1937~1938년으로 시야를 넓혀보면 총살된 사람만 총 68만1692

명에 달한다.

외국의 공산주의 운동가들도 스탈린이 주도한 숙청의 희생양이 됐다. 스탈린은 1937~1938년 소련에 머물고 있던 외국인 공산주의자 사회와 코민테른 조직을 파괴했다. 소련에 망명 중이던 독일 공산당은 정치국 위원 7명과 68명의 지도자 중 41명을 잃었다. 당시 히틀러에게 죽임을 당한 공산당원이 5명이었던 것을 감안하면 극우파보다 아군이라 생각했던 쪽에서 더 큰 타격을 입은 셈이었다. 망명 중이던 폴란드 공산당도 중앙위원회가 송두리째 사라지다시피 했고, 약 5000명의 당원이 '폴란드 보안부의 첩보원'이라는 혐의로 살해됐다.

숙청의 물결은 군대로도 퍼졌다. 1937년 발생한 여러 숙청 중 가장 눈에 띄는 사건은 붉은 군대의 주요 장군들을 숙청한 일이라고 할 수 있다. 스탈린은 군부의 반란 가능성을 매우 우려했기 때문인지 군 인사들을 잡아들이기 시작했다. 혹독한 고문 끝에 육군정치국위원 얀 가마르니크가 자살하고 이어 붉은 군대 전반을 관통하는 대대적인 숙청 작업이 이루어져 '제대로 훈련받은' 유능한 군사지도자들이 사라졌다. '종심타격이론'으로 20세기 전쟁 교범을 근본적으로 바꾸고 '붉은 나폴레옹'이라는 별칭으로 불렸던 대전략가 투하체프스키도 제거되었다. 소련의 원수 5명 중 3명, 군사사령관 15명 중 13명, 군단장 85명 중 57명, 사단장 195명 중 110명, 여단장 406명 중 220명이 체포되어 상당수가 사라졌다. 슈할레프스키 원수를 비롯해 예고로프, 야키르, 우보레비치, 벨라프, 키레예프, 코자노프 등의 주요 장성들 또한 제거됐다. 붉은 군대 사령관을 지냈던 오성장군 바실리 블류혜르는 한쪽 안구가 튀어나올 정도로 심하게 얻어맞은 뒤 죽을 때까지 고문을 당했다고 한다. 로코소프스키 상장은 죽은 지 20년이나 지난 사람이 제공한 증거 때문에 곤욕을 치렀다(숙청에서 간신히 살아남은 로코소프스키 상장은 훗날 스탈린그라드 전투에서 독일군에게 일격을 가해 뛰어난 지휘관임을 증명했다).

'인민의 적'으로 분류된 장교들의 부인들 역시 스탈린의 자비의 대상이 되지 못했다. 1938년 8월 29일 '인민의 적의 부인'으로 지목된 15명의 여성이 총살당했다. 다만 저명한 인물이었던 투하쳅스키, 유보레비치, 코르크, 가마르니크의 부인들은 목숨을 부지한 채 8년 형의 '배려'를 받았다. 그러나 니나 투하쳅스키를 비롯한 부인들은 1941년 제2차 세계대전 중 총살형에 처해졌다. 부하린의 아내 안나 라리나는 목숨은 건졌지만 20년 이상 감옥과 노동수용소, 시베리아 유형지를 전전했다. 갓 태어나 한 살이었던 부하린의 아기는 엄마 품에서 떨어져 부모가 누군지도 모른 채 고아원에서 지냈다.

1937년 8월 15일 발표된 칙령에 의해 숙청 대상자들의 15세 이상 자녀는 그들의 어머니들과 동일한 처분을 받아야만 했다. 이 '사회적으로 위험한 아이들'은 강제노동수용소로 보내졌고, 1세~1.5세가량의 어린아이들만 그들의 어머니와 같은 수용소에서 살 수 있었다. 그러나 수용소의 열악한 환경 때문에 유아들의 생존 확률은 높지 않았다. 1943년 독일과의 전쟁 중에도 굴라크에 살고 있는 일반인의 유아 사망률은 0.47퍼센트였던 반면 어머니가 죄수인 아이들의 사망률은 무려 41.7퍼센트에 달했다.

학자들 사이에서는 스탈린 '숙청'의 희생자가 얼마나 되는가에 대해 의견이 분분하다. '대숙청 기간'에만 350만 명 정도라는 시각부터 1500만 명 이상이라는 천문학적인 숫자까지 제시한다. 그러나 어떤 시각이든 '정확한 통계'는 구할 수 없고, 수의 많고 적음은 이미 벌어진 고통의 크기를 달리하지도 못할 것이다. 스탈린 사후에 작성된 NKVD 공식 통계에 따르면 1930~1953년 사이에 비밀경찰에게 체포되어 유죄판결을 받은 사람은 385만1450명이며 이 중 77만6074명이 처형되었다. 고르바초프 시절인 1990년에 나온 자료를 살펴보면 1930~1953년에 처형된 사람은 78만6098명이 된다. 처형된 사람과 수용소에서 사망한 사람을 모두 합하면 최소 182만9903명이라고 한다.

러시아의 역사학자 로이 메드베제프에 따르면 '대숙청 기간' 동안 900만~1100만 명의 농민이 토지를 잃고 시베리아로 추방됐다. 1929~1933년 무렵 1억2500만 명의 소련 농민을 집단화하기 위해 시베리아와 카자흐스탄 등으로 강제 추방했는데 이는 러시아의 기근 확산으로 이어졌다. 1936~1939년 무렵은 사실상 스탈린의 피비린내 나는 탄압이 소련 전 도시에 자행된 '대공포 시대'이기도 했다. 소련 측의 공식 기록을 봐도 1927년부터 1939년까지 기근을 포함한 각종 사유로 인한 인구 손실이 최소 1200만 명에 달했다고 보고되어 있다. 이어 제2차 세계대전 기간 동안 독일과 전쟁을 하면서 피해자뿐 아니라 250만 명에 달하는 소수민족이 강제 이주된 뒤 죽어갔다. 승전 후에도 본국으로 송환된 1000만 명이 넘는 소련군 전쟁 포로가 강제수용소나 유형지로 보내졌다. 그러나 이것이 끝이 아니었다. 1940년대 말과 1950년대 초에는 반유대인 정책 등 대규모 탄압의 물결이 러시아를 휩쓸었다. 이 테러는 1953년 3월 5일 스탈린이 사망하고 나서야 비로소 막을 내렸다.

결론적으로 1929년부터 1953년까지 스탈린 치하에서 발생한 인명 피해는 제2차 세계대전의 사망자 2650만 명을 제외하고라도 1200만~2000만 명에 이를 것으로 추정된다. 영국의 역사학자 로버트 콘퀘스트의 "스탈린 체제 아래서 시체는 러시아 사회에서 가장 일상적인 생산품"이란 말은 결코 과장이라 할 수 없을 것이다.

스탈린은 불과 몇 년 만에 러시아 사회를 송두리째 바꿔놓았다. 대숙청을 거치면서 소련 사회의 모든 정부 조직과 정당, 공장, 경제 및 문화기관, 군대 조직의 사람들이 대폭 물갈이됐다. 사람들이 사라진 자리를 새로운 사람들이 채우고 장악해나가면서 사회는 급속도로 유동화, 파편화되었다. 이 같은 사회의 급격한 변화는 스탈린의 독재 체제가 들어서고 확고하게 뿌리내리는 것을 용이하게 했다. 그의 독재가 굳어지는 동안 기존의 사회적·가족적 유대관계는 반복되는 박해와 숙청을 견디지 못하고 연결 고리가 끊어져나갔다. 일각에선 스탈린이 이처럼 잔혹한 행위를 한 이유에 대해 "'위대한 목적'을 달성하기 위해서라면 수단과 방법을 가리지 않는 것조차 정당화될 수 있다고 생각했다"고 분석한다. 또 스탈린은 미래 세대에게 득이 될 수만 있다면 아무리 피해가 크더라도 지금의 세대를 희생시키고자 했다고 주장한다. 그러나 이 변호는 러시아의 비극을 온전히 설명하기에 한계가 있다.

스탈린이 변신에 변신을 거듭하고, 전 러시아 사회를 공포에 몰아넣는 가운데서도 변하지 않은 한 가지가 있었다. 그것은 바로 혁명의 성공과 집권에 대한 확신이었다. 권력에 대한 의지는 한 번도 변한 적이 없었다. 러시아 혁명 지도자 레닌이 아내 크루프스카야에게 "우리가 살아 있는 동안 혁명을 볼 수 있을까"라며 혁명을 의심할 때조차 스탈린은 "혁명은 해가 떠오르는 것과 같다. 해가 떠오르지 않게 막을 수 있는 것인가"라며 흔들리지 않는 모습을 보였다. 1917년 부르주아 정부를 지지했던 사회주의 정당 멘셰비키와 사회주의혁명가당과의 관계를 끊어야 한다고 주장한 것도 스탈린이었다. 1930년대가 되어서는 『프라브다』에 "하나의 공통된 의견, 하나의 공동 목적, 하나의 공동의 길"을 요구하는 글을 실을 정도로 '혁명'의 성공과 집권욕에 대해 변함없는 집착을 드러냈다.

스탈린은 "나는 오직 인간의 의지력만을 믿는다"라고 말했다. 변신을 거듭하면서도 변함없이 본질을 유지하던 그에게는 이 같은 '강철' 신념이 있었던 것이다.

# 참고문헌

## 1. 알렉산더의 솔선수범

A. B. Bosworth, *Alexander and the East-The Tragedy of Triumph*, Oxford University Press, 1998

Alberto Alesina · Enrico Spolaore, *The Size of Nations*, MIT press, 2005

C. G. Thomas, "Alexander the Great and the Unity of Mankind", *The Classical Journal* Vol. 63, No. 6 (Mar.), 1968(http://amitay.haifa.ac.il/images/2/22/Alex_and_the_Unity_of_Mankind_-_Thomas.pdf)

Christian I. Archer et al., *World History of Warfare*, University of Nebraska Press, 2002

David J. Lonsdale, *Alexander the Great-Lessons in Strategy*, Routledge, 2007

Hans-Joachim Gehrke, *Alexander der Grosse*, C. H. Beck, 2013

J. W. McCrindle, *The invasion of India by Alexander the Great as described by Arrian, Q. Curtius, Diodoros, Plutarch and Justin*, Westminster, 1892 (https://archive.org/details/cu31924028252546)

Johann Gustav Droysen, *Alexander der Große*, DOGMA, 2013

Jonathan Smienk, "Alexander the Great-Leadership skills from the past to the present"(http://thebusinesscore.com/wp-content/uploads/sites/341/2014/04/Alexander-the-Great-3,0.pdf)

Manfred F. R. Kets de Veries, "Doing an Alexander?-Lessons on Leadership by a Master Conqueror"(https://flora,insead,edu/fichiersti_wp/inseadwp2003/2003-16.pdf)

Norbert Froese, "Alexander der Große –Ein Feldzug verbreitet griechische Kultur"(http://www,antike-griechische,de/Alexander-der-Grosse.pdf)

Paul A. Bishop, "Alexander the Great: Conquering the World"(http://www.hccfl. edu/media/160883/alexander.pdf)

Paul Cartledge, *Alexander the Great*, vintage, 2004

Timon Jakli, "Alexander der Große und das Zeitalter des Hellenismus"(http://www.jakli,at/txt/alexander.pdf)

Ulrich Wilcken, *Alexander the Great*, Norton, 1997

W. W. Tarn, *Alexander the Great 1-Narrative*, Cambridge University Press, 1979

배영수 편, 『서양사 강의』, 한울아카데미, 1995

버나드 로 몽고메리, 『전쟁의 역사 1』, 승영조 옮김, 책세상, 1995

조현미, 『알렉산드로스-헬레니즘 문명의 전파』, 살림, 2009

## 2. 공자의 비전

Carolyn R. Wah, "The Teachings of Confucius: A Basis And Justification for Alternative Non-military Civilian Service"(http://lawandreligion,com/sites/lawandreligion,com/files/Wah.pdf)

Mark E. Lewis, *The Early Chinese Empires- Qin and Han*, Harvard University Press, 2007

Tong Zhang·Barry Schwartz, "Confucius in the Cultural Revolution: A Study in Collective Memory", *International Journal of Politics, Culture and Society* Vol. 11, No. 2, 1997(http://www,barryschwartzonline,com/Confucius.pdf)

가지 노부유키, 『침묵의 종교 유교』, 이근우 옮김, 경당, 2002

공자, 『논어』, 황병국 옮김, 범우사, 1992

리링, 『집 잃은 개 1·2-논어 읽기, 새로운 시선의 출현』, 김갑수 옮김, 글항아리, 2012

미야지마 히로시 · 배항섭 엮음,『동아시아는 몇 시인가?』, 너머북스, 2015

미조구치 유조 · 이케다 도모히사 · 고지마 쓰요시,『중국 제국을 움직인 네 가지 힘』, 조영
렬 옮김, 글항아리, 2012

박재희,『고전의 대문-사서四書편』, 김영사, 2016

서울대학교동양사학연구실 편,『강좌 중국사 I -고대문명과 제국의 성립』, 지식산업사,
1996

시오도어 드 베리,『중국의 '자유' 전통-신유학사상의 새로운 해석』, 표정훈 옮김, 이산,
1998

신정근,『공자의 인생강의-논어, 인간의 길을 묻다』, 휴머니스트, 2016

쑨테,『중국사 산책』, 이화진 옮김, 일빛, 2011

아사노 유이치,『한권으로 읽는 제자백가』, 김성배 옮김, 천지인, 2012

H. G. 크릴,『공자-인간과 신화』, 이성규 옮김, 지식산업사, 1996

온라인『사기史記』「공자세가孔子世家」(http://terms.naver.com/entry.nhn?docId=1975085&cid
=49636&categoryId=56737)

왕건문,『공자, 최후의 20년-유랑하는 군자에 대하여』, 이재훈 · 은미영 옮김, 글항아리,
2010

존 K. 페어뱅크 · 에드윈 O. 라이샤워 · 엘버트 M. 크레이그,『동양문화사(상)』, 김한규 · 전
용만 · 윤병남 옮김, 을유문화사, 1995

존 킹 페어뱅크,『신중국사』, 중국사연구회 옮김, 까치, 1994

하워드 J. 웨슬러,『비단같고 주옥같은 정치-의례와 상징으로 본 당대 정치사』, 임대희 옮
김, 고즈윈, 2005

## 3. 카이사르의 행운

A. H. M. Jones, *Augustus*, Norton 1970

Cordula Brutscher, "Cäsar und sein Glück", *Schweizerische Zeitschrift
für klassische Altertumswissenschaft 15*, 1958(http://retro.seals.ch/
cntmng?pid=mhl-001:1958:15::92)

Darius Andre Arya, "The Goddess Fortuna in Imperial Rome: Cult, Art, Text",
The University of Texas at Austin, 2002(http://repositories.lib.utexas.edu/bitstream/
handle/2152/438/aryada026.pdf)

Jaime Volker, "Caesarian Conflict: Portrayals of Julius Caesar in narratives of civil war", University of Washington, 2012(https://dlib.lib.washington.edu/researchworks/bitstream/handle/1773/20730/Volker_washington_0250E_10346.pdf?sequence=1)

Lucy Hughs-Hallett, *Heroes- A History of Hero Worship*, Anchor books 2006

Martin Jehne, *Caesar*, C. H. Beck, 2015

Matthias Gelzer, *Caesar-Politician and Statesman*, Harvard University Press, 1968

데이비드 M. 권, 『로마 공화정』, 신미숙 옮김, 교유서가, 2015

로널드 사임, 『로마혁명사 1』, 허승일·김덕수 옮김, 한길사, 2006

스티븐 단도-콜린스, 『로마의 전설을 만든 카이사르 군단』, 조윤정 옮김, 다른세상, 2010

에이드리언 골즈워디, 『가이우스 율리우스 카이사르』, 백석윤 옮김, 루비박스, 2015

카이사르, 『갈리아 전기』, 박광순 옮김, 범우사, 1991

크리스토퍼 켈리, 『로마 제국』, 이지은 옮김, 교유서가, 2015

파멜라 마린, 『피의 광장-로마 공화정을 위한 투쟁』, 추미란 옮김, 책우리, 2009

프리츠 하이켈하임, 『로마사』, 김덕수 옮김, 현대지성사, 2010

허승일, 『로마 공화정 연구』, 서울대학교출판부, 1995

허승일, 『로마사입문-공화정편』, 서울대학교출판부, 1993

## 4. 살라딘의 신뢰

Abdullah Nasih 'Ulwan, *Salah Ad-Din Al-Ayyubi-Hero of the Battle of Hattin and Liberator of Jerusalem from the Crusaders 1137~1193*, Dar Al-Salam, 2004(https://ebooks.worldofislam.info/ebooks/Jihad/Salahuddin.pdf)

Bernard Lewis, *The Assassins-A radical Sect in Islam*, Basic Books, 2003

Bernard Lewis, *The Middle East- 2000 years of History from the Rise of Christianity to the Present Day*, Phoenix, 2000

Christian I. Archer et al., *World History of Warfare*, University of Nebraska Press, 2002

David Nicolle, *Saladin- Leadership·Strategy·Conflict*, Osprey Publishing, 2011(http://brego-weard.com/lib/newosp/Osprey%20-%20Command%2012%20-%20

Salladin.pdf)

Edward Burman, *The Templars-Knights of God*, Destiny Books, 1990

Francis Robinson(edited), *Cambridge Illustrated History of the Islamic World*, Cambridge University Press, 1998

H. A. R. Gibb, "The Achievement of Saladin"(https://www.escholar.manchester.ac.uk/api/datastream?publicationPid=uk-ac-man-scw:1m2656&datastreamId=POST-PEER-REVIEW-PUBLISHERS-DOCUMENT.PDF)

Hannes Möhring, *Saladin: Der Sultan und seine Zeit 1138~1193*, C. H. Beck, 2012

Hans Eberhard Mayer, *The Crusades*, Oxford University Press, 1990

Jonathan Phillips, "The Image of Saladin: From the Medieval to the Modern Age" (http://www.edumeres.net/fileadmin/publikationen/dossiers/2011/4/ED_2011_04_06_Phillips_Reputation_of_Saladin.pdf)

Karen Armstrong, *Islam*, Modern Library, 2000

Sir Hamilton Gibb, *The Life of Saladin-From the Works of Imad ad-Din and Baba'ad-Din*, Oxford University Press, 1973(http://www.ghazali.org/books/gibb-73.pdf)

Steven Runciman, *A History of the Crusades 2-The Kingdom of Jerusalem*, Penguin Books, 1990

버나드 로 몽고메리, 『전쟁의 역사 1』, 승영조 옮김, 책세상, 1995

버나드 루이스, 『이슬람 문명사』, 김호동 옮김, 이론과실천, 1995

브라이언 타이어니·시드니 페인터, 『서양 중세사-유럽의 형성과 발전』, 이연규 옮김, 집문당, 1995

스탠리 레인 풀, 『살라딘』, 이순호 옮김, 갈라파고스, 2003


## 5. 칭기즈칸의 개방

Bertold Spuler, *History of the Mongols*, Routledge & Kegan Paul, 1972

Christian I. Archer et al., *World History of Warfare*, University of Nebraska Press, 2002

F. W. Mote, *Imperial China 900~1800*, Harvard University Press, 1999

Gongor Lhagvasuren, "The stele of Ghengis Khan"(http://library.la84.org/
OlympicInformationCenter/OlympicReview/1997/oreXXVI13/oreXXVI13j.pdf)

Hoyt Cleveland Tillman & Stephen H. West, *China under Jurchen Rule-Essays
on Chin Intellectual and Cultural History*, State University of New York Press,
1995

J. バザルスレン・T. エルデネヒシグ,「チンギス・ハーン時代における軍隊の食料」(http://
ir.library.osaka-u.ac.jp/dspace/bitstream/11094/50024/1/glocol16_045.pdf)

John King Fairbank(edited), *The Chinese World Order-Traditional China's
Foreign Relations*, Harvard University Press, 1968

John Man, *Genghis Khan-Life, Death, and Resurrection*, Thomas Dunne Books,
2005

Karenina Kollmar-Paulenz, *Die Mongolen-Von Dschingis Khan bis heute*, C. H.
Beck, 2011

Michal Biran, *Chinggis Khan*, Oneworld, 2012

Morris Rossabi(edited), *China among Equals-The Middle Kingdom and its
Neighbors, 10th~14th Centuries*, University of California Press, 1983

Morris Rossabi, *Khubilai Khan-His Life and Times*, University of California
Press, 1988

Paul Lococo Jr., *Genghis Khan- History's Greatest Empire Builder*, Potomac
Books, 2008

Peter Lorge, *War, Politics and Society in Early Modern China 900~1795*,
Routledge, 2005

Thomas J. Barfield, *The Perilous Frontier-Nomadic Empires and China, 221 BC
to AD 1757*, Blackwell, 1992

고병익,『동아교섭사의 연구』, 서울대출판부, 1994

김종래,『유목민 이야기-유라시아 초원에서 디지털 제국까지』, 꿈엔들, 2005

김호동,『몽골제국과 세계사의 탄생』, 돌베개, 2010

라시드 앗 딘,『집사2-칭기스칸기』, 김호동 옮김, 사계절, 2003

라츠네프스키,『칭기스한』, 김호동 옮김, 지식산업사, 1994

르네 그루쎄,『유라시아 유목제국사』, 김호동 외 옮김, 사계절, 1998

마노 에이지 외,『교양인을 위한 중앙아시아사』, 현승수 옮김, 책과함께, 2009

서울대학교동양사학연구실 편,『강좌 중국사Ⅲ-사대부사회와 몽고제국』, 지식산업사,

1994

유원수, 『몽골비사』, 혜안, 1994

윤영인 外, 『외국학계의 정복왕조 연구 시각과 최근동향』, 동북아역사재단, 2010

이강한, 『고려와 원제국의 교역의 역사-13~14세기 감춰진 교류상의 재구성』, 창비, 2013

하자노프, 『유목사회의 구조-역사인류학적 접근』, 김호동 옮김, 지식산업사, 1990

森平雅彦, 『モンゴル帝国の覇権と朝鮮半島』, 山川出版社, 2013

川本正知, 「モンゴル帝国における戦争-遊牧民の部族・軍隊・国家とその定住民支配」, Journal of Asian and African Studies No. 80, 2010(http://repository.tufs.ac.jp/bitstream/10108/59598/1/jaas080006_ful.pdf)

堤一昭・秋田茂・桃木至朗・伊川健二, 「モンゴル帝国と中世グローバル化の研究」(http://www.jfe-21st-cf.or.jp/jpn/hokoku_pdf_2012/a02.pdf)

白石典之, 『モンゴル帝国誕生-チンギス・カンの都を掘る』, 講談社, 2017


## 6. 이성계의 야성

강만길 외, 『한국사 6-중세사회의 성립 2』, 한길사, 1995

강만길 외, 『한국사 7-중세사회의 발전 1』, 한길사, 1995

강문식・강응천 외, 『15세기-조선의 때 이른 절정』, 민음사, 2014

국사편찬위원회, 『한국사 19-고려 후기의 정치와 경제』, 국사편찬위원회, 1996

국역 조선왕조실록 온라인서비스

국역 고려사 온라인서비스

기시모토 미오・미야지마 히로시, 『조선과 중국 근세 오백년을 가다』, 김현영 옮김, 역사비평사, 2003

김영수, 『건국의 정치-여말선초, 혁명과 문명전환』, 이학사, 2006

노태돈・노명호 외, 『시민을 위한 한국역사』, 창작과비평사, 2002

마르티나 도이힐러, 『한국의 유교화 과정-신유학은 한국사회를 어떻게 바꾸었나』, 이훈상 옮김, 너머북스, 2013

미야 노리코, 『조선이 그린 세계지도-몽골제국의 유산과 동아시아』, 김유영 옮김, 소와당, 2010

미야지마 히로시・배항섭 엮음, 『동아시아는 몇 시인가?』, 너머북스, 2015

민현구, 『고려정치사론-통일국가의 확립과 독립국가의 시련』, 고려대학교출판부, 2006

박현모, 「이성계의 위화도회군에 나타난 리더십 모멘트 연구」, 『한국정치연구-제21집 제2호』, 2012

방종현, 『훈민정음통사』, 올재, 2015

이성무, 『조선왕조사 1-건국에서 현종까지』, 동방미디어, 2003

임용한, 『시대의 개혁가들-역사의 변화를 선택한 사람들』, 시공사, 2012

임홍빈·유재성·서인한, 『조선의 대외정벌』, 알마, 2015

진단학회, 『한국사-근세전기편』, 을유문화사, 1978

진덕규, 『한국정치의 역사적 기원』, 지식산업사, 2002

최상용·박홍규, 『정치가 정도전』, 까치, 2008

최연식, 『조선의 지식계보학』, 옥당, 2015

한국역사연구회, 『한국역사』, 역사비평사, 1994

한영우·노태돈 외, 『한국사특강』, 서울대학교출판부, 1994

홍순민·한상권 외, 『조선시대사 1-국가와 세계』, 푸른역사, 2015

桑野栄治, 『李成桂—天翔る海東の龍』, 山川出版社, 2015

李相佰, 「高麗末期李朝初期に於ける李成桂派の田制改革運動とその質績」 (http://www.i-repository.net/il/cont/01/G0000171kenkyu/000/007/000007233.pdf)

六反田豊, 『朝鮮王朝の国家と財政』, 山川出版社, 2013

水野俊平, 『韓国の歴史』, 河出書房新社, 2017

## 7. 마키아벨리의 학습

Euan Cameron(edited), *Early Modern Europe-An Oxford History*, Oxford University Press, 2001

G. R. Potter(edited), *The New Cambridge Modern History Vol.1-The Renaissance 1493~1520*, Cambridge University Press, 1979

Gisela Bock·Quentin Skinner·Maurizio Viroli(edited), *Machiavelli and Republicanism*, Cambridge University Press, 1993

Isaih Berlin, 'The Originality of Machiavelli'(http://berlin.wolf.ox.ac.uk/published_works/ac/machiavelli.pdf)

John A. Marino, *Early Modern Italy 1550~1796*, Oxford University Press, 2002

Leo Strauss, *Persecution and the Art of Writing*, The University of Chicago

Press, 1988

Leo Strauss, *Thoughts on Machiavelli*, University of Chicago Press, 1984

Manfred J. Holler, 'Niccolò Machiavelli on Power'(http://www.rmm-journal.de/downloads/025_holler.pdf)

Mihael White, *Machiavelli-A Man Misunderstood*, Abacus, 2007

김영국 외, 『레오 스트라우스의 정치철학』, 서울대학교출판부, 1995

로베르토 리돌피, 『마키아벨리 평전-시인을 닮은 한 정치가의 초상』, 곽차섭 옮김, 아카넷, 2000

루이 알튀세르, 『마키아벨리의 가면』, 오택근·김정한 옮김, 이후, 2002

마키아벨리, 『군주론』, 한승조 옮김, 삼성출판사, 1990

야콥 부르크하르트, 『이탈리아 르네상스의 문화』, 안인희 옮김, 푸른숲, 1999

A. 하우저, 『문학과 예술의 사회사-근세편 上』, 백락청·반성완 옮김, 창작과비평사, 1998

월라스 클리퍼트 퍼거슨, 『서양 근세사-중세에서 근대로의 이행』, 이연규·박순준 옮김, 집문당, 1989

자크 바전, 『새벽에서 황혼까지 1500~2000-서양문화사 500년 1』, 이희재 옮김, 민음사, 2006

주경철, 『테이레시아스의 역사』, 산처럼, 2002

퀜틴 스키너, 『마키아벨리의 이해』, 강정인 편역, 문학과지성사, 1993

## 8. 펠리페 2세의 근면

Alfred Kohler, *Das Reich im Kampf um die Hegemonie in Europa 1521-1648*, R.Oldenbourg Verlag, 1990

Charles Ingrao, *The Habsburg Monarchy 1618-1815*, Cambridge University Press, 1994

Charles Tilly, *Coercion, Capital, and European States AD 990~1992*, Blackwell, 1992

Ernst Walter Zeeden, *Hegemonialkriege und Glaubenskämpfe 1556~1648*, Propyläen Verlag, 1992

Felipe Fernandez-Armesto, *The Spanish Armade-The Experience of War in 1588*, Oxford University Press, 1989

Fernand Braudel, *The Mediterranean and The Mediterranean World in the Age of PhilipII Vol.1*, University of California Press, 1995

Geoffrey Parker, *The Grand Strategy of PhilipII*, Yale University Press, 2000

Henry Kamen, *Golden Age Spain*, Macmillan, 1988

Jean Berenger, *A History of the Habsburg Empire 1273-1700*, Longman, 1994

John Lynch, *Spain under the Habsburgs Vol 1.-Empire and Absolutism 1516~1598*, New York University Press, 1984

Paula Sutter Fichtner, *The Habsburg Monarchy 1490-1848*, Palgrave Macmillan, 2003

R. B. Wernham(edited), *The New Cambridge Modern History Vol.3-The Counter-Reformation and Price Revolution 1559~1610*, Cambridge University Press, 1981

Robert A. Kann, *A History of the Habsburg Empire 1526-1918*, University of California Press, 1974

Roger Lockyer, *Habsburg and Bourbon Europe 1470~1720*, Longman, 1993

노스코트 파킨슨, 『파킨슨의 법칙』, 김광웅 옮김, 21세기북스, 2003

니알 퍼거슨, 『현금의 지배-세계를 움직여 온 권력과 돈의 역사』, 류후규 옮김, 김영사, 2002

존 H. 엘리엇, 『스페인 제국사 1469~1716』, 김원중 옮김, 까치, 2000

페리 앤더슨, 『절대주의 국가의 역사』, 김현일 외 옮김, 소나무, 1993

## 9. 발렌슈타인의 공포

Alfred Kohler, *Das Reich im Kampf um die Hegemonie in Europa 1521~1648*, R.Oldenbourg Verlag, 1990

Christon I. Archer ·John R. Ferris ·Holger H. Herwig ·Timothy H. E. Travers, *World History of Warfare*, University of Nebrask Press, 2002

Ernst Walter Zeeden, *Hegemonialkriege und Glaubenskämpfe 1556~1648*, Propyläen Verlag, 1992

Geoffrey Parker(edited), *The Thirty Year's War*, Routledge, 1997

Lucy Hughs-Hallett, *Heroes- A History of Hero Worship*, Anchor books, 2006

Mikuláš Teich(edited), *Bohemia in History*, Cambridge University Press, 1998

Robert A. Kann, *A History of the Habsburg Empire 1526~1918*, University of California Press, 1997

Robert I. Rotberg & Theodore K. Rabb(edited), *The Origin and Prevention of Major Wars*, Cambridge University Press, 1993

Roger Lockyer, *Habsburg and Bourbon Europe 1470~1720*, Longman, 1993

Rolf Bauer, *Österreich-Ein Jahrtausend Geschichte im Herzen Europas*, Wilhelm Heyne Verlag, 1994

마르틴 반 크레펠트, 『보급전의 역사-전쟁의 제1법칙, 보급이 전장을 좌우한다』, 우보형 옮김, 플래닛미디어, 2010

## 10. 그루시의 맹목

Alfred Cobban, *A History of Modern France Vol.2: 1799~1871*, Penguin Books, 1984

Andrew Roberts, *Waterloo June 18, 1815: The Battle for Modern Europe*, HarperCollins E-Books(http://www.thedivineconspiracy.org/Z5265F.pdf)

Christian I. Archer et al., *World History of Warfare*, University of Nebraska Press, 2002

Eberhard Weis, *Propyläen Geschichte Europas 4-Der Durchbruch des Bügertums 1776-1847*, Propyläen Verlag, 1992

Hew Strachan, "Military Modernization, 1789~1918" in T.C.W.Blanning(edited), *The Oxford Illustrated History of Modern Europe*, Oxford University Press, 1996

John G. Gallaher, 'Grouchy and the Waterloo Campaign'(http://www.napoleonicsociety.com/english/pdf/j2010gallaher.pdf)

Stephanie Jones and Jonathan Gosling, 'Could Napoleon have won the Battle of Waterloo with a different Leadership Style/ Use of Power Modes? Where/ For What Reason did he fail?'(https://us.sagepub.com/sites/default/files/upm-binaries/67867_Jones_and_Gosling_Marketing_material_1_(1).pdf)

Stephen Millar, 'My duty is to execute the Emperor's orders: Grouchy at Walhain, 18 June 1815'(http://www.napoleon-series.org/military/battles/1815/c_

grouchyorders.html)

로렌스 피터·레이몬드 헐, 『피터의 원리-승진할수록 사람들이 무능해지는 이유』, 나은 영·서유진 옮김, 21세기북스, 2009

마르틴 반 크레펠트, 『보급전의 역사-전쟁의 제1법칙 보급이 전장을 좌우한다』, 우보형 옮김, 플래닛, 2010

슈테판 츠바이크, 『인류사를 바꾼 순간』, 이관우 옮김, 우물이있는집, 2013

앤드루 로버츠, 『나폴레옹의 마지막 도박-1815년 6월 18일 일요일 아침 워털루』, 조행복 옮김, 플래닛, 2009

앨리스테어 혼, 『나폴레옹의 시대』, 한은경 옮김, 을유문화사, 2004

제프리 우텐, 『워털루 1815-백일천하의 막을 내린 나폴레옹 최후의 전투』, 김홍래 옮김, 플래닛미디어, 2007

폴 케네디, 『강대국의 흥망』, 황건 외 옮김, 한국경제신문사, 1994

프랭크 맥린, 『전사들』, 김병황 옮김, 웅진지식하우스, 2008


## 11. 로스차일드의 혁신

Count Egon Caesar Corti, *The Rise of the House of Rothschild*, Kessinger Publishing, 2010 (http://eindtijdinbeeld.nl/EiB-Bibliotheek/Boeken/The_Rise_of_the_House_of_Rothschild__biggest_war_profiteers_in_the_history_of_world___1928_.pdf)

John Kenneth Galbraith, *Money-Whence It Came, Where It Went*, Houghton Mifflin Company, 1975

Marcus Eli Ravage, *Five Men of Frankfort-The Story of the Rothschilds*, The Dial Press, 1929

Niall Ferguson, *The Ascent of Money-A Financial History of the World*, Penguin Books, 2009

Niall Ferguson, *The House of Rothschild-Money's Prophets 1798~1848*, Penguin Books, 1999

T. C. W. Blanning(edited), *The Nineteenth Century Europe 1789~1914*, Oxford University Press, 2000

니알 퍼거슨, 『현금의 지배-세계를 움직여 온 권력과 돈의 역사』, 류후규 옮김, 김영사, 2002

데릭 윌슨, 『로스차일드-유대최강상술』, 이희영·신상성 옮김, 동서문화사, 2005
조반니 아리기, 『장기 20세기-화폐, 권력, 그리고 우리시대의 기원』, 백승욱 옮김, 그린비, 2008

## 12. 스탈린의 변신

Eric Hobsbawm, *The Age of extremes- A History of the World 1914~1991*, Vintage, 1994
Erwin Oberländer(Hg.), *Hitler-Stalin-Pakt 1939-Das Ende Ostmitteleuropas?*, Fischer, 1989
Geoffrey Hosking, *Russia and the Russians- A History*, Harvard University Press, 2001
Hannah Arendt, *The Origins of Totalitarianism*, Harcourt, 1985
Isaac Deutscher, *Stalin- A Political Biography*, Oxford University Press, 1967
J. Arch Getty·Gábor T. Rittersporn·Viktor N. Zemskov, "Victims of the Soviet Penal System in the Pre-War Years: A First Approach on the Basis of Archival Evidence", *The American Historical Review* 98, 1993(http://home.ku.edu.tr/~mbaker/cshs522/GettyNumbers.pdf )
John B. Dunlop, *The Rise of Russia and the Fall of the Soviet Empire*, Princeton University Press, 1993
Nicholas V. Riasanovsky, *A History of Russia*, Oxford University Press, 1993
Richard Pipes, *Communism- A History*, Modern library, 2001
Richard Pipes, *The Russian Revolution*, Vintage Books, 1991
Robert Conquest, *The Dragon of Expectation-Reality and Delusion in the Course of History*, Norton, 2006
Wilhelm Deist·Manfred Messerschmidt·Hans-Erich Volkmann·Wolfram Wette(Hg.), *Ursachen und Voraussetzungen des Zweiten Weltkrieges*, Fischer, 1989
V. P. 드미트렌코 외, 『다시 쓰는 소련현대사』, 이인호 외 옮김, 열린책들, 1993
디트리히 가이어, 『러시아 혁명』, 이인호 옮김, 민음사, 1990
리처드 오버리, 『독재자들-히틀러 대 스탈린, 권력 작동의 비밀』, 조행복 옮김, 교양인,

2008

사이먼 시백 몬티피오리,『젊은 스탈린-강철 인간의 태동, 운명의 서막』, 김병화 옮김, 시
공사, 2015

스티븐 F. 코언,『돌아온 희생자들-스탈린 사후, 굴라크 생존자들의 증언』, 김윤경 옮김,
글항아리, 2014

안토니 비버,『피의 기록, 스탈린그라드 전투-히틀러와 스탈린이 만든 사상 최악의 전쟁』,
조윤정 옮김, 다른세상, 2012

크리스토퍼 히친스,『리딩』, 김승욱 옮김, 알마, 2013

헬무트 알트리히터,『소련소사 1917-1991』, 최대희 옮김, 창작과비평사, 1997

# 찾아보기

# 권력의 자서전
## 세상을 지배한 자들의 열쇳말 12가지

| | |
|---|---|
| 초판 인쇄 | 2020년 2월 10일 |
| 초판 발행 | 2020년 2월 24일 |

| | |
|---|---|
| 지은이 | 김동욱 |
| 펴낸이 | 강성민 |
| 편집장 | 이은혜 |
| 편집 | 권예은 |
| 마케팅 | 정민호 김도윤 고희수 |
| 홍보 | 김희숙 김상만 오혜림 지문희 우상희 김현지 |

| | |
|---|---|
| 펴낸곳 | ㈜글항아리 | 출판등록 2009년 1월 19일 제406-2009-000002호 |
| 주소 | 10881 경기도 파주시 회동길 210 |
| 전자우편 | bookpot@hanmail.net |
| 전화번호 | 031-955-2696(마케팅) 031-955-2670(편집부) |
| 팩스 | 031-955-2557 |

ISBN     978-89-6735-749-8 03900

이 도서의 국립중앙도서관 출판예정도서목록(CIP)은 서지정보유통지원시스템 홈페이지(http://seoji.nl.go.
kr)와 국가자료종합목록시스템(http://www.nl.go.kr/kolisnet)에서 이용하실 수 있습니다. (CIP제어번호:
CIP2020001972)

잘못된 책은 구입하신 서점에서 교환해드립니다.
기타 교환 문의: 031-955-2661, 3580

**geulhangari.com**